Die Zwangsvollstreckung in das lizenzierte Markenrecht

Europäische Hochschulschriften Recht

European University Studies in Law

Publications Universitaires Européennes de Droit

Band/Volume 6749

Melissa Baudewig

Die Zwangsvollstreckung in das lizenzierte Markenrecht

Das Rechtsverhältnis zwischen neuem Markenrechtsinhaber und Lizenznehmer

PETER LANG

Lausanne - Berlin - Bruxelles - Chennai - New York - Oxford

Bibliografische Information der Deutschen Nationalbibliothek
Die Deutsche Nationalbibliothek verzeichnet diese Publikation in der Deutschen Nationalbibliografie; detaillierte bibliografische Daten sind im Internet über http://dnb.d-nb.de abrufbar.

Zugl.: Dissertation der Juristischen Fakultät der Heinrich-Heine-Universität Düsseldorf, 2023

Erstgutachter: Prof. Dr. Jan Busche
Zweitgutachter: Prof. Dr. Nicola Preuß
Tag der mündlichen Prüfung: 4. April 2023

D 61
ISSN 0531-7312
ISBN 978-3-631-89972-4
E-ISBN 978-3-631-90587-6
E-ISBN 978-3-631-90588-3
DOI 10.3726/b21045

Verlegt durch:
Peter Lang GmbH, Berlin, Deutschland

info@peterlang.com http://www.peterlang.com

Diese Publikation wurde begutachtet.

Meiner Tochter

Vorwort

Die vorliegende Arbeit wurde im März 2021 an der Juristischen Fakultät der Heinrich-Heine-Universität Düsseldorf als Dissertation eingereicht. Rechtsprechung und Schrifttum wurden bis zur Einreichung berücksichtigt.

Meinem Doktorvater Herrn Prof. Dr. Jan Busche danke ich herzlich für die wissenschaftliche Betreuung der Arbeit und Frau Prof. Dr. Nicola Preuß für die Erstellung des Zweitgutachtens.

Mein größter Dank gebührt meinem Mann und meinen Eltern für die kontinuierliche und bedingungslose Unterstützung in jeglicher Hinsicht.

Diese Dissertation ist meiner Tochter gewidmet. Möge sie lebenslang die gleiche Unterstützung erfahren, die mir zuteilgeworden ist.

Düsseldorf, Mai 2023

Inhaltsübersicht

Inhaltsverzeichnis

Abkürzungsverzeichnis

a.A.	andere Ansicht
ABlEU	Amtsblatt der Europäischen Union
Abs.	Absatz
a.F.	alte Fassung
Anh.	Anhang
Art.	Artikel
BGB	Bürgerliches Gesetzbuch
BGBl.	Bundesgesetzblatt
BGH	Bundesgerichtshof
BGHZ	Entscheidungen des Bundesgerichtshofs in Zivilsachen
bspw.	beispielsweise
BT-Drucks.	Drucksache des deutschen Bundestags
bzgl.	bezüglich
bzw.	beziehungsweise
ders.	derselbe
DesignG	Gesetz über den rechtlichen Schutz von Design
DGVZ	Deutsche Gerichtsvollzieher Zeitung (Zeitschrift)
d.h.	das heißt
dies.	dieselbe, dieselben
DPMA	Deutsches Patent- und Markenamt
EGMR	Europäischer Gerichtshof für Menschenrechte
Einl.	Einleitung
ErbbauRG	Gesetz über das Erbbaurecht
ErstrG	Gesetz über die Erstreckung von gewerblichen Schutzrechten
et al.	et alii
EU	Europäische Union
EUIPO	European Intellectual Property Office (Amt der Europäischen Union für Geistiges Eigentum)
EWiR	Entscheidungen zum Wirtschaftsrecht (Zeitschrift)
f.; ff.	folgende; fortlaufend folgende
FamFG	Gesetz über das Verfahren in Familiensachen und in den Angelegenheiten der freiwilligen Gerichtsbarkeit

Fn.	Fußnote
FS	Festschrift
GebrMG	Gebrauchsmustergesetz
gem.	gemäß
ggf.	gegebenenfalls
GRUR	Gewerblicher Rechtsschutz und Urheberrecht (Zeitschrift)
GRUR Int	Gewerblicher Rechtsschutz und Urheberrecht, International (Zeitschrift)
GRUR-Prax	Gewerblicher Rechtsschutz und Urheberrecht, Praxis im Immaterialgüter- und Wettbewerbsrecht (Zeitschrift)
GRUR-RR	Gewerblicher Rechtsschutz und Urheberrecht, Rechtsprechungs-Report (Zeitschrift)
h.M.	herrschende Meinung
Hrsg.	Herausgeber
Hs.	Halbsatz
InsO	Insolvenzordnung
IR-Marke	international registrierte Marke
i.S.d.	im Sinne des
i.V.m.	in Verbindung mit
JZ	JuristenZeitung (Zeitschrift)
KO	Konkursordnung
LG	Landgericht
lit.	littera
Ls.	Leitsatz
MaMoG	Markenrechtsmodernisierungsgesetz
MarkenG	Gesetz über den Schutz von Marken und sonstigen Kennzeichen
MarkenR	Markenrecht; Zeitschrift für deutsches, europäisches und internationales Kennzeichenrecht
MittdtPatA	Mitteilungen der deutschen Patentanwälte (Zeitschrift)
MMA	Madrider Abkommen über die internationale Registrierung von Marken
MMR	MultiMedia und Recht (Zeitschrift)
MRL	Markenrechtsrichtlinie
MSchG	Gesetz über den Markenschutz
MUW	Markenschutz und Wettbewerb (Zeitschrift)

m.w.N.	mit weiteren Nachweisen
NJW	Neue Juristische Wochenschrift (Zeitschrift)
NJWE-WettbR	NJW-Entscheidungsdienst Wettbewerbsrecht (Zeitschrift)
NJW-RR	NJW-Rechtsprechungs-Report Zivilrecht (Zeitschrift)
Nr.	Nummer
NZG	Neue Zeitschrift für Gesellschaftsrecht
OLG	Oberlandesgericht
PatG	Patentgesetz
PMMA	Protokoll zum Madrider Markenabkommen
PVÜ	Pariser Verbandsübereinkunft
RefE	Referentenentwurf
RegE	Regierungsentwurf
RG	Reichsgericht
RGBl.	Reichgesetzblatt
RGZ	Entscheidungen des Reichsgerichts in Zivilsachen
Rn.	Randnummer
RNotZ	Rheinische Notar-Zeitschrift
RPflG	Rechtspflegergesetz
S.	Satz/Seite
sog.	sogenannt/so genannte/so genannten
StGB	Strafgesetzbuch
Tz.	Textziffer
u.a.	und andere/unter anderem
UMV	Unionsmarkenverordnung
UrhG	Urhebergesetz
Urt.	Urteil
UWG	Gesetz gegen den unlauteren Wettbewerb
v.	von/vom
vgl.	vergleiche
Vorb.	Vorbemerkung
WBG	Gesetz zum Schutz von Waarenbezeichnungen
WEG	Gesetz über das Wohnungseigentum und das Dauerwohnrecht
WIPO	World Intellectual Property Organization (Weltorganisation für Geistiges Eigentum)
WM	Wertpapier-Mitteilungen (Zeitschrift)
WRP	Wettbewerb in Recht und Praxis (Zeitschrift)

WZG	Warenzeichengesetz
z.B.	zum Beispiel
ZfIR	Zeitschrift für Immobilienrecht
ZGE	Zeitschrift für Geistiges Eigentum
Ziff.	Ziffer
zit.	zitiert
ZPO	Zivilprozessordnung
ZUM	Zeitschrift für Urheber- und Medienrecht
ZVG	Gesetz über die Zwangsversteigerung und die Zwangsverwaltung

§ 1 Einleitung

Nicht selten stellen Marken bedeutende wirtschaftliche Güter bis hin zum einzigen Vermögenswert eines Unternehmens dar.[1] So war im Jahr 2020 die Marke SAP des gleichnamigen Softwareherstellers mit einem Wert von 50,87 Milliarden US-Dollar die wertvollste deutsche Marke.[2] Um den Wert einer Marke vollständig auszuschöpfen, kann der Markeninhaber[3] die Marke neben der eigenen Nutzung auch kommerzialisieren.[4] Dies erfolgt häufig durch eine Überlassung an Dritte auf Grundlage einer Lizenzvereinbarung.[5] Aufgrund der Zugriffsmöglichkeit in der Zwangsvollstreckung ist die Marke auch interessant für Gläubiger des Markeninhabers.[6] Die Verwertung der Marke in der Zwangsvollstreckung führt oftmals zu einem Rechtsverlust des bisherigen Markeninhabers.[7]

Die Lizenzierung der Marke durch den Markeninhaber[8] sowie der Zugriff auf die Marke durch Gläubiger des Markeninhabers in der Zwangsvollstreckung können aufeinandertreffen. Wird ein bereits lizenziertes Markenrecht in der Zwangsvollstreckung durch Rechtsübergang auf einen neuen Inhaber verwertet, greift der sog. Sukzessionsschutzes des Lizenznehmers, § 30 Abs. 5 MarkenG. Die Vorschrift regelt, dass eine vorher erteilte Lizenz von einem Rechtsübergang

---

1 *Koós*, MMR 2017, 13; *Maume*, NZG 2017, 249; *Repenn/Weidenhiller*, Markenbewertung und Markenverwertung, S. 1.

2 Markenwert-Ranking „BrandZ Top50 Most Valuable German Brands 2020" der britischen Werbeholding WPP und des internationalen Beratungs- und Marktforschungsunternehmens Kantar, S. 85, abrufbar unter: https://www.brandz.com/admin/uploads/files/BZ_German_Top_50_2020_DL.pdf (zuletzt abgerufen am 17.03.2021).

3 Im Folgenden wird aus Gründen der Lesbarkeit bei Personenbezeichnungen die männliche Form verwendet, die Angaben beziehen sich jedoch auf Angehörige aller Geschlechter.

4 Vgl. *Maume*, NZG 2017, 249; *Volkmer*, Das Markenrecht im Zwangsvollstreckungsverfahren, S. 31.

5 *Plaß*, GRUR 2002, 1029. Siehe zur Lizenzerteilung als wirtschaftliche Verwertung des Schutzrechts auch *Pahlow*, Lizenz und Lizenzvertrag, S. 186.

6 *Marotzke*, ZGE 2010, 233. Vgl. hierzu auch *Volkmer*, Das Markenrecht im Zwangsvollstreckungsverfahren, S. 31.

7 *Marotzke*, ZGE 2010, 233.

8 Im Folgenden werden die Begriffe „Markeninhaber" und „Markenrechtsinhaber" grundsätzlich synonym verwendet.

nicht „berührt" wird. Welche Rechtswirkungen daraus im Einzelnen folgen, ist unklar.

I. Fragestellung

Geht ein lizenziertes Markenrecht auf einen neuen Inhaber über, entsteht ein Dreipersonenverhältnis zwischen dem neuen Markeninhaber, dem Lizenznehmer sowie dem ursprünglichen Markeninhaber. Die unklare Formulierung des § 30 Abs. 5 MarkenG wirft – wie auch die ähnlich lautenden Vorschriften zum Sukzessionsschutz des Lizenznehmers in den Schutzgesetzen anderer Immaterialgüterrechte[9] – viele Rechtsfragen auf. Das Gesetz ordnet zwar den Bestand der Lizenz gegenüber einer nachfolgenden Rechtsübertragung an, lässt aber offen, wie das Rechtsverhältnis zwischen dem neuen Markeninhaber und dem Lizenznehmer konkret ausgestaltet ist.[10]

Die Rechtsfolgen des Sukzessionsschutzes werden in Rechtsprechung und Literatur überwiegend knapp und lediglich für eine privatautonome Übertragung des Markenrechts durch den ursprünglichen Markeninhaber diskutiert.[11] Ein Rechtsübergang im Rahmen der Zwangsvollstreckung wird hingegen kaum berücksichtigt.[12] Allenfalls finden sich Ausführungen zur Anwendbarkeit des § 30 Abs. 5 MarkenG,[13] während die konkrete Ausgestaltung des Sukzessionsschutzes vernachlässigt wird.[14] Dies verwundert, da dem Zugriff auf ein Markenrecht durch Gläubiger des Markeninhabers aufgrund des erheblichen Wertes, den Marken darstellen können, eine hohe praktische Relevanz zukommt. Die

---

9 Vgl. § 15 Abs. 3 PatG; § 22 Abs. 3 GebrMG; § 31 Abs. 5 DesignG.

10 *McGuire*, Die Lizenz, S. 568.

11 So bspw. auch *McGuire/Kunzmann*, GRUR 2014, 28, 33 mit der Feststellung, dass sich das neue Schrifttum bis auf wenige Ausnahmen kaum mit den konkreten Rechtsfolgen einer der Lizenzerteilung nachfolgenden Disposition des Lizenzgebers auseinandersetzt. Zum Meinungsstand siehe unten § 5 III. 2. b.

12 *McGuire*, Die Lizenz, S. 388.

13 Bspw. *Brämer*, Die Sicherungsabtretung von Markenrechten, S. 339 f.; *Bühling*, GRUR 1998, 196, 200; *Fammler*, Der Markenlizenzvertrag, S. 127; *Ingerl/Rohnke*, § 30 MarkenG, Rn. 111; *Marotzke*, ZGE 2010, 233, 264 (zum patenrechtlichen Sukzessionsschutz als Bsp. für alle ähnlich formulierten Vorschriften, mithin auch § 30 Abs. 5 MarkenG, vgl. *Marotzke*, ZGE 2010, 233, 236); *McGuire*, Die Lizenz, S. 598 f. *Pahlow*, in: HK-MarkenR, § 30, Rn. 82; *ders.*, Die Lizenz, S. 350 ff. Siehe dazu ausführlich unten § 8 I.

14 Eine Ausnahme stellt *Tochtermann*, Sukzessionsschutz im Recht des Geistigen Eigentums, S. 78 ff., dar. Siehe dazu ausführlich unten § 8 II.

Untersuchung dieser Arbeit widmet sich daher der Ausgestaltung des Rechtsverhältnisses zwischen dem neuen Markenrechtsinhaber und dem Lizenznehmer nach dem Übergang eines lizenzierten Markenrechts im Rahmen der Zwangsvollstreckung.

II. Gang der Untersuchung

Im ersten Teil dieser Arbeit wird zunächst die Entwicklung der Marke als Zwangsvollstreckungsgegenstand nachgezeichnet. Dazu werden die Rechtslage unter Geltung des Warenzeichenrechts sowie die für die Zwangsvollstreckung in ein Markenrecht bedeutsamen Veränderungen durch die Markenrechtsreform Ende des 20. Jahrhunderts dargestellt, ehe die aktuelle Rechtslage seit Inkrafttreten des Markengesetzes erörtert wird (§ 2). Anschließend wird der Ablauf der Zwangsvollstreckung in eine Marke dargestellt und erläutert, welche Rechtsfolgen die einzelnen Verwertungsmöglichkeiten einer lizenzierten Marke auf die beteiligten Personen haben (§ 3). Der erste Teil schließt mit einer Zusammenfassung der für die weitere Untersuchung relevanten Ergebnisse (§ 4).

Der zweite Teil der Untersuchung wendet sich dem markenrechtlichen Sukzessionsschutz nach Übergang einer lizenzierten Marke und insbesondere dessen Rechtsfolgen sowohl für den neuen Markenrechtsinhaber als auch für den Lizenznehmer zu. Dazu wird zunächst die rechtliche Entwicklung der Markenlizenz und des markenrechtlichen Sukzessionsschutzes nachgezeichnet, ehe der aktuelle Meinungsstand zu den von § 30 Abs. 5 MarkenG nicht eindeutig geregelten Rechtsfolgen des Sukzessionsschutzes dargestellt wird (§ 5). Es folgt eine Auslegung der Vorschrift in Bezug auf eine im Vordringen befindliche Literaturansicht, welche den Sukzessionsschutz als gesetzlich angeordnete Vertragsübernahme *de lege lata* interpretiert (§ 6). Der zweite Teil schließt mit einer Stellungnahme ab, welche sich insbesondere einer Ergänzung der bestehenden markenrechtlichen Sukzessionsschutzvorschrift um eine gesetzliche Anordnung der Vertragsübernahme *de lege ferenda* widmet (§ 7).

Im dritten Teil der Arbeit wird schließlich die Ausgestaltung des markenrechtlichen Sukzessionsschutzes nach Übergang eines lizenzieren Markenrechts im Rahmen der Zwangsvollstreckung untersucht. Die Ausführungen beginnen zunächst mit einer Betrachtung des Anwendungsbereichs des § 30 Abs. 5 MarkenG, es folgt eine Beleuchtung des Ablaufs eines solchen Rechtsübergangs sowie der sich daraus ergebenden Besonderheiten in Abgrenzung zu einer privatautonomen Rechtsübertragung durch den ursprünglichen Markeninhaber, ehe in einem nächsten Schritt geprüft wird, wie sich diese Besonderheiten unter Anwendung der in Literatur und Rechtsprechung zu den Rechtsfolgen des

Sukzessionsschutzes vertretenen Ansichten auswirken (§ 8). Da die Rechtsfolgenseite eines Rechtsübergangs im Rahmen der Zwangsvollstreckung erst kürzlich vereinzelt Beachtung in der Literatur gefunden hat, wird in einem weiteren Schritt untersucht, ob alternative, bisher in Bezug auf den Rechtsübergang im Rahmen der Zwangsvollstreckung noch nicht untersuchte Regelungsmodelle als Orientierung für eine Ausgestaltung der Rechtsfolgen *de lege ferenda* in Betracht kommen (§ 9). Der dritte Teil endet mit einer Stellungnahme, die sich insbesondere mit einem Gesetzesvorschlag für eine Ergänzung des Sukzessionsschutzes gemäß § 30 Abs. 5 MarkenG um eine gesetzlich angeordnete Vertragsübernahme beschäftigt (§ 10).

Im vierten Teil dieser Arbeit werden die gefundenen Untersuchungsergebnisse in Thesen zusammengefasst (§ 11).

Erster Teil: Das Markenrecht in der Zwangsvollstreckung

Lange Zeit stellte die Marke – bis 1995 gesetzlich als sog. Warenzeichen bezeichnet[15] – in Deutschland kein selbstständiges immaterielles Rechtsgut dar.[16] Vielmehr war die Marke stets an einen Geschäftsbetrieb gebunden, sog. Grundsatz der strengen Akzessorietät.[17] Da die strenge Akzessorietät das Verbot der freien Übertragung des Warenzeichens (ohne Geschäftsbetrieb) beinhaltete, war auch die Zwangsvollstreckung in das Recht am Warenzeichen unzulässig.[18] Erst das Erstreckungsgesetz vom 23. April 1992 (ErstrG)[19] ebnete durch eine Lockerung dieser strengen Akzessorietät den Weg für die Zwangsvollstreckung in Markenrechte,[20] mit dessen Inkrafttreten erstmals die freie Übertragbarkeit des Warenzeichens gesetzlich geregelt wurde, vgl. § 47 Nr. 3 ErstrG. Bereits mit dieser Entwicklung wurde die Zwangsvollstreckung in das Warenzeichenrecht zulässig.[21] Gesetzlich verankert wurde die Zulässigkeit der Zwangsvollstreckung in das Markenrecht jedoch erst kurze Zeit später in § 29 Abs. 1 Nr. 2 Markengesetz vom 25. Oktober 1994 (MarkenG)[22]. Aufgrund ihrer freien Übertragbarkeit ist die Marke zum selbstständigen Vermögensgegenstand erstarkt.[23] Dies ermöglichte nicht nur die Kommerzialisierung der Marke durch den Markeninhaber,

---

15 Vgl. Entwurf der Bundesregierung eines Gesetzes zur Reform des Markenrechts und zur Umsetzung der Ersten Richtlinie 89/104/EWG des Rates vom 21.12.1988 zur Angleichung der Rechtsvorschriften der Mitgliedstaaten über die Marken v. 14.01.1994 (Markenrechtsreformgesetz), BT-Drs. 12/6581, S. 55.

16 Siehe nur RG, Urt. v. 18.06.1920, RGZ 100, 3, 6 = GRUR 1922, 112 – Antiformin.

17 Vgl. *Fezer*, § 3 MarkenG, Rn. 181; *Hacker*, in: Ströbele/Hacker/Thiering, § 27 MarkenG, Rn. 4.

18 *Fezer*, § 3 MarkenG, Rn. 184.

19 Gesetz über die Erstreckung von gewerblichen Schutzrechten v. 23.04.1992 (Erstreckungsgesetz, ErstrG), BGBl. 1992, S. 938.

20 Vgl. *Fezer*, § 29 MarkenG, Rn. 2.

21 *Fezer*, § 29 MarkenG, Rn. 15; *Repenn*, NJW 1994, 175.

22 Gesetz über den Schutz von Marken und sonstigen Kennzeichen (Markengesetz, MarkenG) v. 25.10.1994, BGBl. 1994, S. 3082.

23 *Fezer*, Vorb. §§ 27–31 MarkenG, Rn. 1 f.

sondern eröffnete auch Gläubigern des Markeninhabers den Zugriff auf die Marke zur Forderungsbefriedigung.[24]

Nach einer Skizzierung der rechtlichen Entwicklung der Zwangsvollstreckung in ein Markenrecht (§ 2) werden im ersten Teil dieser Arbeit die Voraussetzungen und Rechtswirkungen der Zwangsvollstreckung in das Markenrecht dargestellt. Dabei wird zuerst die Pfändung eines Markenrechts (§ 3 I.) und anschließend dessen Verwertung (§ 3 II.) erläutert.

---

24 *Volkmer*, Das Markenrecht im Zwangsvollstreckungsverfahren, S. 31. Vgl. auch *Marotzke*, ZGE 2010, 233.

§ 2 Entwicklung der zwangsvollstreckungsrechtlichen Vorschriften

Die Zwangsvollstreckung in ein Markenrecht war nicht bereits seit Beginn des gesetzlichen Schutzes von Marken zulässig. Die Entwicklung der maßgeblichen Vorschriften wird anhand der Rechtslage unter Geltung des Warenzeichenrechts (I.) und anschließend der für die Zwangsvollstreckung in ein Markenrecht bedeutsamen Veränderungen durch das Inkrafttreten des ErstrG dargestellt, ehe schließlich die aktuelle Rechtslage seit Inkrafttreten des MarkenG erörtert wird (II.).

I. Rechtslage im Warenzeichenrecht

In Deutschland wurden Marken – bis 1995 als sog. Warenzeichen bezeichnet[25] – erstmals durch das Reichsgesetz über den Markenschutz vom 30. Mai 1874 (MSchG)[26] gesetzlich geregelt. Unter Geltung des MSchG war das Warenzeichen untrennbar mit der Firma verbunden.[27] Ihre Übertragung – und damit mittelbar auch die Übertragung des Warenzeichens – war wiederum abhängig von der Übertragung des zugehörigen Geschäftsbetriebs.[28] Abgelöst wurde das MSchG durch das Gesetz zum Schutz von Waarenbezeichnungen vom 12. Mai 1894 (WBG).[29] Das WBG wiederum wurde durch das Warenzeichengesetz vom

---

25 Vgl. Entwurf der Bundesregierung eines Gesetzes zur Reform des Markenrechts und zur Umsetzung der Ersten Richtlinie 89/104/EWG des Rates vom 21.12.1988 zur Angleichung der Rechtsvorschriften der Mitgliedstaaten über die Marken v. 14.01.1994 (Markenrechtsreformgesetz), BT-Drs. 12/6581, S. 55.

26 Gesetz über den Markenschutz v. 30.05.1874 (Markenschutzgesetz, MSchG), RGBl. 1874, S. 143. Trotz dieses Gesetzestitels wurde der Begriff „Warenzeichen“ und nicht „Marke“ benutzt, vgl. Entwurf der Bundesregierung eines Gesetzes zur Reform des Markenrechts und zur Umsetzung der Ersten Richtlinie 89/104/EWG des Rates vom 21.12.1988 zur Angleichung der Rechtsvorschriften der Mitgliedstaaten über die Marken v. 14.01.1994 (Markenrechtsreformgesetz), BT-Drs. 12/6581, S. 55.

27 Siehe dazu ausführlich *Brämer*, Die Sicherungsabtretung von Markenrechten, S. 14 ff.

28 Siehe dazu ausführlich *Brämer*, Die Sicherungsabtretung von Markenrechten, S. 14 ff.

29 Gesetz zum Schutz von Waarenbezeichnungen v. 12.05.1894 (Warenbezeichnungsgesetz, WBG), RGBl. 1894, S. 441.

5. Mai 1936 (WZG)[30] abgelöst, welches die Gesetzeslage des WBG aber im Grundsatz unverändert ließ.[31] Das Warenzeichen stellte sowohl unter Geltung des WBG als auch des WZG entsprechend der unter dem MSchG geltenden Rechtslage kein selbstständiges immaterielles Rechtsgut dar.[32] Es war zwar nicht mehr an die Firma, aber direkt an den Geschäftsbetrieb gebunden.[33] Diese absolute Bindung, auch als strenge Akzessorietät bekannt, galt in Bezug auf die Entstehung, den Bestand sowie den Übergang des Warenzeichens:[34] Zur Eintragung in die Zeichenrolle konnte ein Zeichen unter Geltung des WZG nur anmelden, wer sich in seinem Geschäftsbetrieb zur Unterscheidung seiner Waren von den Waren anderer eines Warenzeichens bedienen wollte, § 1 Abs. 1 WZG.[35] War das Warenzeichen zur Entstehung gelangt, war es auch in seinem Bestand von dem Geschäftsbetrieb abhängig; das Zeichen unterlag nämlich der Löschung für den Fall, dass der zu dem Warenzeichen gehörende Geschäftsbetrieb nicht fortgesetzt wurde, § 11 Abs. 1 Nr. 2 WZG.[36] Bei der Übertragung oder dem Übergang des Geschäftsbetriebs oder des Teils des Geschäftsbetriebs, zu welchem das Warenzeichen gehörte, ging auch das Warenzeichen über, § 8 Abs. 1 S. 2 WZG.[37] Die Umgehung dieses Grundsatzes durch Vereinbarung einer anderen Übertragung des Warenzeichens war verboten, § 8 Abs. 1 S. 3 WZG.[38]

Die strenge Akzessorietät war ein maßgeblicher Grundsatz des deutschen Warenzeichenrechts[39] und wurde durch das RG und später durch den BGH sogar als Teil des deutschen *ordre public* angesehen.[40] Hintergrund der absoluten Bindung des Warenzeichens an den Geschäftsbetrieb war dessen

30 Warenzeichengesetz v. 05.05.1936 (WZG), RGBl. 1936, S. 134.

31 Vgl. *Brämer*, Die Sicherungsabtretung von Markenrechten, S. 31.

32 Vgl. bspw. RG, Urt. v. 18.06.1920, RGZ 100, 3, 6 = GRUR 1922, 112 – Antiformin.

33 Vgl. *Brämer*, Die Sicherungsabtretung von Markenrechten, S. 21, 31; *Fezer*, § 3 MarkenG, Rn. 181; *Hacker*, in: Ströbele/Hacker/Thiering, § 27 MarkenG, Rn. 4.

34 *Brämer*, Die Sicherungsabtretung von Markenrechten, S. 15; *Fezer*, § 3 MarkenG, Rn. 181, 183 f.

35 Vgl. hierzu *Fezer*, § 3 MarkenG, Rn. 183.

36 Vgl. hierzu *Fezer*, § 3 MarkenG, Rn. 184; *Trüstedt*, in: Reimer, Wettbewerbs- und Warenzeichenrecht, 4. Auflage, Kapitel 34, Rn. 1.

37 Vgl. hierzu *Fezer*, § 3 MarkenG, Rn. 184.

38 Vgl. hierzu *Fezer*, § 3 MarkenG, Rn. 184.

39 So bspw. *Fezer*, § 3 MarkenG, Rn. 181; *Kunz-Hallstein*, GRUR 1993, 439.

40 RG, Urt. v. 18.01.1935, RGZ 146, 325, 330 f. – Fratelli; BGH, Urt. v. 05.02.1987, BGHZ 100, 26, 28 ff. = GRUR 1987, 525 – Litaflex; Urt, v. 02.03.1989, GRUR 1989, 422, 423 – Flash; Urt. v. 24.10.1991, GRUR 1992, 106, 107 – Barbarossa. Siehe hierzu auch *Kunz-Hallstein*, GRUR 1993, 439.

Herkunftsfunktion:[41] Das Auseinanderfallen von Betrieb und Warenzeichen sollte verhindert werden, um die Erhaltung der Herkunftsfunktion des Warenzeichens sicherzustellen.[42] Eine Täuschung der Allgemeinheit über die Herkunft der Waren sollte unterbunden werden.[43]

Aufgrund der strengen Akzessorietät existierten unter der Geltung des WZG keine Vorschriften zur Zwangsvollstreckung in das Warenzeichenrecht.[44] Die Pfändung des Geschäftsbetriebs wurde als unausführbar angesehen.[45] Daher war auch die Pfändung des Warenzeichenrechts nach überwiegender Ansicht nicht möglich.[46]

Kritik an der Rechtslage unter Geltung des WZG kam vereinzelt in der Literatur in Bezug auf das Verbot der freien Übertragbarkeit auf: Bereits Mitte des 20. Jahrhundert wurde die Abschaffung des Akzessorietätsgrundsatzes diskutiert und die freie Übertragbarkeit des Warenzeichens befürwortet.[47]

---

41 Bspw. BGH, Urt. v. 07.07.1971, GRUR 1971, 573, 574 – Nocado; *Baumbach/Hefermehl*, WZG, Einl., Rn. 16, § 8, Rn. 2. Zu der Herkunftsfunktion unter Geltung des WZG als nach wohl überwiegender Meinung und in ständiger Rechtsprechung einzige Funktion des Warenzeichens siehe *Fezer*, Einl. MarkenG, D., Rn. 5 f.

42 Vgl. RG, Urt. v. 15.01.1904, RGZ 56, 369, 371 – Venus; Entscheidung v. 07.07.1936, GRUR 1936, 1078, 1080 – Macholl; BGH, Urt. v. 07.07.1971, GRUR 1971, 573, 574 – Nocado; Urt. v. 26.05.1972, GRUR 1973, 363, 365 – Baader.

43 RG, Urt. v. 18.01.1935, RGZ 146, 325, 331 – Fratelli; Entscheidung v. 07.07.1936, GRUR 1936, 1078, 1080 – Macholl; BGH, Urt. v. 08.06.1966, GRUR 1967, 89, 92 – Rose; Urt. v. 07.07.1971, GRUR 1971, 573, 574 – Nocado; Urt. v. 26.05.1972, 1973, 363, 365 – Baader. Zu der Frage, ob die gesetzliche Regelung diesem Zweck gerecht wird vgl. *Baumbach/Hefermehl*, WZG, § 8, Rn. 2.

44 Vgl. dazu *Fezer*, § 29 MarkenG, Rn. 2.

45 RG, Urt. v. 02.04.1919, RGZ 95, 235, 237 f.; *Baumbach/Hefermehl*, WZG, § 8, Rn. 40; *Bussmann*, in: FS Raape 1948, S. 131, 136; *Repenn*, NJW 1994, 175.

46 *Baumbach/Hefermehl*, WZG, § 8, Rn. 40; *Busse*, MuW 1927/1928, 8; *Busse*/Starck, WZG, § 8, Rn. 9; *Bussmann*, in: FS Raape 1948, S. 131, 138; *Hubmann*, in: FS Lehmann, S. 812, 826, 825; *Trüstedt*, in: Reimer, Wettbewerbs- und Warenzeichenrecht, 4. Auflage, Kapitel 34, Rn. 14; *Repenn*, NJW 1994, 175. Siehe auch *Seligsohn*, Warenbezeichnungen, S. 114, welcher die Pfändung des Anspruchs auf Eintragung sowie des Zeichenrechts einzig in dem höchst seltenen Fall für denjenigen für möglich hielt, auf den der Geschäftsbetrieb im Ganzen ohne diesen Anspruch auf Eintragung oder das Zeichenrecht durch Rechtsgeschäft übertragen worden ist. A.A. bspw. *Reimer*, Wettbewerbs- und Warenzeichenrecht, 3. Auflage, Kapitel 34, Rn. 4.

47 So bspw. *Reimer*, GRUR 1931, 11; *ders.*, GRUR 1949, 181; *Bussmann*, GRUR 1949, 170; *Röttger*, GRUR 1949, 390; *van der Werth*, GRUR 1949, 320.

II. Änderungen durch das ErstrG und das MarkenG

Mit Inkrafttreten des ErstrG am 1. Mai 1992 und des MarkenG am 1. Januar 1995 änderte sich diese Rechtslage in zwei kurz aufeinanderfolgenden Schritten grundlegend.

1. Änderungen durch das ErstrG

Mit Inkrafttreten des ErstrG wurde die strenge Bindung des Warenzeichens an den Geschäftsbetrieb im Vorgriff auf die ohnehin bevorstehende Markenrechtsreform[48] gelockert.[49] Beweggrund hierfür war der Wunsch nach einer Vereinheitlichung des Rechts im gewerblichen Rechtsschutz nach der Wiedervereinigung Deutschlands.[50] In der Begründung zu der maßgeblichen Vorschrift § 47 ErstrG wurde zudem darauf hingewiesen, dass die Bindung der Marke an den Geschäftsbetrieb und das daraus resultierende Verbot der freien Übertragung in anderen Rechtsordnungen sowie im internationalen Bereich zunehmend aufgegeben wurde.[51]

Das ErstrG sah zur Lockerung der strengen Akzessorietät drei Änderungen des WZG vor: Die freie Übertragbarkeit des Warenzeichens wurde eingeführt (§ 47 Nr. 3 ErstrG) und die bei der Anmeldung des Warenzeichens erforderliche Angabe des Geschäftsbetriebs (§ 47 Nr. 2 ErstrG) sowie der Wegfall des Geschäftsbetriebs als Grund zur Löschung des Warenzeichens (§ 47 Nr. 4 ErstrG) wurden gestrichen.

Dies brachte grundlegende Veränderungen mit sich: Durch die mit § 47 Nr. 3 ErstrG einhergehende Änderung des § 8 Abs. 1 S. 1 WZG hat der Gesetzgeber das Warenzeichen verselbstständigt, indem er es von dem zugrunde

---

48 Gesetz zur Reform des Markenrechts und zur Umsetzung der Ersten Richtlinie 89/104/EWG des Rates vom 21.12.1988 zur Angleichung der Rechtsvorschriften der Mitgliedstaaten über die Marken v. 25.10.1994 (Markenrechtsreformgesetz), BGBl. 1994, S. 3082.

49 Entwurf der Bundesregierung eines Gesetzes über die Erstreckung von gewerblichen Schutzrechten v. 30.10.1991, BT-Drs. 12/1399, S. 69.

50 Entwurf der Bundesregierung eines Gesetzes über die Erstreckung von gewerblichen Schutzrechten v. 30.10.1991, BT-Drs. 12/1399, S. 1, 69. Das Gesetz der Deutsch Demokratischen Republik über Warenkennzeichen vom 30.11.1984 (GBl. I Nr. 33 S. 397) erlaubte im Gegensatz zum WZG bspw. nach § 17 Abs. 1 S. 1 die freie Übertragbarkeit der Marke ohne die Übertragung des Geschäftsbetriebs.

51 Entwurf der Bundesregierung eines Gesetzes über die Erstreckung von gewerblichen Schutzrechten v. 30.10.1991, BT-Drs. 12/1399, S. 1, 69.

liegenden Geschäftsbetrieb loslöste. Das Warenzeichen war ab diesem Zeitpunkt frei übertragbar. Allerdings wurde die – bis heute geltende – Vermutung gesetzlich verankert, dass ein Warenzeichen im Zweifel von der Übertragung bzw. dem Übergang des Geschäftsbetriebs oder des Teils des Betriebs, zu dem das Zeichen gehört, erfasst wird, § 8 Abs. 1 S. 2 WZG / § 27 Abs. 2 MarkenG. Wegen dieser freien Übertragbarkeit sowie der Streichung der Verpflichtung zur Angabe des Geschäftsbetriebs bei der Anmeldung des Warenzeichens (§ 47 Nr. 2 ErstrG) musste der unverändert fortbestehende § 1 WZG, der die Akzessorietät des Warenzeichens anordnete, dahingehend ausgelegt werden, dass zur Anmeldung eines Warenzeichens zwar kein bestimmter Geschäftsbetrieb mehr notwendig war, der zu den angemeldeten Waren und Dienstleistungen gehörte, sondern irgendein Geschäftsbetrieb ausreichte, der also nicht die angemeldeten Waren und Dienstleistungen abdecken musste.[52] Mit dem Wegfall der Verpflichtung, den Geschäftsbetrieb bei der Anmeldung des Warenzeichens zu benennen, konnte auch kein Nachweis über das Bestehen eines Geschäftsbetriebs verlangt werden.[53] Fehlte hingegen der Geschäftsbetrieb gänzlich, konnte dies in einem Löschungsverfahren geltend gemacht werden, § 10 WZG.[54]

Mit der durch § 47 Nr. 3 ErstrG eingeführten freien Übertragbarkeit war das Warenzeichenrecht zum selbstständigen Vermögensrecht aufgestiegen; die Zwangsvollstreckung in das Warenzeichen wurde zulässig.[55] Das Warenzeichenrecht unterlag nunmehr – wie jedes andere Vermögensrecht – der Pfändung.[56] Folge der Stellung des Warenzeichens als selbstständiger Vermögensgegenstand war nämlich nicht nur die autonome Kommerzialisierung des Warenzeichens durch den Markeninhaber, sondern auch die Möglichkeit des Zugriffs von Gläubigern des Zeicheninhabers auf das Warenzeichenrecht im Rahmen der Forderungsbefriedigung.[57] Die Einführung spezieller Vorschriften zur Zwangsvollstreckung in das Warenzeichen umfasste das ErstrG jedoch nicht.

---

52 Entwurf der Bundesregierung eines Gesetzes über die Erstreckung von gewerblichen Schutzrechten v. 30.10.1991, BT-Drs. 12/1399, S. 69. Vgl. auch *Kunz-Hallstein*, GRUR 1993, 439, 445; *Fezer*, § 3 MarkenG, Rn. 187.

53 Entwurf der Bundesregierung eines Gesetzes über die Erstreckung von gewerblichen Schutzrechten v. 30.10.1991, BT-Drs. 12/1399, S. 1, 70.

54 Vgl. Entwurf der Bundesregierung eines Gesetzes über die Erstreckung von gewerblichen Schutzrechten v. 30.10.1991, BT-Drs. 12/1399, S. 1, 70.

55 *Fezer*, § 29 MarkenG, Rn. 15; *Engels*, Die Rechtsnatur der Markenlizenz, S. 146; *Repenn*, NJW 1994, 175.

56 *Repenn*, NJW 1994, 175.

57 Vgl. *Volkmer*, Das Markenrecht im Zwangsvollstreckungsverfahren, S. 31.

2. Die aktuelle Rechtslage im MarkenG

Am 1. Januar 1995 wurde das WZG durch Inkrafttreten des auch heute noch in Kraft stehenden MarkenG abgelöst. Der Gesetzgeber hat mit dem MarkenG von dem Begriff „Warenzeichen“ abgesehen und den umfassenden Begriff „Marke“ erstmals gesetzlich verankert, welcher neben Warenmarken auch Dienstleistungsmarken, Kollektivmarken[58] und nunmehr auch Gewährleistungsmarken[59] umfasst. Das Prinzip der Bindung der Marke an das Unternehmen des Markeninhabers wurde nun fast vollständig aufgegeben.[60] Das deutsche Markenrecht unterliegt seitdem als selbstständiges Immaterialgut dem sog. Grundsatz der Nichtakzessorietät.[61]

Während das Prinzip der freien Übertragbarkeit der Marke für die sog. Registermarke, die Benutzungsmarke und die Notorietätsmarke gleichermaßen gilt, § 27 Abs. 1 MarkenG, ist eine Entstehung der Marke ohne Geschäftsbetrieb lediglich bei der Registermarke möglich.[62] Die Entstehung der Benutzungsmarke sowie der Notorietätsmarke ist hingegen ohne die Existenz eines Unternehmens des Markeninhabers nicht denkbar.[63]

War also schon seit Inkrafttreten des ErstrG die Zwangsvollstreckung in das Warenzeichenrecht an sich zulässig, ist erst seit Inkrafttreten des MarkenG das Markenrecht als Gegenstand von Maßnahmen der Zwangsvollstreckung ausdrücklich geregelt, vgl. § 29 Abs. 1 Nr. 2 MarkenG.

---

58 Entwurf der Bundesregierung eines Gesetzes zur Reform des Markenrechts und zur Umsetzung der Ersten Richtlinie 89/104/EWG des Rates vom 21.12.1988 zur Angleichung der Rechtsvorschriften der Mitgliedstaaten über die Marken v. 14.01.1994 (Markenrechtsreformgesetz), BT-Drs. 12/6581, S. 55.

59 § 106a MarkenG (Gewährleistungsmarken) wurde eingefügt durch das Gesetz zur Umsetzung der Richtlinie (EU) 2015/2436 des Europäischen Parlaments und des Rates vom 16.12.2015 zur Angleichung der Rechtsvorschriften der Mitgliedstaaten über die Marken vom 11.12.2018 (Markenrechtsmodernisierungsgesetz – MaMoG), BGBl. 2018, S. 2357, in Kraft getreten am 14.01.2019.

60 *Fezer*, § 3 MarkenG, Rn. 179; *Hacker*, in: Ströbele/Hacker/Thiering, § 27 MarkenG, Rn. 8 unter Verweis auf § 27 Abs. 2 MarkenG als einziges Relikt des Akzessorietätsgrundsatzes.

61 *Fezer*, § 3 MarkenG, Rn. 179.

62 *Fezer*, § 3 MarkenG, Rn. 179 f.

63 *Fezer*, § 3 MarkenG, Rn. 179.

§ 3 Die Zwangsvollstreckung in das Markenrecht

Durch den sog. Grundsatz der Nichtakzessorietät und die freie Übertragbarkeit der Marke stellt diese ein selbstständiges Vermögensgut dar und das an ihr begründete Recht ist Maßnahmen der Zwangsvollstreckung zugänglich, § 29 Abs. 1 Nr. 2 MarkenG.[64] Während die Erste Markenrechtsrichtlinie[65] noch keine Regelung zur Zwangsvollstreckung in das Markenrecht enthielt, gibt nunmehr auch Art. 24 Abs. 1 MRL[66] seit Anfang 2016 vor, dass eine Marke Gegenstand von Maßnahmen der Zwangsvollstreckung sein kann. Es kommen verschiedene Maßnahmen der Zwangsvollstreckung in Bezug auf die Marke in Betracht, die in Abhängigkeit des der Vollstreckung zugrunde liegenden Titels voneinander abgegrenzt werden müssen:[67] Kommt der Markeninhaber zum Beispiel seiner Verpflichtung aus einem Markenkaufvertrag nicht nach und wurde er daraufhin erfolgreich zur Markenübertragung verurteilt, erfolgt die Vollstreckung der Verurteilung zur Abgabe der darauf gerichteten Erklärung gemäß § 398 BGB durch Fiktion der Abgabe dieser Willenserklärung, § 894 ZPO.[68] Praktisch wohl von größerer Bedeutung und Gegenstand dieser Arbeit ist die Vollstreckung in das Markenrecht wegen einer Geldforderung, bei welcher in Anwendung der Vorschriften über die Zwangsvollstreckung in Forderungen unterschieden wird zwischen der Pfändung auf erster Stufe und der Verwertung auf zweiter Stufe, §§ 857 Abs. 1, 828 ff. ZPO.[69]

---

64 Siehe dazu oben § 2 II.

65 Erste Richtlinie 89/104/EWG des Rates zur Angleichung der Rechtsvorschriften der Mitgliedstaaten über die Marken vom 21.12.1988 (Erste Markenrechtsrichtlinie), ABlEU 1989 Nr. L 40/1, S. 1.

66 Richtlinie (EU) 2015/2436 des Europäischen Parlaments und des Rates vom 16.12.2015 zur Angleichung der Rechtsvorschriften der Mitgliedstaaten über die Marken (Markenrechtsrichtlinie, MRL), ABlEU 2015, Nr. L 336, S. 1.

67 *Hacker*, in: Ströbele/Hacker/Thiering, § 29 MarkenG, Rn. 14.

68 *Hacker*, in: Ströbele/Hacker/Thiering, § 29 MarkenG, Rn. 14.

69 Vgl. *Hacker*, in: Ströbele/Hacker/Thiering, § 29 MarkenG, Rn. 15.

I. Pfändung des Markenrechts

In einem ersten Schritt der Vollstreckung in das Markenrecht erfolgt die Pfändung des Markenrechts.

1. Mögliche Gegenstände einer Pfändung

Es kommen verschiedene Pfändungsgegenstände in Betracht.

a. Subjektives Recht vor Anmeldung

Im Gegensatz zum Patentrecht[70] kommt ein subjektives Recht auf die Marke, das mit ihrer Entwicklung schon vor Anmeldung zur Eintragung in das Markenregister entsteht, nicht als geschützte Vermögensposition in Betracht.[71] Eine entsprechende Pfändung in der Zwangsvollstreckung ist demnach nicht möglich.[72]

b. Angemeldetes Markenrecht

Anders sieht dies im Hinblick auf eine zur Eintragung in das Markenregister des DPMA angemeldete Marke aus. Mit der Anmeldung der Marke gemäß § 32 MarkenG entsteht ein öffentlich-rechtlicher Anspruch auf Eintragung der Marke in das Register gemäß § 33 Abs. 2 S. 1 MarkenG, sofern alle formellen Anmeldeerfordernisse vorliegen und keine Eintragungshindernisse gegeben sind, § 33 Abs. 2 S. 2 MarkenG. Da die Regelung des § 29 Abs. 1 Nr. 2 MarkenG über die Verweisung in § 31 MarkenG entsprechend gilt, kann dieser öffentlich-rechtliche Anspruch Vollstreckungsgegenstand sein. Das durch Anmeldung der Marke begründete Recht stellt bereits einen selbstständigen Vermögensgegenstand des Markenanmelders dar.[73] Es weist Eigentumsqualität auf und kann einen bedeutsamen wirtschaftlichen Wert begründen.[74] Da sich das Pfändungspfandrecht aber an dem durch die Markenanmeldung begründeten Recht nach

---

70 Im Patentrecht ist das subjektive Recht auf das Patent bereits mit dessen Entwicklung und vor Anmeldung zur Eintragung geschützt, sog. Recht auf das Patent, § 6 S. 1 PatG. Vgl. dazu *Stöber/Rellermeyer*, Forderungspfändung, Rn. E.319.

71 Ausführlich dazu *Volkmer*, Das Markenrecht im Zwangsvollstreckungsverfahren, S. 59 f.

72 *Volkmer*, Das Markenrecht im Zwangsvollstreckungsverfahren, S. 60; a.A. *Baur/Stürner/Bruns*, Zwangsvollstreckungsrecht, Rn. 32.34.

73 *Fezer*, § 31 MarkenG, Rn. 1.

74 EGMR, Urt. v. 11.01.2007, Anheuser-Busch Inc. v. Portugal, Budweiser (Nr. 73049/01), GRUR 2007, 696, 699; *Taxhet*, in: BeckOK-MarkenR, § 31 MarkenG, Rn. 3.

Erteilung an der eingetragenen Marke fortsetzt, wenn die Eintragung der Marke zeitlich nach der Pfändung dieses öffentlich-rechtlichen Anspruchs auf Eintragung erfolgt,[75] und der Zeitraum bis zur Eintragung zeitlich begrenzt ist,[76] ist die Markenanmeldung nicht Gegenstand der Untersuchung dieser Arbeit.

c. *Entstandenes Markenrecht*

Nach der Entstehung des Markenschutzes können Gegenstand von Maßnahmen der Zwangsvollstreckung die Registermarke[77], die durch Eintragung eines Zeichens in das Markenregister begründet wird (§ 4 Nr. 1 MarkenG), die Benutzungsmarke[78], die durch Benutzung eines Zeichens im geschäftlichen Verkehr bei Erwerb von Verkehrsgeltung als Marke begründet wird (§ 4 Nr. 2 MarkenG) und die Notorietätsmarke[79], die durch notorische Bekanntheit einer Marke im Sinne des Art. 6bis der Pariser Verbandübereinkunft (PVÜ)[80] begründet wird (§ 4 Nr. 3 MarkenG), sein, § 29 Abs. 1 Nr. 2 MarkenG. Zulässig ist auch die Pfändung eines Markenteils.[81] Voraussetzung dafür ist allerdings, dass die Aufspaltung der Marke produktbezogen und nicht regional erfolgt ist.[82] Die Pfändung eines Markenteils ist insbesondere dann sinnvoll, wenn bei der Pfändung

---

75 Vgl. BGH, Urt. v. 24.03.1994, BGHZ 125, 334, 339 ff. = NJW 1994, 3099 – Rotationsbürstenwerkzeug für ein angemeldetes und erteiltes Patent; *Brandi-Dohrn*, in: von Schultz, § 31 MarkenG, Rn. 1; *Hacker*, in: Ströbele/Hacker/Thiering, § 29 MarkenG, Rn. 18.

76 Eine Eintragung im beschleunigten Prüfungsverfahren gemäß § 38 MarkenG kann innerhalb von wenigen Werktagen, spätestens jedoch sechs Monate nach Anmeldung erfolgen, vgl. Website des DPAM, abrufbar unter: https://www.dpma.de/marken/anmeldung/index.html (zuletzt abgerufen am 17.03.2021).

77 Die Bezeichnung als Registermarke findet sich bspw. bei *Fezer*, § 3 MarkenG, Rn. 33; *Hacker*, in: Ströbele/Hacker/Thiering, § 4 MarkenG, Rn. 1.

78 Die Bezeichnung als Benutzungsmarke findet sich bspw. bei *Fezer*, § 3 MarkenG, Rn. 33; *Hacker*, in: Ströbele/Hacker/Thiering, § 4 MarkenG, Rn. 1; *v. Schultz*, in: von Schultz, § 4 MarkenG, Rn. 3.

79 Die Bezeichnung als Notorietätsmarke findet sich bspw. bei *Fezer*, § 3 MarkenG, Rn. 33; *Hacker*, in: Ströbele/Hacker/Thiering, § 4 MarkenG, Rn. 1.

80 Pariser Verbandsübereinkunft vom 20.03.1883 zum Schutz des gewerblichen Eigentums in der Stockholmer Fassung vom 14.07.1967 (PVÜ), BGBl. 1970 II, S. 293.

81 *Pahlow*, in: HK-MarkenR, § 29, Rn. 2; *Volkmer*, Das Markenrecht im Zwangsvollstreckungsverfahren, S. 56 ff.

82 *Volkmer*, Das Markenrecht im Zwangsvollstreckungsverfahren, S. 56 f.; *Starck*, WRP 1994, 698, 699; *Pahlow*, in: HK-MarkenR, § 29, Rn. 2.

der Gesamtmarke die Gefahr der Überpfändung[83] oder sonstige Zulässigkeitsbedenken bestehen, die bei einer Teilpfändung nicht drohen.[84] Gegenstand von Maßnahmen der Zwangsvollstreckung kann auch ein Markenrecht sein, das den Namen des Markeninhabers beinhaltet.[85] Unter Geltung des WZG war diese Thematik wegen der aus der strengen Bindung des Warenzeichens an den Geschäftsbetrieb resultierenden Unzulässigkeit der Pfändung des Warenzeichenrechts noch nicht im Zusammenhang mit der Pfändung aufgetaucht.[86] Ergebnis des aufgrund des nunmehr im MarkenG geltenden Grundsatzes der Nichtakzessorietät und des durch die freie Übertragbarkeit zum Ausdruck kommenden Vermögenswertes der Marke ist allerdings auch, dass die Marke selbst mit Namensrecht (§ 12 BGB) nicht der Zwangsvollstreckung entzogen werden darf.[87] Nutzt der Markeninhaber seinen persönlichen Namen im Geschäftsverkehr muss er in Kauf nehmen, dass auch auf das Namensrecht im Wege der Zwangsvollstreckung Zugriff genommen werden kann.[88]

d. Weitere Gegenstände der Zwangsvollstreckung

Darüber hinaus können Gegenstand von Maßnahmen der Einzelzwangsvollstreckung weitere Rechte an einer Marke sein. Dazu zählen insbesondere die Markenlizenz sowie die Ausübung des Nießbrauchs.

Im ersten Fall muss zunächst streng danach differenziert werden, ob das Markenrecht oder die Lizenz gepfändet wird.[89] Die Zwangsvollstreckung in eine Marke ist – wie zuvor erläutert – zulässig, § 29 Abs. 1 Nr. 2 MarkenG.

---

83 *Pahlow*, in: HK-MarkenR, § 29, Rn. 2.

84 *Pahlow*, in: HK-MarkenR, § 29, Rn. 2.

85 *Fezer*, § 29 MarkenG, Rn. 27; *Ingerl*/Rohnke, § 29 MarkenG, Rn. 19; *Lwowski/Hoes*, WM 1999, 771, 776; *Pahlow*, in: HK-MarkenR, § 29, Rn. 3; *Stöber/Rellermeyer*, Forderungspfändung, Rn. E.245; *Hacker*, in: Ströbele/Hacker/Thiering, § 29 MarkenG, Rn. 13; a.A. Entwurf der Bundesregierung eines Gesetzes zur Reform des Markenrechts und zur Umsetzung der Ersten Richtlinie 89/104/EWG des Rates vom 21.12.1988 zur Angleichung der Rechtsvorschriften der Mitgliedstaaten über die Marken v. 14.01.1994 (Markenrechtsreformgesetz), BT-Drs. 12/6581, S. 86.

86 Diese Thematik ist unter Geltung des WZG hingegen im Konkursrecht aufgetaucht, vgl. *Fezer*, § 29 MarkenG, Rn. 27. Zum Grundsatz der strengen Akzessorietät siehe oben § 2 I.

87 Vgl. *Stöber/Rellermeyer*, Forderungspfändung, Rn. E.245.

88 *Pahlow*, in: HK-MarkenR, § 29, Rn. 3; *Lwowski/Hoes*, WM 1999, 771, 776; *Zimmermann*, Immaterialgüterrechte, S. 255.

89 *Pahlow*, in: HK-MarkenR, § 29, Rn. 16.

Markenlizenzen hingegen können nur Gegenstand einer Pfändung sein, soweit sie frei übertragbar sind, §§ 857 Abs. 1, 851 Abs. 1 ZPO.[90] Dies ist nur bei ausschließlichen Lizenzen[91] der Fall, bei denen die Parteien des Lizenzvertrages eine Übertragbarkeit der Lizenz nicht ausgeschlossen haben.[92]

Ein Markennießbrauch kann aufgrund dessen Unübertragbarkeit nicht Gegenstand einer Pfändung sein, §§ 851 Abs. 1 ZPO, 1059 S. 1, 1068 Abs. 2 BGB.[93] Möglich ist aber die Pfändung der Ausübung des Markennießbrauchs, §§ 1059 S. 2, 1068 Abs. 2 BGB.[94] Eine solche Ausübung kann beispielsweise das Benutzungsrecht an der Marke oder das Recht zur Lizenzerteilung sowie der Einziehung von Lizenzgebühren sein.[95]

Schließlich kommen als Gegenstand der Pfändung auch Forderungen des Markeninhabers gegen Dritte in Betracht.[96] Hiervon ist zum Beispiel der Anspruch auf Zahlung der Lizenzgebühr gegen den Lizenznehmer umfasst.[97] Eine solche Pfändung erfolgt nach den Vorschriften der Forderungspfändung gemäß §§ 829 ff. ZPO.[98]

Die Untersuchung dieser Arbeit bezieht sich jedoch nicht auf diese weiteren Gegenstände der Zwangsvollstreckung, sondern auf das Markenrecht selbst als Vollstreckungsgegenstand.

---

90 *Fezer*, § 29 MarkenG, Rn. 16; *Grüger*, in: BeckOK-MarkenR, § 29 MarkenG, Rn. 26, 36; *Pahlow*, in: HK-MarkenR, § 29, Rn. 13.

91 Die Lizenz kann als einfache, ausschließliche Lizenz oder Alleinlizenz erteilt werden. Während der Lizenzgeber bei der einfachen Lizenz die Marke auch selbst nutzen kann sowie Dritten weitere, inhaltsgleiche Lizenzen erteilen darf, ist ihm dies bei der ausschließlichen Lizenz verwehrt. Hingegen darf der Lizenzgeber bei der Alleinlizenz zwar keine weiteren inhaltsgleichen Lizenzen an Dritte erteilen, er darf die Marke jedoch selbst weiter nutzen, *Taxhet*, in: BeckOK-MarkenR, § 30 MarkenG, Rn. 35 ff.; *Hacker*, in: Ströbele/Hacker/Thiering, § 30 MarkenG, Rn. 10 ff.

92 *Fezer*, § 29 MarkenG, Rn. 16; *Grüger*, in: BeckOK-MarkenR, § 29 MarkenG, Rn. 36; *Pahlow*, in: HK-MarkenR, § 29, Rn. 13, 18 m.w.N.

93 *Fezer*, § 29 MarkenG, Rn. 16; *Grüger*, in: BeckOK-MarkenR, § 29 MarkenG, Rn. 26, 38; *Pahlow*, in: HK-MarkenR, § 29, Rn. 13.

94 *Fezer*, § 29 MarkenG, Rn. 16; *Grüger*, in: BeckOK-MarkenR, § 29 MarkenG, Rn. 26, 38; *Pahlow*, in: HK-MarkenR, § 29, Rn. 13.

95 *Grüger*, in: BeckOK-MarkenR, § 29 MarkenG, Rn. 38.

96 *Grüger*, in: BeckOK-MarkenR, § 29 MarkenG, Rn. 27.

97 *Grüger*, in: BeckOK-MarkenR, § 29 MarkenG, Rn. 27; *Pahlow*, in: HK-MarkenR, § 29, Rn. 16.

98 *Pahlow*, in: HK-MarkenR, § 29, Rn. 16.

e. *Unionsmarken und international registrierte Marken*

Unionsmarken sowie international registrierte Marken spielen in der Praxis eine große Rolle. Insofern ist auch eine Zwangsvollstreckung in solche Markenrechte von Bedeutung, weshalb die hierfür anwendbaren Regelungen erläutert werden.

aa. Unionsmarken

Seit 1996 besteht die Möglichkeit, beim EUIPO mit Sitz in Alicante die Registrierung von Unionsmarken zu beantragen, welche mit Eintragung einen unionsweiten Schutz erlangen. Rechtlicher Rahmen ist die Unionsmarkenverordnung (UMV)[99].

Da der sog. Grundsatz der Nichtakzessorietät und der freien Übertragbarkeit der Marke auch im Unionsmarkenrecht gilt, vgl. Art. 20 Abs. 1 UMV, kann die Unionsmarke als Vermögensgegenstand auch Gegenstand von Maßnahmen der Zwangsvollstreckung sein, Art. 23 Abs. 1 UMV.[100] Für Zwangsvollstreckungsmaßnahmen in Bezug auf eine Unionsmarke sind ausschließlich die Gerichte und Behörden des nach Art. 19 UMV maßgeblichen Mitgliedstaats zuständig, Art. 23 Abs. 2 UMV. Der maßgebliche Mitgliedstaat ist bei natürlichen Personen derjenige, in welchem der im Unionsmarkenregister eingetragene Inhaber im Zeitpunkt der Maßnahme der Zwangsvollstreckung seinen Wohnsitz und bei juristischen Personen derjenige Mitgliedstaat, in welchem der Inhaber seinen Sitz oder seine Niederlassung hat, Art. 19 Abs. 1 lit. a UMV. Liegen die genannten Voraussetzungen nicht vor, ist der maßgebende Mitgliedstaat der Staat, in welchem das Amt seinen Sitz hat, also Spanien, Art. 19 Abs. 1 lit. b UMV. Die nach Art. 23 Abs. 2 UMV zuständigen Gerichte und Behörden haben nach Maßgabe des Art. 19 UMV ihr nationales Recht anzuwenden. Kommt es danach zur Anwendung deutschen Rechts, richtet sich die Zwangsvollstreckung in eine Unionsmarke nach den Regeln der Zwangsvollstreckung in eine deutsche Marke.[101] Auch auf diese Fälle beziehen sich die Ausführungen dieser Arbeit.

---

99 Verordnung (EU) 2017/1001 des Europäischen Parlaments und des Rates über die Unionsmarke v. 14.06.2017 (Unionsmarkenverordnung, UMV), ABlEU 2017, L 154, S. 1.

100 Vgl. *Grüger*, in: BeckOK-MarkenR, Art. 23 UMV, Rn. 1.

101 *Grüger*, in: BeckOK-MarkenR, Art. 23 UMV, Rn. 6. Die Ausführungen gelten entsprechend für die Unionsmarkenanmeldung, Art. 28 UMV. Markenanmeldungen sind jedoch kein Gegenstand der Prüfung dieser Arbeit, siehe dazu oben § 3 I. 1. b.

bb. International registrierte Marken

Auf Grundlage des sog. „Madrider Systems“[102] können international registrierte Marken (im Folgenden: IR-Marken) bei der WIPO in Genf registriert werden. Durch eine solche Registrierung kann ein Schutz in allen, den auf dem Madrider System basierenden Abkommen beigetretenen Staaten,[103] erlangt werden. Eine IR-Marke stellt eine Bündelung von einzelnen nationalen Marken dar, vgl. Art. 4 Abs. 1 lit. a PMMA, §§ 112, 124 MarkenG.[104] Schutzinhalt und -umfang richten sich demnach nach nationalem Recht.

Eine IR-Marke, deren Schutz sich auf Deutschland erstreckt, hat mithin dieselben Wirkungen als wäre die Marke zur Eintragung in das deutsche Markenregister angemeldet und eingetragen worden, § 112 Abs. 1 MarkenG.[105] Die Übertragung und der Übergang des deutschen Anteils einer IR-Marke richten sich daher nach deutschem Recht, § 27 i.V.m. § 107 Abs. 1 MarkenG.[106] Auch Maßnahmen der Zwangsvollstreckung richten sich nach deutschem Recht, § 112

---

102 Bestehend aus dem Madrider Abkommen zur internationalen Registrierung von Marken v. 14.04.1891 in der Stockholmer Fassung v. 14.07.1967 (Madrider Markenabkommen, MMA), BGBl. 1970, S. 418, und dem Protokoll zum Madrider Markenabkommen v. 27.06.1989 (PMMA), BGBl. 1995, S. 1017. Maßgeblich ist jedoch nur noch das PMMA, da seit dem 31.10.2015 alle Vertragsparteien des MMA dem PMMA angehören und die Regeln des PMMA vorgehen, wenn ein Staat Mitglied sowohl es MMA als auch des PMMA ist, vgl. WIPO Information Notice No. 39/2015, S. 1, Ziff. 4, abrufbar unter: http://www.wipo.int/edocs/madrdocs/en/2015/madrid_2015_39.pdf (zuletzt abgerufen am 17.03.2021); Merkblatt „Die internationale Registrierung von deutschen Marken über das Madrider System“ des DPMA, S. 3, abrufbar unter: https://www.dpma.de/docs/formulare/marken/m8940.pdf (zuletzt abgerufen am 17.03.2021); *Misoga*, in: Ströbele/Hacker/Thiering, § 107 MarkenG, Rn. 1, 4.

103 Für eine aktuelle Auflistung aller Mitglieder des MMA und PMMA siehe die Website der WIPO, abrufbar unter: http://www.wipo.int/export/sites/www/treaties/en/documents/pdf/madrid_marks.pdf (zuletzt abgerufen am 17.03.2021).

104 *Hacker*, in Ströbele/Hacker/Thiering, § 27 MarkenG, Rn. 67; *Taxhet*, in: BeckOK-MarkenR, § 27 MarkenG, Rn. 68.

105 Anmeldung und Registrierung einer IR-Marken fallen zusammen, da die IR-Marke gemäß § 112 Abs. 1 MarkenG bereits ab dem Tag des Antragseingangs gleichgestellt wird mit der deutschen angemeldeten und eingetragenen Marke. Siehe dazu *Viefhues*, in: BeckOK-MarkenR, § 112 MarkenG, Rn. 3.

106 BGH, Urt. v. 07.06.1955, BGHZ 18, 1, 12 = GRUR 1955, 575 – Hückel; Urt. v. 22.01.1998, GRUR 1998, 699, 701 – SAM (beide zur Rechtslage nach dem WZG); Urt. v. 21.01.2010, GRUR 2010, 828, 829 (Tz. 17) – DiSC; *Hacker*, in Ströbele/Hacker/Thiering, § 27 MarkenG, Rn. 67.

Abs. 1 i.V.m. § 29 Abs. 1 Nr. 2 MarkenG. Die Ausführungen dieser Arbeit beziehen sich mithin auch auf den deutschen Anteil einer IR-Marke.

Entsprechendes gilt auch für IR-Marken, deren Schutz sich auf die Europäische Union erstreckt: Die Vollstreckung in den EU-Teil der IR-Marke richtet sich nach den für die Unionsmarke maßgeblichen Vorschriften, Art. 182 i.V.m. Art. 23 UMV.[107]

2. Verfahrensrechtliche Besonderheiten der Zwangsvollstreckung in ein Markenrecht

Die Zwangsvollstreckung wegen einer Geldforderung in ein Markenrecht erfolgt gemäß der Vorschriften über die Vollstreckung in andere Vermögensrechte durch Pfändung und Verwertung, §§ 857 Abs. 1, 828 ff. ZPO.[108] Für die Pfändung müssen zunächst die allgemeinen Voraussetzungen der Zwangsvollstreckung vorliegen: Es muss zum einen ein vollstreckbarer Titel gegeben sein, der auf Zahlung einer Geldsumme gerichtet ist.[109] Zum anderen muss die Zustellung des Titels spätestens mit Beginn der Zwangsvollstreckung, also mit der Zustellung des Pfändungsbeschlusses, erfolgen, §§ 857 Abs. 1, 750 ZPO.[110]

a. Vorpfändung

Um Verfügungen des Markeninhabers kurz vor der Pfändung zu verhindern, kann der Gläubiger die sog. Vorpfändung durchführen, § 845 Abs. 1 ZPO.[111] Dabei wird der Markeninhaber bereits im Vorhinein über die bevorstehende Pfändung des Markenrechts benachrichtigt und aufgefordert, sich jeglicher Verfügungen über die Marke zu enthalten.[112]

---

107 Siehe zu dem Vorstehenden oben § 3 I. 1. e. aa.

108 *Grüger*, in: BeckOK-MarkenR, § 29 MarkenG, Rn. 29 ff.

109 *Lwowski/Hoes*, WM 1999, 771, 775; *Seibel*, in: Zöller, Vorb. § 704 ZPO, Rn. 14.

110 *Volkmer*, Das Markenrecht im Zwangsvollstreckungsverfahren, S. 75.

111 *Hacker*, in: Ströbele/Hacker/Thiering, § 29 MarkenG, Rn. 15; *Lwowski/Hoes*, WM 1999, 771, 775; *Repenn/Spitz*, WRP 1993, 737, 738 (zur aufgrund der Änderungen durch das ErstrG zulässigen Zwangsvollstreckung in ein Warenzeichenrecht unter Geltung des WZG).

112 *Lwowski/Hoes*, WM 1999, 771, 775; *Repenn/Spitz*, WRP 1993, 737, 738 (zur zulässigen Zwangsvollstreckung in ein Warenzeichenrecht unter Geltung des WZG ab Inkrafttreten des ErstrG).

b. *Zuständigkeit*

Für den Erlass des Pfändungsbeschlusses ist sachlich das Amtsgericht als Vollstreckungsgericht ausschließlich zuständig, §§ 857 Abs. 1, 828 Abs. 2, 802 ZPO und nicht das bei Kennzeichenstreitsachen gemäß § 140 MarkenG zuständige Landgericht als Prozessgericht des ersten Rechtszugs.[113] Örtlich zuständig ist das Gericht am allgemeinen inländischen Gerichtsstand des Schuldners, § 13 ZPO, anderenfalls am besonderen Gerichtsstand des Vermögens, § 23 ZPO.[114] Funktional ist der Rechtspfleger zuständig, § 20 Nr. 17 RPflG.

c. *Pfändungsbeschluss*

Nach ständiger Rechtsprechung des BGH muss der Pfändungsbeschluss für die Zwecke der Rechts- und Verkehrssicherheit das gepfändete Vermögensrecht und dessen Rechtsgrund so bestimmt bezeichnen, dass bei verständiger Auslegung unzweifelhaft feststeht, welches Recht Gegenstand der Zwangsvollstreckung sein soll.[115] Dies geschieht bei der Pfändung von Registermarken (§ 4 Nr. 1 MarkenG) durch Angabe der Registernummer und bei Benutzungsmarken (§ 4 Nr. 2 MarkenG) sowie Notorietätsmarken (§ 4 Nr. 3 MarkenG) durch Angabe des Zeichens und der Bezeichnung der gekennzeichneten Waren oder Dienstleistungen.[116] Da Register-, Benutzungs- sowie Notorietätsmarken unabhängig voneinander entstehen sowie kumulativ bestehen können,[117] muss der Pfändungsbeschluss sich auf jedes Recht beziehen (sog. Doppel- bzw. Tripelpfändung).[118] Ob eine Auslegung des Pfändungsbeschlusses dahingehend, dass alle an einer Marke bestehenden Markenrechte von der Verstrickung erfasst sind,

---

113 LG Düsseldorf, Beschluss v. 26.03.1998, NJWE-WettbR 1998, 186; *Brandi-Dohrn*, in: von Schultz, § 29 MarkenG, Rn. 2; *Hacker*, in: Ströbele/Hacker/Thiering, § 29 MarkenG, Rn. 15; *Herget*, in: Zöller, § 857 ZPO, Rn. 10; *Ingerl/Rohnke*, § 29 MarkenG, Rn. 9; *Pahlow*, in: HK-MarkenR, § 29, Rn. 14; *Stöber/Rellermeyer*, Forderungspfändung, Rn. E.245. A.A. *Lwowski/Hoes*, WM 1999, 771, 775.

114 *Grüger*, in: BeckOK-MarkenR, § 29 MarkenG, Rn. 31.

115 Vgl. BGH, Urt. v. 08.05.2001, NJW 2001, 2976; Beschluss v. 01.03.1990, NJW 1990, 2931, 2933; Urt. v. 28.04.1988, NJW 1988, 2543, 2544, je m.w.N.

116 *Pahlow*, in: HK-MarkenR, § 29, Rn. 14; *Fezer*, § 29 MarkenG, Rn. 21.

117 *Fezer*, § 4 MarkenG, Rn. 10 f., § 29 MarkenG, Rn. 21; *Stöber/Rellermeyer*, Forderungspfändung, Rn. E.245; *Volkmer*, Das Markenrecht im Zwangsvollstreckungsverfahren, S. 95 f.

118 *Fezer*, § 29 MarkenG, Rn. 21; *Stöber/Rellermeyer*, Forderungspfändung, Rn. E.245.

obwohl sich der Beschluss nur auf das Markenrecht als solches bezieht, möglich ist, ist bislang ungeklärt.[119]

Die Pfändung ist bereits mit Zustellung des Pfändungsbeschlusses an den Markeninhaber als Schuldner wirksam, § 857 Abs. 2 ZPO.[120] Einer Zustellung des Pfändungsbeschlusses an das DPMA bedarf es nicht, da das DPMA nicht Drittschuldner ist.[121] Auch Lizenznehmer sowie Dritte, gegen die dem Markeninhaber Ansprüche wegen Verletzung des Markenrechts zustehen, sind bei der Pfändung des Markenrechts keine Drittschuldner.[122] Bei der Pfändung des Markenrechts existiert kein Drittschuldner, weil die Marke keine Forderung sondern ein Recht darstellt.[123] Drittschuldner liegen hingegen beispielsweise dann vor, wenn nicht das Markenrecht sondern eine Forderung des Markeninhabers, die aus dem Lizenzvertrag resultiert, gepfändet wird oder bei der Pfändung von Ansprüchen, die aus einer Verletzung des Markenrechts resultieren.[124]

d. Sonstiges

Mit Bewirkung der Pfändung durch Zustellung des Pfändungsbeschlusses erwirbt der Vollstreckungsgläubiger ein Pfändungspfandrecht an dem Markenrecht, § 804 ZPO.[125]

Bei der Pfändung eines Registermarkenrechts bedarf es keiner zusätzlichen Pfändung der Markenurkunde, da diese lediglich eine Beweisfunktion innehat und deren Inhaberschaft keine Voraussetzung für eine Geltendmachung des Markenrechts ist.[126] Der Gläubiger kann aber die die eingetragene oder angemeldete Marke betreffenden Unterlagen und die zur Verwertung erforderliche Auskunft über den Bestand des Markenrechts verlangen, § 836 Abs. 3 S. 1 ZPO.[127]

---

119 *Stöber/Rellermeyer*, Forderungspfändung, Rn. E.245. Dafür exemplarisch *Fezer*, § 29 MarkenG, Rn. 21. Dagegen exemplarisch *Volkmer*, Das Markenrecht im Zwangsvollstreckungsverfahren, S. 97, mit der Begründung, eine solche Auslegung sei mangels Bestimmtheit nicht möglich.

120 Siehe dazu *Fezer*, § 29 MarkenG, Rn. 18; *Hacker*, in: Ströbele/Hacker/Thiering, § 29 MarkenG, Rn. 15; *Würdinger*, in: Stein/Jonas, § 857 ZPO, Rn. 99.

121 *Fezer*, § 29 MarkenG, Rn. 18; *Grüger*, in: BeckOK-MarkenR, § 29 MarkenG, Rn. 34.

122 *Grüger*, in: BeckOK-MarkenR, § 29 MarkenG, Rn. 34.

123 *Grüger*, in: BeckOK-MarkenR, § 29 MarkenG, Rn. 34.

124 *Grüger*, in: BeckOK-MarkenR, § 29 MarkenG, Rn. 34.

125 *Hacker*, in: Ströbele/Hacker/Thiering, § 29 MarkenG, Rn. 15.

126 *Fezer*, § 29 MarkenG, Rn. 18; *Grüger*, in: BeckOK-MarkenR, § 29 MarkenG, Rn. 35.

127 *Fezer*, § 9 MarkenG, Rn. 20, 52; *Grüger*, in: BeckOK-MarkenR, § 29 MarkenG, Rn. 54.

Dem DPMA nachgewiesene Maßnahmen der Zwangsvollstreckung, die ein Registermarkenrecht betreffen, können auf Antrag eines Beteiligten in das Markenregister eingetragen werden, § 29 Abs. 2 MarkenG. Resultiert das zu pfändende Recht aus der Benutzung oder der notorischen Bekanntheit einer Marke, ist eine Eintragung hingegen nicht möglich.[128] Eine Eintragung von Maßnahmen der Zwangsvollstreckung ist grundsätzlich empfehlenswert, da der Pfändungspfandgläubiger durch eine Eintragung vor einer ohne seine Zustimmung erfolgten, zeitlich nachfolgenden Umschreibung auf Dritte und vor einem (Teil-) Verzicht auf das Markenrecht durch den Markeninhaber geschützt wird.[129]

Gemäß § 802c Abs. 1 ZPO ist der Schuldner auf Verlangen des Gerichtsvollziehers verpflichtet, Auskunft über seine Vermögensverhältnisse zu erteilen. § 802a Abs. 2 S. 1 Nr. 2 ZPO setzt dafür einen Auftrag des Gläubigers voraus. Von der Auskunftspflicht gemäß § 802c Abs. 2 S. 1 ZPO sind auch Markenrechte erfasst.[130] Die Vermögensauskunft darf aber nur dann erfolgen, wenn die vom Gerichtsvollzieher gesetzte Zweiwochenfrist für die Begleichung der Forderung, wegen der die Zwangsvollstreckung betrieben wird, fruchtlos verstrichen ist, § 802f Abs. 1 S. 1 und 2 ZPO. War hingegen bereits ein Pfändungsversuch des Vollstreckungsgläubigers erfolglos, kann der Gläubiger unter bestimmten Voraussetzungen sofort eine Vermögensauskunft gemäß § 807 ZPO verlangen.

3. Rechtsfolgen der Pfändung in ein Markenrecht

Im Hinblick auf die Rechtsstellung der beteiligten Parteien in der Zwangsvollstreckung ist streng zwischen den rechtlichen Auswirkungen der Pfändung einerseits und der Verwertung des Markenrechts andererseits zu unterscheiden. Im folgenden Abschnitt werden zunächst die Wirkungen der Pfändung dargestellt. Neben den Rechtsfolgen der Pfändung für den betreibenden Vollstreckungsgläubiger sowie den Markeninhaber (a.) sind auch die rechtlichen Wirkungen für den Lizenznehmer (b.) zu erläutern.

---

128 *Riedel*, in: BeckOK-ZPO, § 857 ZPO, Rn. 51.

129 *Pahlow*, in: HK-MarkenR, § 29, Rn. 24; *Repenn/Weidenhiller*, Markenbewertung und Markenverwertung, S. 42; *Repenn*, NJW 1994, 175. Zu den – seit dem Inkrafttreten des ErstrG und der damit einhergehenden freien Übertragbarkeit des Markenrechts (siehe dazu oben § 2 II.) – wohl auch auf das Markenrecht übertragbaren Ausführungen zum Patentrecht vgl. den Bescheid des Präsidenten des DPA v. 11.02.1950, GRUR 1950, 294.

130 *Forbriger*, in: MünchKomm-ZPO, § 802c, Rn. 39.

a. Rechtsfolgen für den betreibenden Vollstreckungsgläubiger und den Markenrechtsinhaber

Durch die wirksame Pfändung des Markenrechts als staatlichem Hoheitsakt wird zum einen die Beschlagnahme (Verstrickung) des gepfändeten Markenrechts bewirkt[131] und zum anderen ein Pfändungspfandrecht an dem Markenrecht für den betreibenden Vollstreckungsgläubiger begründet, §§ 857 Abs. 1, 804 Abs. 1 ZPO.[132]

aa. Betreibender Vollstreckungsgläubiger

Da das Pfändungspfandrecht ein reines Sicherungsrecht des die Vollstreckung betreibenden Gläubigers gegen den Schuldner in Bezug auf den titulierten Anspruch darstellt, steht dem betreibenden Gläubiger kein Benutzungsrecht zu.[133] Das Pfändungspfandrecht berechtigt den Pfandgläubiger zur Verwertung.[134]

Wird das Markenrecht nach Eintritt der Verstrickung verletzt, kann der Pfändungspfandgläubiger aus eigenem Recht gegen Dritte vorgehen und zum Beispiel eigene Schadensersatzansprüche geltend machen.[135] Vor diesem Zeitpunkt entstandene Ansprüche aus einer Markenverletzung müssen separat gepfändet werden.[136]

---

131 *Vogt-Beheim*, in: Baumbach/Lauterbach/Hartmann/Anders/Gehle, Vorb. II zu § 803 ZPO, Rn. 6; *Fezer*, § 29 MarkenG, Rn. 17; *Herget*, in: Zöller, § 804 ZPO, Rn. 1 ff. Zu den Entstehungsvoraussetzungen der Verstrickung siehe *Gruber*, in: MünchKomm-ZPO, § 803, Rn. 34 ff.

132 *Vogt-Beheim*, in: Baumbach/Lauterbach/Hartmann/Anders/Gehle, Vorb. II zu § 803 ZPO, Rn. 7; *Würdinger*, in: Stein/Jonas, § 804 ZPO, Rn. 1; *Herget*, in: Zöller, § 804 ZPO, Rn. 1 ff. Zu den Entstehungsvoraussetzungen des Pfändungspfandrechts gem. § 804 ZPO siehe nur *Gruber*, in: MünchKomm-ZPO, § 804, Rn. 15 ff.

133 *Brandi-Dohrn*, in: von Schultz, § 29 MarkenG, Rn. 4; *Grüger*, in: BeckOK-MarkenR, § 29 MarkenG, Rn. 48; *Hacker*, in: Ströbele/Hacker/Thiering, § 29 MarkenG, Rn. 3 f.; *Engels*, Die Rechtsnatur der Markenlizenz, S. 149. Zum Patentrecht vgl. auch BGH, Urt. v. 24.03.1994, BGHZ 125, 334, 342 = NJW 1994, 3099 – Rotationsbürstenwerkzeug.

134 *Pahlow*, Lizenz und Lizenzvertrag, S. 350; *Vogt-Beheim* in: Baumbach/Lauterbach/Hartmann/Anders/Gehle, § 804 ZPO, Rn. 8.

135 *Fammler*, WRP 2006, 534, 536; *Fezer*, § 29 MarkenG, Rn. 19; *Grüger*, in: BeckOK-MarkenR, § 29 MarkenG, Rn. 30; *Hacker*, in: Ströbele/Hacker/Thiering, § 29 MarkenG, Rn. 16; *Lwowski*/Hoes, WM 1999, 771, 775.

136 *Grüger*, in: BeckOK-MarkenR, § 29 MarkenG, Rn. 30.

Eine verfahrensrechtliche Rechtsstellung für Verfahren in Markenangelegenheiten vor dem DPMA oder einem Gericht erlangt der Vollstreckungsgläubiger nicht.[137]

bb. Markenrechtsinhaber

Die Markenrechtspfändung hat ein Veräußerungsverbot für den Markenrechtsinhaber zur Folge, §§ 135, 136 BGB.[138] Dieses dient der Sicherstellung der Gläubigerbefriedigung.[139] Der Markeninhaber darf aufgrund dieses Verbots nur noch mit Zustimmung des Pfandgläubigers über das Markenrecht verfügen.[140] Verstößt der Markeninhaber dagegen, ist die Verfügung Dritten gegenüber wirksam; dem Pfändungspfandgläubiger gegenüber ist sie hingegen unwirksam.[141]

Die Entstehung des Pfändungspfandrechts lässt die Rechtsinhaberschaft des Markenrechtsinhabers unberührt.[142] Es beeinträchtigt auch nicht die Wirksamkeit von mit Dritten über das gepfändete Markenrecht geschlossenen schuldrechtlichen Verträgen des Markeninhabers.[143] Der Markenrechtsinhaber ist zudem verpflichtet, die zur Befriedigung notwendige Auskunft über den Bestand des Markenrechts, wie zum Beispiel über die Benutzungslage der Marke oder gegebenenfalls bestehende Lizenzen, zu erteilen und gegebenenfalls die Markenurkunde auszuhändigen, § 836 Abs. 3 ZPO.[144]

b. Rechtsfolgen für den Lizenznehmer

Die Pfändung hat im Falle einer Lizenzierung des gepfändeten Markenrechts keine Auswirkungen auf den Bestand der vertraglichen Beziehung zwischen Lizenznehmer und Markenrechtsinhaber als Lizenzgeber.[145] Der Inhaber des

---

137 *Fezer*, § 19 MarkenG, Rn. 23; *Grüger*, in: BeckOK-MarkenR, § 29 MarkenG, Rn. 51; *Pahlow*, in: HK-MarkenR, § 29, Rn. 20.

138 *Grüger*, in: BeckOK-MarkenR, § 29 MarkenG, Rn. 50; *Pahlow*, in: HK-MarkenR, § 29, Rn. 19.

139 *Herget*, in: Zöller, § 804 ZPO, Rn. 1.

140 *Grüger*, in: BeckOK-MarkenR, § 29 MarkenG, Rn. 50; *Pahlow*, in: HK-MarkenR, § 29, Rn. 19.

141 Fezer, § 29 MarkenG, Rn. 25; *Grüger*, in: BeckOK-MarkenR, § 29 MarkenG, Rn. 50; *Lwowski/Hoes*, WM 1999, 771, 775.

142 *Fezer*, § 29 MarkenG, Rn. 22; *Pahlow*, Lizenz und Lizenzvertrag, S. 349; *ders.*, in: HK-MarkenR, § 29, Rn. 19.

143 *Pahlow*, in: HK-MarkenR, § 29, Rn. 19.

144 *Fezer*, § 19 MarkenG, Rn. 23; *Grüger*, in: BeckOK-MarkenR, § 29 MarkenG, Rn. 52, 54.

145 *Pahlow*, Lizenz und Lizenzvertrag, S. 349 f.

Pfändungspfandrechts tritt nicht in die Rechtsstellung des Markenrechtsinhabers ein.[146] Dem Vollstreckungsgläubiger wird durch die Begründung des Pfandrechts nämlich lediglich das Sicherungsinteresse zugewiesen, nicht jedoch das Nutzungsinteresse.[147] Die Begründung des Pfandrechts beeinträchtigt mithin nicht die Nutzungsbefugnis des Lizenznehmers.[148] Die Pfändung stellt jedoch für den Lizenznehmer bereits ein Risiko dar, da sie auf die Verwertung des Markenrechts gerichtet ist, welche in einem Übergang des Markenrechts auf einen neuen Inhaber resultieren kann.[149]

II. Verwertung des Markenrechts

Das Pfändungspfandrecht berechtigt den Pfandrechtsgläubiger zur Verwertung des Markenrechts.[150] Die Verwertung wird auf Antrag durch Gerichtsbeschluss angeordnet,[151] wobei Pfändungs- und Verwertungsbeschluss in der Praxis regelmäßig zusammen beantragt und erlassen werden.[152] Für den Erlass des Verwertungsbeschlusses ist – wie für den Erlass des Pfändungsbeschlusses – sachlich ausschließlich das Amtsgericht als Vollstreckungsgericht sowie funktional der Rechtspfleger zuständig.[153] In dem Verwertungsbeschluss müssen sowohl das betroffene Markenrecht als auch der Umfang der Überweisung oder der anderen Verwertungsart konkret bezeichnen werden.[154]

---

146 *Volkmer*, Das Markenrecht im Zwangsvollstreckungsverfahren, S. 153 f.; *Pahlow*, Lizenz und Lizenzvertrag, S. 350, Fn. 46.

147 *McGuire*, Die Lizenz, S. 599.

148 *McGuire*, Die Lizenz, S. 599.

149 *Pahlow*, Lizenz und Lizenzvertrag, S 352; *Volkmer*, Das Markenrecht im Zwangsvollstreckungsverfahren, S. 153 f. Siehe zu dem Vorstehenden und insbesondere zu der streitigen Frage, ob § 30 Abs. 5 MarkenG bei der Pfändung eines lizenzierten Markenrechts anwendbar ist, ausführlich unten § 8 I. 2.

150 *Vogt-Beheim* in: Baumbach/Lauterbach/Hartmann/Anders/Gehle, § 804 ZPO, Rn. 8.

151 *Grüger*, in: BeckOK-MarkenR, § 29 MarkenG, Rn. 40.

152 *Grüger*, in: BeckOK-MarkenR, § 29 MarkenG, Rn. 40.1; *Riedel*, in: BeckOK-ZPO, § 835 ZPO, Rn. 5a.

153 Siehe dazu sowie zur örtlichen Zuständigkeit oben § 3 I. 2.

154 *Grüger*, in: BeckOK-MarkenR, § 29 MarkenG, Rn. 40; *Riedel*, in: BeckOK-ZPO, § 835 ZPO, Rn. 4.

1. Für die Verwertung erforderliche Markenbewertung

Der Verwertungsbeschluss kann durch das Vollstreckungsgericht nur erlassen werden, wenn der Wert des Markenrechts feststeht.[155] Um eine Verschleuderung weit unter Wert zu verhindern, ist von dem Vollstreckungsgericht auf Antrag des Markeninhabers oder des Vollstreckungsgläubigers die Ermittlung des Wertes durch Schätzung eines Sachverständigen anzuordnen, § 813 Abs. 1 ZPO.[156] Zur Erteilung der für die Ermittlung des Markenwertes notwendigen Angaben ist der Markenrechtsinhaber dem Vollstreckungsgläubiger gegenüber verpflichtet.[157]

Es existiert jedoch kein einheitliches Ermittlungsverfahren im Hinblick auf den Wert einer Marke. Die Bewertung einer Marke bereitet oftmals Schwierigkeiten.[158] Es verwundert daher nicht, dass es in der Praxis eine Vielzahl von Anbietern für Markenbewertungen gibt, deren Ermittlungsverfahren im Hinblick auf den Wert einer Marke nicht einheitlich sind.[159] Zur Bewertung existieren sog. quantitative, qualitative und rechtliche Ansätze sowie daraus bestehende Mischformen, die je nach Anlass der Bewertung und Marktumfeld der zu bewertenden Marke gewählt werden.[160] Während die quantitative Bewertungsmethode je nach Markenumfeld verschiedene betriebswirtschaftliche Ansätze verfolgt, beispielsweise einen Vergleich mit Produktpreisen auf demselben Markt oder die Ermittlung der Wiederbeschaffungskosten der Marke, verfolgt die qualitative Bewertungsmethode einen demoskopischen Ansatz, indem Markenpräsenz und -akzeptanz bei den angesprochenen Verkehrskreisen ermittelt werden.[161] Die rechtliche Methode bezieht die rechtliche Absicherung der Marke mit ein; Berücksichtigung finden beispielsweise der Benutzungsumfang, die Gefahr der Löschung sowie Unwägbarkeiten ausländischer Rechtsordnungen.[162] Sich aus dem Bestehen von (ausschließlichen) Lizenzen ergebende Nachteile müssten in der Markenbewertung wertmindernde Berücksichtigung finden.[163] Es besteht

---

155 *Repenn/Weidenhiller*, Markenbewertung und Markenverwertung, S. 43.

156 *Repenn*, in NJW 1994, 175, 176; *Repenn/Spitz*, WRP 1993, 737, 738 (zur zulässigen Zwangsvollstreckung in ein Warenzeichenrecht unter Geltung des WZG durch die Änderungen mit Inkrafttreten des ErstrG).

157 *Grüger*, in: BeckOK-MarkenR, § 29 MarkenG, Rn. 54.

158 *Hacker*, in: Ströbele/Hacker/Thiering, § 29 MarkenG, Rn. 17.

159 *Taxhet*, in: BeckOK-MarkenR, § 27 MarkenG, Rn. 8.

160 *Taxhet*, in: BeckOK-MarkenR, § 27 MarkenG, Rn. 8 ff. m.w.N.

161 *Taxhet*, in: BeckOK-MarkenR, § 27 MarkenG, Rn. 9 f.

162 *Taxhet*, in: BeckOK-MarkenR, § 27 MarkenG, Rn. 11.

163 Vgl. *McGuire/Kunzmann*, GRUR 2014, 28, 33.

jedoch die Gefahr, dass der Markenrechtsinhaber das Bestehen von Lizenzen verschweigt. Da auch keine Pflicht zur Eintragung der Lizenz in das Markenregister besteht,[164] ist die wertmindernde Berücksichtigung gegebenenfalls bestehender Lizenzen demnach nicht immer gewährleistet.[165]

Schwierigkeiten bei der Bewertung des Markenwertes in der Zwangsvollstreckung können sich insbesondere aufgrund der kollidierenden Interessen ergeben: Die Markenbewertung aus Anlass der Zwangsvollstreckung soll nämlich sowohl dem Interesse des Schuldners dienen, der Verschleuderung seines Vermögens entgegenzuwirken, als auch dem Interesse des Gläubigers an einer größtmöglichen Befriedigung[166] sowie dem Interesse des Markenerwerbers an der Transparenz der Bewertung für die Zwecke der Überprüfung und gegebenenfalls Korrektur des Ansatzes gerecht werden.[167]

2. Verwertungsarten

Als Verwertung des Markenrechts kommen die Überweisung des Markenrechts an den Pfändungspfandgläubiger (a.) sowie weitere, besondere Verwertungsarten (b.) in Betracht.

a. Die Überweisung des Markenrechts

Das Gesetz sieht als Regelfall der Verwertung anderer Vermögensrechte, unter welche grundsätzlich auch das Markenrecht fällt, eine Überweisung gemäß §§ 8 57 Abs. 1 i.V.m. 835 ZPO vor.[168] Allerdings ist streitig, ob diese Verwertungsart auch für die Zwangsvollstreckung in ein Markenrecht zulässig ist. Dabei ist zwischen der Überweisung zur Einziehung (aa.) und der Überweisung an Zahlungs statt zum Nennwert (bb.) zu differenzieren.

aa. Überweisung zur Einziehung

Die Überweisung zur Einziehung gemäß §§ 857 Abs. 1 i.V.m. 835 Abs. 1 Alt. 1 ZPO hat keinen Übergang des Rechts auf den betreibenden Zwangs-

---

164 Auch die kürzlich erfolgte gesetzliche Verankerung der Möglichkeit zur Lizenzeintragung in das Markenregister ändert daran nichts, da lediglich die Pflicht zur Eintragung die Kenntnis über ggf. bestehende Lizenzen garantieren würde. Siehe dazu ausführlich unten § 9 II. 2.

165 Vgl. zu dem Vorstehenden auch unten § 8 II. 1. b. aa.

166 Vgl. *Engels*, Die Rechtsnatur der Markenlizenz, S. 148.

167 *Volkmer*, Das Markenrecht im Zwangsvollstreckungsverfahren, S. 237.

168 Vgl. *Grüger*, in: BeckOK-MarkenR, § 29 MarkenG, Rn. 41.

vollstreckungsgläubiger zur Folge; die Überweisung zur Einziehung berechtigt den Gläubiger lediglich, die Befugnisse des Vollstreckungsschuldners zeitlich bis zu seiner Befriedigung auszuüben.[169] In Betracht kommt diese Art der Verwertung nur dann, wenn der Vollstreckungsgläubiger das Recht des Schuldners im eigenen Namen ausüben kann.[170] Dabei muss es sich um konkrete Einzelbefugnisse, beispielsweise ein Kündigungsrecht, handeln.[171] Sofern der Vollstreckungsgläubiger keine Befriedigungsmöglichkeit erhalten kann, ist diese Verwertungsart ausgeschlossen.[172] Die Befriedigung des Gläubigers erfolgt also nicht schon mit Überweisung des Rechts.[173]

Es ist streitig, ob die Überweisung eines Markenrechts zur Einziehung zulässig ist. Eine Ansicht hält die Verwertungsart insgesamt für unzulässig. Diese Ansicht wird jedoch teils überhaupt nicht begründet,[174] oder es wird ohne konkrete Begründung die bloße Behauptung aufgestellt, die Verwertung erfolge wie bei Patenten nicht durch Überweisung sondern auf andere Art gemäß §§ 857, 829, 844 ZPO.[175] Ein Teil der Literatur bringt die Unzulässigkeit dieser Verwertungsart lediglich dadurch zum Ausdruck, dass sie diese bei der Auflistung der zulässigen Arten der Verwertung des Markenrechts schlicht nicht erwähnt.[176] Soweit die Unzulässigkeit damit begründet wird, das Markenrecht stelle kein einem Dritten gegenüber bestehendes Recht dar, welches folglich auch nicht anstelle des Markeninhabers ausgeübt werden könne,[177] überzeugt dies nicht. Ein Teil der Gegenansicht, welche die Überweisung des Markenrechts zur Einziehung für zulässig hält,[178] führt zu Recht aus, dass dem Gläubiger das Recht

---

169 Vgl. *Stieper*, in: Kindl/Meller-Hannich, Gesamtes Recht der Zwangsvollstreckung, Schwerpunktbeitrag „Zwangsvollstreckung in Immaterialgüterrechte", Rn. 51; *Riedel*, in: BeckOK-ZPO, § 835 ZPO, Rn. 9.

170 *Koch*, in: Kindl/Meller-Hannich, Gesamtes Recht der Zwangsvollstreckung, § 857, Rn. 7; *Volkmer*, Das Markenrecht im Zwangsvollstreckungsverfahren, S. 159.

171 *Würdinger*, in: Stein/Jonas, § 857 ZPO, Rn. 109, § 829, Rn. 81.

172 *Flockenhaus*, in: Musielak/Voit, § 857 ZPO, Rn. 6.

173 Vgl. *Flockenhaus*, in: Musielak/Voit, § 835 ZPO, Rn. 7.

174 *Lwowski/Hoes*, WM 1999, 771, 775; *Stöber/Rellermeyer*, Forderungspfändung, Rn. E.246.

175 *Brandi-Dohrn*, in: von Schultz, § 29 MarkenG, Rn. 4.

176 *Brox/Walker*, Zwangsvollstreckungsrecht, Rn. 850; *Flockenhaus*, in: Musielak/Voit, § 857 ZPO, Rn. 13; *Pahlow*, Lizenz und Lizenzvertrag, S. 350; *ders.*, in: HK-MarkenR, § 29, Rn. 21.

177 *Volkmer*, Das Markenrecht im Zwangsvollstreckungsverfahren, S. 159

178 Für die Zulässigkeit dieser Verwertungsart sprechen sich aus *Baur/Stürner/Bruns*, Zwangsvollstreckungsrecht, Rn. 32.39; *Hacker*, in: Ströbele/Hacker/Thiering, § 29,

eingeräumt wird, die Marke bis zur Befriedigung aus den Erträgen zu nutzen,[179] zum Beispiel durch eine entgeltliche Lizenzerteilung bis zur Tilgung der Forderung durch die Lizenzgebühren.[180] Demnach ist die Zulässigkeit der Verwertung durch Überweisung des Markenrechts zur Einziehung zu befürworten. Praktisch dürfte es jedoch schwierig werden, einen Interessenten für eine Lizenz zu finden, da die Ausübung der Befugnisse des Markeninhabers (Lizenzerteilung) nur zeitlich begrenzt bis zur Befriedigung des betreibenden Gläubigers erfolgen darf.[181]

bb. Überweisung an Zahlungs statt zum Nennwert

Die Überweisung an Zahlungs statt erfolgt gemäß §§ 857 Abs. 1 i.V.m. 835 Abs. 1 Alt. 2 ZPO und hat im Gegensatz zu der Überweisung zur Einziehung den Übergang des Markenrechts im Wege der Abtretung zur Folge.[182] Durch diese Art der Überweisung erfolgt eine Befriedigung des Gläubigers in Höhe des Nennwerts.[183] Die Überweisung an Zahlungs statt kommt daher nur dann in Betracht, wenn das Recht einen Nennwert hat.[184] Dies ist der Fall, wenn das Recht mit einem bestimmten Geldbetrag beziffert werden kann.[185]

Auch die Zulässigkeit der Überweisung des Markenrechts an Zahlungs statt zum Nennwert ist umstritten. Eine Ansicht erachtet diese Verwertungsart zwar

---

Rn. 17; *Hintzen*, in: Hintzen, Musteranträge für Pfändung und Überweisung, Muster 118, Rn. 13; *Stieper*, in: Kindl/Meller-Hannich, Gesamtes Recht der Zwangsvollstreckung, Schwerpunktbeitrag „Zwangsvollstreckung in Immaterialgüterrechte", Rn. 52 ff.; *Riedel*, in: BeckOK-ZPO, § 857 ZPO, Rn. 54.

179 Vgl. *Maume*, NZG 2017, 249, 250.

180 *Hintzen*, in: Hintzen, Musteranträge für Pfändung und Überweisung, Muster 118, Rn. 13; *Riedel*, in: BeckOK-ZPO, § 857 ZPO, Rn. 54.

181 *Hintzen*, in: Hintzen, Musteranträge für Pfändung und Überweisung, Muster 118, Rn. 13. Siehe auch *Hacker*, in: Ströbele/Hacker/Thiering, § 29, Rn. 17, der diese Verwertungsart wohl für zulässig, jedoch – ohne nähere Begründung – für nicht sinnvoll erachtet.

182 *Smid*, in: Münch-Komm, ZPO, § 835, Rn. 24; *Würdinger*, in: Stein/Jonas, § 835 ZPO, Rn. 41.

183 *Volkmer*, Das Markenrecht im Zwangsvollstreckungsverfahren, S. 160; *Repenn*, NJW 1994, 175, 176.

184 *Flockenhaus*, in: Musielak/Voit, § 857 ZPO, Rn. 6, § 835, Rn. 2; *Würdinger*, in: Stein/Jonas, § 835 ZPO, Rn. 39 f., § 857, Rn. 110; § 857, Rn. 110.

185 *Brox/Walker*, Zwangsvollstreckungsrecht, Rn. 663. Vgl. auch *Flockenhaus*, in: Musielak/Voit, § 857 ZPO, Rn. 6.

für zulässig,[186] betont jedoch die Schwierigkeiten der für die Überweisung notwendigen Markenbewertung.[187]

Die Gegenansicht lehnt diese Art der Verwertung zum Teil mit der Begründung ab, das Markenrecht habe keinen Nennwert.[188] Teilweise wird auch ohne Begründung angeführt, die Verwertung erfolge wie bei einem gepfändeten Patentrecht gemäß § 857 ZPO und nicht durch Überweisung.[189] Andere Vertreter dieser Ansicht lassen die Überweisung an Zahlungs statt zum Nennwert bei einer Aufzählung der zulässigen Verwertungsarten völlig unerwähnt.[190]

Die Überweisung des Markenrechts an Zahlungs statt zum Nennwert ist mit letztgenannter Ansicht richtigerweise abzulehnen, da eine Bestimmung des Nennwerts der Marke nicht möglich ist.[191]

b. Weitere Verwertungsarten

Möglich ist jedoch auch, dass der Schuldner oder der die Zwangsvollstreckung betreibende Gläubiger bei Gericht beantragen, dass das Gericht anstelle der Überweisung eine andere Verwertungsart anordnet, § 857 Abs. 1, 844 Abs. 1 ZPO. Dazu muss zum einen dargelegt werden, dass die Einziehung des Markenrechts mit Schwierigkeiten verbunden ist, § 844 Abs. 1 ZPO. Solche Schwierigkeiten können sich aus der Bewertung des Markenwertes ergeben.[192] Darüber hinaus ist anzugeben, welche andere Verwertungsart sinnvoller bzw. wirtschaftlicher als die Überweisung wäre.[193] Bei der Entscheidung über die Art der Verwertung des Pfandgegenstandes gemäß §§ 857 Abs. 1, 844 ZPO ist

---

186 *Lwowski/Hoes*, WM 1999, 771, 775; *Hacker*, in: Ströbele/Hacker/Thiering, § 29 MarkenG, Rn. 17.

187 *Hacker*, in: Ströbele/Hacker/Thiering, § 29 MarkenG, Rn. 17.

188 *Hintzen*, in: Hintzen, Musteranträge für Pfändung und Überweisung, Muster 118, Rn. 14; *Stieper*, in: Kindl/Meller-Hannich, Gesamtes Recht der Zwangsvollstreckung, Schwerpunktbeitrag „Zwangsvollstreckung in Immaterialgüterrechte“, Rn. 50; *Volkmer*, Das Markenrecht im Zwangsvollstreckungsverfahren, S. 160.

189 *Brandi-Dohrn*, in: von Schultz, § 29 MarkenG, Rn. 4.

190 *Brox/Walker*, Zwangsvollstreckungsrecht, Rn. 850; *Flockenhaus*, in: Musielak/Voit, § 857 ZPO, Rn. 13; *Pahlow*, in: HK-MarkenR, § 29, Rn. 21.

191 Zu einer möglichen Überweisung an Zahlungs statt zu einem Schätzwert als andere Verwertungsart siehe unten § 3 II. 2. b.

192 *Grüger*, in: BeckOK-MarkenR, § 29 MarkenG, Rn. 42; *Fezer*, § 29 MarkenG, Rn. 28. Zur Bewertung des Markenwertes siehe oben § 3 II. 1.

193 *Grüger*, in: BeckOK-MarkenR, § 29 MarkenG, Rn. 42.2; *Riedel*, in: BeckOK-ZPO, § 844 ZPO, Rn 5.

das Vollstreckungsgericht grundsätzlich frei.[194] Das Gericht hat allerdings unter Abwägung aller schutzwürdigen Interessen des Vollstreckungsschuldners und -gläubigers zu entscheiden.[195]

Als andere Verwertungsart des Markenrechts kommen die Versteigerung und die freihändige Veräußerung durch eine Privatperson oder einen Gerichtsvollzieher (§§ 857 Abs. 5, 844 ZPO),[196] die Überweisung an Zahlungs statt zu einem Schätzwert,[197] die Überlassung des Rechts zur Ausübung an einen Dritten oder den Vollstreckungsschuldner selbst gegen Entgelt (insbesondere eine Lizenzerteilung durch das Gericht)[198] sowie die Sequestration (§ 857 Abs. 4 S. 2 ZPO)[199] in Betracht. Unter Sequestration ist die Verwaltung des Markenrechts durch eine vom Gericht ausgewählte Person zu verstehen.[200]

---

194 *Fezer*, § 29 MarkenG, Rn. 28; *Grüger*, in: BeckOK-MarkenR, § 29 MarkenG, Rn. 43.

195 *Grüger*, in: BeckOK-MarkenR, § 29 MarkenG, Rn. 43.

196 *Fezer*, § 29 MarkenG, Rn. 28; *Grüger*, in: BeckOK-MarkenR, § 29 MarkenG, Rn. 43; *Ingerl/Rohnke*, § 29 MarkenG, Rn. 9; *Pahlow*, Lizenz und Lizenzvertrag, S. 350; *ders.*, in: HK-MarkenR, § 29, Rn. 21; *Steinert/Theede/Knop*, Zwangsvollstreckung in das bewegliche Vermögen, H., Rn. 451, 589 ff.; *Volkmer*, Das Markenrecht im Zwangsvollstreckungsverfahren, S. 161 ff.

197 *Grüger*, in: BeckOK-MarkenR, § 29 MarkenG, Rn. 43; *Pahlow*, Lizenz und Lizenzvertrag, S. 350; *ders.* in: HK-MarkenR, § 29, Rn. 21; *Repenn*, NJW 1994, 175, 176; *Riedel*, in: BeckOK-ZPO, § 844 ZPO, Rn. 7. Dies bezweifelnd *Baur/Stürner/Bruns*, Zwangsvollstreckungsrecht, Rn. 32.39. *Stieper*, in: Kindl/Meller-Hannich, Gesamtes Recht der Zwangsvollstreckung, Schwerpunktbeitrag „Zwangsvollstreckung in Immaterialgüterrechte“, Rn. 50 m.w.N. weist auf erhebliche Schwierigkeiten für die Bewertung eines Immaterialgüterrechts bei einer Überweisung zur Einziehung an Zahlungs statt zum Schätzwert in der Praxis hin.

198 *Brandi-Dohrn*, in: von Schultz, § 29 MarkenG, Rn. 4; *Fezer*, § 29 MarkenG, Rn. 28; *Grüger*, in: BeckOK-MarkenR, § 29 MarkenG, Rn. 43; *Hacker*, in: Ströbele/Hacker/Thiering, § 29 MarkenG Rn. 17; *Lwowski/Hoes*, WM 1999, 771, 775; *Riedel*, in: BeckOK-ZPO, § 844 ZPO, Rn. 7; *Steinert/Theede/Knop*, Zwangsvollstreckung in das bewegliche Vermögen, H., Rn. 451, 589 ff.; *Volkmer*, Das Markenrecht im Zwangsvollstreckungsverfahren, S. 170.

199 *Fezer*, § 29 MarkenG, Rn. 28; *Grüger*, in: BeckOK-MarkenR, § 29 MarkenG, Rn. 43; *Lwowski/Hoes*, WM 1999, 771, 775; *Steinert/Theede/Knop*, Zwangsvollstreckung in das bewegliche Vermögen, H., Rn. 451, 589 ff.; *Volkmer*, Das Markenrecht im Zwangsvollstreckungsverfahren, S. 169 f.

200 Vgl. *Smid*, in MünchKomm-ZPO, § 857, Rn. 51.

3. Rechtsfolgen der Verwertung

Die Rechtsfolgen der Verwertung eines Markenrechts sind für Verwertungsarten, die nicht zu einem Übergang des Markenrechts führen (a.) sowie für Verwertungsarten, die zu einem Übergang des Markenrechts führen (b.) zu erläutern.

a. Verwertungsarten, die nicht zu einem Übergang des Markenrechts führen

Die erste Gruppe bilden Verwertungsarten, die nicht zu einem Rechtsübergang des lizenzierten Markenrechts an einen Dritten führen: Bei der Überweisung zur Einziehung, der Überlassung des Rechts zur Ausübung an einen Dritten und der Sequestration bleibt der Vollstreckungsschuldner Markenrechtsinhaber.[201] Die Rechtsfolgen werden für den betreibenden Vollstreckungsgläubiger und den Vollstreckungsschuldner, der zugleich Markenrechtsinhaber ist (aa.), sowie für den Lizenznehmer erläutert (bb.).

aa. Betreibender Vollstreckungsgläubiger und Markenrechtsinhaber

Die zuvor genannten Verwertungsarten führen nicht zu einem Übergang des Markenrechts auf einen neuen Inhaber, sondern sind lediglich auf eine zeitlich bis zur Befriedung des betreibenden Vollstreckungsgläubigers befristete Ausübung und/oder Nutzung(sziehung) des Markenrechts gerichtet: Bei der Überweisung zur Einziehung beispielsweise kann der Vollstreckungsgläubiger das Markenrecht bis zur Befriedigung aus dessen Erträgen nutzen.[202] Ein weiteres Beispiel stellt die Verwertung durch gerichtliche Zwangslizenzerteilung dar, bei welcher das Lizenzrecht erlischt, sobald der Vollstreckungsgläubiger durch die Zahlung der Lizenzgebühr vollständig befriedigt wird.[203]

---

201 *Fezer*, § 29 MarkenG, Rn. 28 zur Sequestration sowie Erteilung von Markenlizenzen. Vgl. *Stieper*, in: Kindl/Meller-Hannich, Gesamtes Recht der Zwangsvollstreckung, Schwerpunktbeitrag „Zwangsvollstreckung in Immaterialgüterrechte", Rn. 52 ff. zur Überweisung zur Einziehung. Siehe zu den einzelnen Verwertungsarten auch oben § 3 II. 2.

202 Vgl. *Maume*, NZG 2017, 249, 250; *Stieper*, in: Kindl/Meller-Hannich/Wolf, Gesamtes Recht der Zwangsvollstreckung, Schwerpunktbeitrag „Zwangsvollstreckung in Immaterialgüterrechte", Rn. 51 ff.; *Zimmermann*, Immaterialgüterrechte, S. 320.

203 *Fezer*, MarkenG, § 29, Rn. 28; *Grüger*, in: BeckOK-MarkenR, § 29 MarkenG, Rn. 47.

bb. Lizenznehmer

Bei den Verwertungsarten, die nicht zu einem Übergang des lizenzierten Markenrechts führen, bleiben Lizenzgeber und Markenrechtsinhaber dieselbe Person. Denkbar ist zwar, dass durch eine solche Art der Verwertung die Rechtsposition des Lizenznehmers eingeschränkt wird, beispielsweise wenn der Markeninhaber, der zugleich Lizenzgeber ist, vor der Pfändung das Markenrecht selbst nicht genutzt hat und nunmehr die Marke auch durch andere genutzt wird.[204] Da durch diese Verwertungsarten jedoch kein Rechtsverhältnis zwischen einem neuen Markenrechtsinhaber und einem Lizenznehmer entsteht, welches Untersuchungsgegenstand dieser Arbeit ist, unterbleibt eine weitere Prüfung dieser Verwertungsarten.

b. Verwertungsarten, die zu einem Übergang des Markenrechts führen

Die zweite Gruppe bilden Verwertungsarten, die zu einem Rechtsverlust des Markenrechts auf Seiten des Rechtsinhabers/Lizenzgebers führen.[205] Dies ist bei der Versteigerung, der freihändigen Veräußerung und der Überweisung an Zahlungs statt zu einem Schätzwert der Fall.[206] Auch in diesem Fall ist zwischen den Rechtsfolgen für die beteiligten Personen zu unterscheiden. Neben den Rechtsfolgen für den betreibenden Vollstreckungsgläubiger (aa.), den Vollstreckungsschuldner, der zugleich Markeninhaber ist (im Folgenden nur „ursprünglicher[207] Markenrechtsinhaber") sowie den Lizenznehmer, sind nun auch die Rechtsfolgen für den neuen Markenrechtsinhaber (bb.) zu berücksichtigen.

aa. Betreibender Vollstreckungsgläubiger

Wie zuvor erwähnt, hat die Überweisung an Zahlungs statt zum Schätzwert als andere Verwertungsart die Rechtsinhaberschaft des betreibenden Vollstreckungsgläubigers zur Folge.[208] Auch die freihändige Veräußerung sowie die Versteigerung des Markenrechts führen zu einem Übergang des Markenrechts

---

204 Vgl. *Bartenbach*, Patentlizenzvertrag, Rn. 629 zum Patenrecht.

205 Vgl. *Marotzke*, ZGE 2010, 233.

206 Siehe zu den einzelnen Verwertungsarten oben § 3 II. 2.

207 Im Folgenden werden die Begriffe „ursprünglicher" und „ehemaliger" Markenrechtsinhaber grundsätzlich synonym verwendet.

208 *Smid*, in: Münch-Komm, ZPO, § 835, Rn. 24; *Würdinger*, in: Stein/Jonas, § 835 ZPO, Rn. 41.

auf einen Erwerber, entweder den betreibenden Vollstreckungsgläubiger[209] oder einen Dritten, und dienen der Befriedigung des Vollstreckungsgläubigers.[210]

bb. Ursprünglicher Markenrechtsinhaber, neuer Markenrechtsinhaber sowie Lizenznehmer

Während die Pfändung einer lizenzierten Marke keine unmittelbaren Rechtsfolgen für den Lizenznehmer auslöst,[211] wirkt sich die Verwertung des Markenrechts durch Übergang des Markenrechts auf einen neuen Markenrechtsinhaber auf die Rechtsstellung aller beteiligten Personen aus. Im Gegensatz zu den Verwertungsarten ohne Übergang des Markenrechts steht der Lizenznehmer hier nämlich einem neuen Markenrechtsinhaber gegenüber. Die Verwertung hat also ein Dreiecksverhältnis zwischen Erwerber des Markenrechts, ursprünglichem Markenrechtsinhaber/Lizenzgeber und Lizenznehmer zur Folge: Dabei sieht sich der Erwerber einem Lizenznehmer gegenüber, der sein Recht zulässigerweise nutzt. Vertragsbeziehungen bestehen hingegen zwischen diesen Personen nicht. Es besteht lediglich ein Vertragsverhältnis zwischen dem Lizenznehmer und dem ursprünglichen Markeninhaber. Dieses ist nunmehr von der Marke losgelöst.

In dieser Konstellation stellt sich die in dieser Arbeit behandelte Frage der Ausgestaltung des Rechtsverhältnisses zwischen dem neuen Markeninhaber und dem Lizenznehmer. Es stellen sich diverse Rechtsfragen, die teilweise in der Literatur diskutiert werden: Zum einen stellt sich die Frage nach der Anwendbarkeit der markenrechtlichen Vorschrift über den Sukzessionsschutz gemäß § 30 Abs. 5 MarkenG auf den Übergang des Markenrechts durch die Verwertung in der Zwangsvollstreckung.[212] Je nachdem, ob man richtigerweise den Sukzessionsschutz des Lizenznehmers auch nach Übergang des lizenzierten Markenrechts in der Zwangsvollstreckung bejaht,[213] stellt sich im Anschluss daran die hoch umstrittene Frage nach der genauen Ausgestaltung des Rechtsverhältnisses der drei beteiligten Personen. Es ist insbesondere fraglich, welche Rechte und Pflichten zwischen Lizenznehmer und neuem Markeninhaber in Bezug auf die Lizenz bestehen. Wie geht beispielswese der neue Markeninhaber, der ja nicht

---

209 Zur Möglichkeit des betreibenden Vollstreckungsgläubigers, bei einer Versteigerung mitzubieten *Flockenhaus*, in: Musielak/Voit, § 844 ZPO, Rn. 5.

210 Vgl. bspw. *Fezer*, § 29 MarkenG, Rn. 28 zur freihändigen Veräußerung.

211 Siehe dazu oben § 3 I. 3. b. sowie unten § 8 I. 2.

212 *Pahlow*, Lizenz und Lizenzvertrag, S. 350.

213 Siehe dazu ausführlich unten § 8 I.

Lizenzgeber ist, gegen den Lizenznehmer bei Verletzung rein lizenzvertraglicher Pflichten vor, die sich auf seine Marke auswirken? Die konkreten Rechtsfolgen der Verwertung eines lizenzierten Markenrechts, insbesondere in Bezug auf die Rechtsstellung des Lizenznehmers und des neuen Markeninhabers zueinander, sollen daher in den nachfolgenden Teilen dieser Arbeit ausführlich behandelt werden.

§ 4 Untersuchungsergebnisse des ersten Teils

Die Zwangsvollstreckung in ein Markenrecht ist nicht bereits seit der Einführung des gesetzlichen Schutzes der Marke zulässig, sondern erst seit Abkehr vom sog. Akzessorietätsgrundsatz und der daraus resultierenden freien Übertragbarkeit der Marke ohne Geschäftsbetrieb mit Inkrafttreten des ErstrG 1992. Gesetzlich verankert ist das Markenrecht als Gegenstand von Maßnahmen der Zwangsvollstreckung erst seit Inkrafttreten des MarkenG 1995.[214] Die Zwangsvollstreckung in ein Markenrecht erfolgt durch Pfändung und Verwertung, §§ 857 Abs. 1, 828 ff. ZPO. Nach der erfolgreichen Pfändung des Markenrechts entscheidet die Art der Verwertung über die Zukunft der Markenrechtsinhaberschaft: Die Überweisung zur Einziehung, die Ausübung des Rechts durch Dritte und die Sequestration erfolgen ohne Wechsel der Inhaberschaft an dem Markenrecht.[215] Bei der Überweisung an Zahlungs statt zu einem Schätzwert, der Versteigerung und dem freihändigen Verkauf hingegen geht das Markenrecht auf den Erwerber über.[216]

Diese Arbeit wendet sich dem letztgenannten Fall zu, also dem Übergang eines Markenrechts im Rahmen der Zwangsvollstreckung. Wurde das Markenrecht vor dem Rechtsübergang lizenziert, führt er zu einer Dreieckskonstellation: Es sind nunmehr der neue Markenrechtsinhaber, der Lizenznehmer sowie der ehemalige Markenrechtsinhaber miteinander verbunden. Das Rechtsverhältnis zwischen dem neuen Markenrechtsinhaber und dem Lizenznehmer ist geprägt durch die Tatsache, dass ein lizenzvertragliches Verhältnis lediglich zwischen dem ursprünglichen Markenrechtsinhaber und dem Lizenznehmer besteht. Der neue Inhaber muss jedoch aufgrund des Sukzessionsschutzes gemäß § 30 Abs. 5 MarkenG die Nutzung der Marke durch den Lizenznehmer dulden.[217] Welche Rechte und Pflichten zwischen dem neuen Markenrechtsinhaber und dem Lizenznehmer in Bezug auf die Lizenz in dieser Konstellation bestehen, ist Untersuchungsgegenstand dieser Arbeit.

214 Siehe oben § 2.
215 Siehe oben § 3 II. 3. a.
216 Siehe oben § 3 II. 3. b.
217 Siehe oben § 3 II. 3. b.

Entsprechendes gilt in den folgenden Fällen auch für die Vollstreckung in Unionsmarken sowie IR-Marken: Ist die Unionsmarke zum Zeitpunkt der Maßnahme der Zwangsvollstreckung im Unionsmarkenregister auf eine natürliche oder juristische Person mit Wohnsitz oder Niederlassung in Deutschland eingetragen, richtet sich die Zwangsvollstreckung nach deutschem Recht, Art. 19 UMV. Dies gilt auch für IR-Marken, deren Schutz sich auf Deutschland oder die EU erstreckt: Im ersten Fall ist deutsches Recht anzuwenden, während sich im zweiten Fall die Vollstreckung nach den für die Unionsmarke maßgeblichen Vorschriften richtet, Art. 182 i.V.m. Art. 23 UMV. Kommt es danach zur Anwendung deutschen Rechts, richtet sich die Zwangsvollstreckung in eine Unionsmarke nach den Regeln der Zwangsvollstreckung in eine deutsche Marke.[218]

218 Siehe oben § 3 I. 1. e.

Zweiter Teil: Die fehlende Ausgestaltung der Rechtsfolgenseite des Sukzessionsschutzes gemäß § 30 Abs. 5 MarkenG

Im ersten Teil der Arbeit wurde die rechtliche Entwicklung des Markenrechts als Gegenstand der Zwangsvollstreckung nachgezeichnet. Die Zulässigkeit der Zwangsvollstreckung in ein Markenrecht ist Folge der freien Übertragbarkeit der Marke als Ergebnis ihrer Loslösung von dem Geschäftsbetrieb Ende des 20. Jahrhunderts und ihres damit verbundenen Aufstiegs zum unabhängigen Wirtschaftsgut.[219] Die Verwertung eines gepfändeten Markenrechts im Rahmen der Zwangsvollstreckung erfolgt häufig durch dessen Übergang auf einen neuen Inhaber.[220] Ist ein lizenziertes Markenrecht Gegenstand der Verwertung, stehen sich nach dessen Rechtsübergang drei Parteien gegenüber: Der neue Markenrechtsinhaber, der Lizenznehmer und der ursprüngliche Markenrechtsinhaber/Lizenzgeber. In dieser Konstellation ist fraglich, welche Rechtsfolgen ein solcher Übergang des Markenrechts auf die Lizenz und insbesondere auf das Verhältnis zwischen dem neuen Markenrechtsinhabers und einem Lizenznehmer hat.[221]

Bevor im dritten Teil dieser Arbeit auf die Besonderheiten des Rechtsübergangs eines lizenzierten Markenrechts im Rahmen der Zwangsvollstreckung eingegangen wird, ist Gegenstand des zweiten Teils dieser Arbeit zunächst die Herausarbeitung der konkreten Rechtsfolgen des Sukzessionsschutzes gemäß § 30 Abs. 5 MarkenG. Diese Vorschrift, welche durch die MRL nicht vorgegeben ist, regelt die Rechtsfolgen nicht eindeutig, sondern ordnet lediglich an, dass ein „Rechtsübergang" nach § 27 MarkenG eine Lizenz, die vorher Dritten erteilt worden ist, nicht „berührt". Welche Bedeutung dies konkret hat, ist umstritten. Nach einer Nachzeichnung der Entstehungsgeschichte der Markenlizenz sowie des markenrechtlichen Sukzessionsschutzes wendet sich die Untersuchung daher der Herausarbeitung der zu den Rechtsfolgen des markenrechtlichen Sukzessionsschutzes vertretenen Ansichten in Literatur und Rechtsprechung zu (§ 5). Anschließend widmet sich die Arbeit einer Untersuchung der Frage, ob

219 Siehe oben § 2 II.

220 Siehe oben § 3 II. 2. b

221 Siehe oben § 3 II. 3. b. bb.

der Sukzessionsschutz, wie von einer im Vordingen befindlichen Literaturansicht vertreten, *de lege lata* als Vertragsübernahme ausgelegt werden kann (§ 6). Schließlich wird eine Auseinandersetzung mit der Ergänzung des markenrechtlichen Sukzessionsschutzes um eine gesetzlich angeordnete Vertragsübernahme *de lege ferenda* erfolgen (§ 7).

§ 5 Rechtsfolgen des markenrechtlichen Sukzessionsschutzes

Zum besseren Verständnis der Rechtsfolgen des Sukzessionsschutzes bei Übergang eines lizenzierten Markenrechts werden zunächst die Begriffe „Markenlizenz" und „Lizenzvertrag" sowie der Begriff „Sukzessionsschutz" erläutert (I.). Nachfolgend werden die rechtliche Entwicklung und Bedeutung der Lizenz an einem Markenrecht sowie des markenrechtlichen Sukzessionsschutzes nachgezeichnet (II.). Schließlich folgt eine Darstellung des aktuellen Meinungsstands zur Rechtsnatur der Markenlizenz sowie den Rechtsfolgen des Sukzessionsschutzes gemäß § 30 Abs. 5 MarkenG (III.).

I. Terminologie

Zunächst ist die Bedeutung der Begriffe „Markenlizenz" und „Lizenzvertrag" (1.) sowie „Sukzessionsschutz" (2.) zu erläutern.

1. Markenlizenz und Lizenzvertrag

Es ist fraglich, ob ein Unterschied zwischen dem Begriff „Markenlizenz" einerseits (a.) und „Lizenzvertrag" andererseits (b.) besteht.

a. Die Markenlizenz

§ 30 MarkenG trägt die amtliche Überschrift „Lizenzen" und regelt das materielle Markenlizenzrecht.[222] Die Regelung normiert die Zulässigkeit der Lizenzerteilung (Abs. 1) und trifft rudimentäre Regelungen zur Lizenz (Abs. 2–6), definiert den Begriff „Markenlizenz" jedoch nicht.[223] Gleichwohl besteht in der Literatur überwiegend ein einheitliches Verständnis von dem Begriff: Die Lizenz i.S.d. § 30 MarkenG ist die dem Lizenznehmer vom Lizenzgeber, also dem Markeninhaber oder einem sonstigen Berechtigten wie zum Beispiel einem Nießbraucher, durch Lizenzvertrag eingeräumte Befugnis zur Nutzung der Marke.[224] Nicht von

---

222 BGH, Urt. v. 13.04.2000, GRUR 2001, 54, 56 – SUBWAY/Subwear.

223 Vgl. *McGuire*, Die Lizenz, S. 568.

224 *Baur/Stürner/Bruns*, Zwangsvollstreckungsrecht, Rn. 32.40; *Hacker*, in Ströbele/Hacker/Thiering, § 30 MarkenG, Rn. 7; *Ingerl/Rohnke*, § 30 MarkenG, Rn. 6; *McGuire*, Die Lizenz, S. 31 ff., 43 ff.; *Pahlow*, in: HK-MarkenR, § 30 MarkenG, Rn. 3; *Taxhet*,

§ 30 Abs. 1 MarkenG erfasst ist hingegen die sogenannte negative Lizenz, die kein Nutzungsrecht einräumt, sondern lediglich einen Verzicht durch den Markeninhaber auf die Geltendmachung von Verbietungs- und Ersatzansprüchen wegen der Benutzung der Marke durch einen Dritten darstellt.[225]

Zu den größten Streitigkeiten um die Markenlizenz gehört die Frage, ob sich die Lizenz auf das schuldrechtliche Verhältnis zwischen Lizenzgeber und Lizenznehmer beschränkt oder das eingeräumte Nutzungsrecht darüber hinaus (quasi-)dinglich ausgestaltet ist.[226]

b. Der Lizenzvertrag

Von der Entscheidung der zuvor erwähnten Streitigkeit ist abhängig, ob die Lizenz von dem Lizenzvertrag zu unterscheiden ist.[227] Aus der Auffassung, die Lizenz habe dinglichen Charakter, sie werde also durch Verfügung eingeräumt,[228] muss folgen, dass die Lizenz abzugrenzen ist von dem ihr zugrunde liegenden schuldrechtlichen Lizenzvertrag.[229] Folgt man hingegen richtigerweise der Ansicht, die Lizenz habe schuldrechtlichen Charakter,[230] muss Konsequenz sein, dass die Lizenz nicht von dem Lizenzvertrag unterschieden wird.[231]

Wie zuvor erwähnt, regelt das Gesetz das Markenlizenzrecht nur rudimentär. Es enthält keine Vorschriften zu dem schuldrechtlichen Markenlizenzvertrag.[232]

---

in: BeckOK-MarkenR, § 30 MarkenG, Rn. 19; *Tochtermann*, Sukzessionsschutz im Recht des Geistigen Eigentums, S. 44.

225 BGH, Urt. v. 23.03.1982, BGHZ 83, 251, 256 = GRUR 1982, 411 – Verankerungsteil (zum Patentrecht); *Hacker*, in: Ströbele/Hacker/Thiering, § 30 MarkenG, Rn. 8; *Ingerl/Rohnke*, § 30 MarkenG, Rn. 7. A.A. *Pahlow*, Lizenz und Lizenzvertrag, S. 254; *Bartenbach*, MittdtPatA 2002, 503, 507, bezogen auf § 15 Abs. 2 PatG und § 22 Abs. 2 GebrMG, jedoch übertragbar auf § 30 Abs. 1 MarkenG. Vgl. zum umstrittenen Verständnis des Begriffs „negative Lizenz" *Marotzke*, ZGE 2010, 233, 241 f. (Fn. 44 m.w.N.).

226 Siehe dazu ausführlich unten § 5 III. 1.

227 *Tochtermann*, Sukzessionsschutz im Recht des Geistigen Eigentums, S. 44 f. Siehe zu diesem Rechtsstreit ausführlich unten § 5 III. 1.

228 Siehe dazu ausführlich unten § 5 III. 1.

229 So bspw. *Inger/Rohnke*, MarkenG, § 30, Rn. 10.

230 Siehe dazu ausführlich unten § 5 III. 1.

231 So bspw. *Tochtermann*, Sukzessionsschutz im Recht des Geistigen Eigentums, S. 44 f., 160 f.

232 *Ingerl/Rohnke*, § 30 MarkenG, Rn. 50.

Der Ausgestaltung des Lizenzvertrags kommt eine maßgebliche Rolle zu, da nur dieser die Einzelheiten des Lizenzverhältnisses regelt.

Auch die konkrete Lizenzvertragsart ist umstritten. Die wohl herrschende Meinung im Markenrecht ordnet den Lizenzvertrag als Vertrag *sui generis* ein.[233]

2. Der markenrechtliche Sukzessionsschutz

Sukzessionsschutz bedeutet die Aufrechterhaltung eines vom Mutterrecht (hier: Markenrecht) abgeleiteten Rechts (hier: Markenlizenz) auch nach Übergang des Mutterrechts auf einen neuen Inhaber.[234]

II. Geschichte der Markenlizenz und des markenrechtlichen Sukzessionsschutzes

Die Warenzeichenlizenz[235] (1.) sowie – damit zusammenhängend – der Sukzessionsschutz des Lizenznehmers (2.) haben eine lange rechtliche Entwicklung hinter sich.

1. Die Warenzeichenlizenz

Die Marke wird in Deutschland zwar seit Inkrafttreten des MSchG von 1874 geschützt, stellte jedoch aufgrund der engen Bindung des Warenzeichens – erst mittelbar und dann direkt – an den Geschäftsbetrieb über ein Jahrhundert lang kein eigenständiges Wirtschaftsgut dar.[236] Da weder das MSchG von 1874 noch das WBG von 1894 oder das WZG von 1936 die Nutzung des Warenzeichens

---

233 Grundlegend RG 19.10.1926, RGZ 115, 17, 21 – Die heilige Johanna (zur Lizenz an einer deutschen Übersetzung eines Bühnenwerks). Später bspw. BGH, Urt. v. 15.06.1951, BGHZ 2, 331, 333 ff. (zum Urheberrecht); OLG Stuttgart, Urt. v. 21.11.2002, GRUR-RR 2004, 8, 11 – Boss; *Fezer*, § 30 MarkenG, Rn. 42; *Hacker*, in: Ströbele/Hacker/Thiering, § 30 MarkenG, Rn. 29; *Ingerl/Rohnke*, § 30 MarkenG, Rn. 52. Der BGH hat in seiner Entscheidung v. 17.11.2005, GRUR 2005, 435 – Softwarenutzungsrecht den Lizenzvertrag als Rechtspacht bezeichnet, dies ist wohl als Einzelfallentscheidung und nicht als Rechtsprechungsänderung anzusehen, *McGuire*, Die Lizenz, S. 659 f. A.A. bspw. *Bühling*, Die Markenlizenz, S. 11, welcher den Markenlizenzvertrag als Pacht über ein Recht qualifiziert. Ausführlich zum Streitstand *McGuire*, Die Lizenz, S. 650 ff.

234 Vgl. *Berger*, GRUR 2013, 321, 323.

235 Soweit sich aus den Ausführungen der nachfolgenden Untersuchung nichts anderes ergibt, ist unter dem Begriff „Lizenz" sowohl die einfache als auch die ausschließliche Lizenz zu verstehen.

236 Siehe oben § 2 I.

durch Dritte regelte, oblag es Rechtsprechung und Lehre, Grundsätze zur Lizenz zu entwickeln.[237]

Ein Teil der Lehre war insbesondere Ende des 19. Jahrhunderts gänzlich gegen die Zulässigkeit einer Lizenzerteilung an einer Marke.[238] Nach ständiger Rechtsprechung und herrschender Lehre war es dem Zeicheninhaber hingegen zumindest erlaubt, einem Dritten den Gebrauch seines Zeichens zu gestatten, indem der Zeicheninhaber vertraglich auf Unterlassungsansprüche wegen Zeichenverletzung gegenüber dem Gestattungsinhaber verzichtet hat (sog. Negativlizenz).[239] Dem Gestattungsinhaber wurde zwar kein Teil des Warenzeichens übertragen, er konnte aber gegenüber dem Zeicheninhaber einwenden, er habe dessen Nutzung des Zeichens zu dulden.[240] Die genaue Reichweite einer solchen Lizenz war umstritten: Zum Teil wurde dem Lizenznehmer lediglich erlaubt, das Zeichen anstelle des Inhabers an Waren anzubringen; er hatte danach jedoch kein Recht darauf, eigene Waren mit dem Warenzeichen des Inhabers zu versehen.[241] Eine weitere Ansicht ließ ein solches Recht unter gewissen Voraussetzungen hingegen zu.[242] Ein eigenes Klagerecht aus einer Zeichenverletzung wurde dem Lizenznehmer nicht gestattet.[243]

---

237 *Pahlow*, Lizenz und Lizenzvertrag, S. 122; *Trüstedt*, in: Reimer, Wettbewerbs- und Warenzeichenrecht, 4. Auflage, Kapitel 34, Rn. 17.

238 Exemplarisch *Kohler*, Recht des Markenschutzes, S. 242 f., nach welchem die Lizenzerteilung an der Marke für „null und nichtig" und der Markeninhaber allenfalls bei einer unberechtigten Nutzung eines Dritten aufgrund einer Gestattung des Rechts auf Entschädigung verlustig war. Anfang des 20. Jahrhunderts hielt *Kohler* die Lizenzierung hingegen unter bestimmten Umständen für zulässig, vgl. *Kohler*, Warenzeichenrecht, S. 115. Ausführlich dazu *Pahlow*, Lizenz und Lizenzvertrag, S. 124 ff.

239 Bspw. RG, Urt. v. 04.05.1920, RGZ 99, 90, 92 f. – Gilette; Urt. v. 18.06.1920, RGZ, 100, 3, 6 = GRUR 1922, 112 – Antiformin; BGH, Urt. v. 05.03.1951, BGHZ 1, 241, 246 = GRUR 1951, 324 – Piek fein; Urt. v. 12.01.1966, BGHZ 44, 372, 375 = GRUR 1966, 375 – Messmer-Tee II; Urt. v. 17.09.1969, GRUR 1970, 528, 531 – Migrol; *Baumbach/Hefermehl*, WZG, § 8 Anh., Rn. 2 ff.; *Busse/Starck*, WZG, § 8, Rn. 10; *Kent*, Schutz der Waarenbezeichnungen, S. 255 ff.; *Seligsohn*, Warenbezeichnungen, S. 114; *von Gamm*, WRP 1960, 299, 300. Ausführlich dazu *Pahlow*, Lizenz und Lizenzvertrag, S. 126 ff.; *Schanda*, GRUR Int 1994, 275, 276 f.

240 *Fezer*, § 30 MarkenG, Rn. 10.

241 Bspw. RG, Urt. v. 04.05.1920, RGZ 99, 90, 92 f. – Gilette.

242 Bspw. *Reimer*, Wettbewerbs- und Warenzeichenrecht, 3. Auflage, Kapitel 34, Rn. 3.

243 *Fezer*, § 30 MarkenG, Rn. 10.

Eine Lizenzerteilung mit einem dinglichen oder quasi-dinglichen Benutzungsrecht an dem Zeichen wurde – anders als im Patentrecht[244] – überwiegend als nicht zulässig erachtet.[245] Begründet wurde dies mit der gesetzlich verankerten strengen Bindung des Warenzeichens an den Geschäftsbetrieb.[246] Zum Teil wurde darüber hinaus die aus der Dinglichkeit resultierende Gefahr der Täuschung des Publikums über die Herkunft der Ware und die damit verbundene Gefahr des unlauteren Wettbewerbs für den Zeicheninhaber angeführt.[247] Denn das Zeichen wurde ausschließlich als Mittel zur Zuordnung der Herkunft der Ware zu einer bestimmten Person oder einem bestimmten Geschäftsbetrieb angesehen.[248] Bei dem Vorliegen einer Täuschung über die Herkunft der Ware wurde zum Teil selbst die als zulässig angesehene Nutzung des Zeichens durch obligatorische Gestattungsvereinbarung eingeschränkt.[249]

2. Der markenrechtliche Sukzessionsschutz des Lizenznehmers

Unter Geltung des MSchG, des WBG sowie des WZG war die Frage, ob dem Lizenznehmer bei Übertragung des Warenzeichens Sukzessionsschutz gewährt werden konnte aufgrund der Untrennbarkeit des Warenzeichens vom

---

244 Im Patentrecht war eine ausschließliche Lizenz mit (quasi-) dinglichem Charakter schon längst anerkannt, vgl. dazu *Hacker*, in: Ströbele/Hacker/Thiering, § 30 MarkenG, Rn. 16 m.w.N.

245 Bspw. RG, Urt. v. 04.05.1920, RGZ 99, 90, 92 – Gilette; Urt. v. 18.06.1920, RGZ, 100, 3, 6 = GRUR 1922, 112 – Antiformin; BGH, Urt. v. 18.02.1977, GRUR 1977, 539, 541 – Prozeßrechner. Siehe hierzu auch *Baumbach/Hefermehl*, § 8 Anh. WZG, Rn. 2; *Trüstedt* in: Reimer, Wettbewerbs- und Warenzeichenrecht, 4. Auflage, Kapitel 34, Rn. 16; *von Gamm*, WRP 1960, 299, 300; *Völp*, GRUR 1985, 843, 844. A.A. bspw. *Reimer*, Wettbewerbs- und Warenzeichenrecht, 3. Auflage, Kapitel 34, Rn. 3; *Krieger*, in: FS Ulmer, S. 3, 45 ff.

246 Bspw. RG, Urt. v. 10.04.1940, GRUR 1940, 366, 367 – Sauerbruch; *Baumbach/Hefermehl*, § 8 Anh. WZG, Rn. 2; *Trüstedt* in: Reimer, Wettbewerbs- und Warenzeichenrecht, 4. Auflage, Kapitel 34, Rn. 16. A.A. *Krieger*, in: FS Ulmer, S. 3, 46 f.

247 Bspw. RG, Urt. v. 06.07.1920, RGZ 100, 22, 24 f.; 04.05.1920, RGZ 99, 90, 92 f. – Gilette; *Kent*, Schutz der Waarenbezeichnungen, S. 1, 144 f.; *Kohler*, Recht des Markenschutzes, S. 74 ff. Ausführlich *Pahlow*, Lizenz und Lizenzvertrag, S. 130 ff.

248 *Kohler*, Recht des Markenschutzes, S. 74.

249 Bspw. RG v. 06.07.1920, RGZ 100, 22, 25; Urt. v. 04.05.1920, RGZ 99, 90, 93 – Gilette; *Trüstedt* in Reimer, Wettbewerbs- und Warenzeichenrecht, 4. Auflage, Kapitel 34, Rn. 17; *von Gamm*, WRP 1960, 299, 300. Ausführlich dazu *Pahlow*, Lizenz und Lizenzvertrag, S. 133 ff.

Geschäftsbetrieb[250] und der deswegen als nicht zulässig erachteten Lizenz mit Drittwirkung (sog. dingliche oder quasidingliche Lizenz)[251] kaum Gegenstand von Diskussionen.[252]

III. Markenlizenz und Sukzessionsschutz im MarkenG

Nachdem die historische Entwicklung der Warenzeichenlizenz und des markenrechtlichen Sukzessionsschutzes des Lizenznehmers unter Geltung des MSchG, des WBG sowie des WZG nachgezeichnet wurde, soll die Rechtslage seit Inkrafttreten des Markengesetzes erläutert werden. Dies erfolgt zunächst im Hinblick auf die Markenlizenz (1.) und anschließend auf die Rechtsfolgen des Sukzessionsschutzes gemäß § 30 Abs. 5 MarkenG (2.).

1. Die Markenlizenz seit Aufhebung des Akzessorietätsgrundsatzes

Die mit dem ErstrG einhergehenden Änderungen des WZG führten zu bedeutenden Veränderungen für die Warenzeichenlizenz, insbesondere zur Lockerung der strengen Bindung des Warenzeichens an den Geschäftsbetrieb.[253] Mit Inkrafttreten des MarkenG wurde der unter dem WZG geltende Akzessorietätsgrundsatz schließlich aufgegeben[254] und die Markenlizenz in § 30 MarkenG erstmals gesetzlich verankert. Art. 8 der Ersten Markenrechtsrichtlinie schrieb die Einführung einer gesetzlichen Regelung zur Zulässigkeit der Lizenz an einer Marke bindend vor. § 30 Abs. 1–4 MarkenG sowie § 30 Abs. 6 MarkenG setzen Art. 8 der Ersten Markenrechtsrichtlinie sowie Art. 25 Abs. 5 MRL um. Die Regelung des § 30 Abs. 5 MarkenG ist nicht durch die MRL vorgegeben.

---

250 Siehe oben § 2 I.

251 Siehe oben § 5 II. 1.

252 Vgl. *Pahlow*, Lizenz und Lizenzvertrag, S. 124. Zu dem lediglich vereinzelt diskutierten Wunsch, den Lizenznehmer durch die Gewährung des Sukzessionsschutzes gegen nachfolgende Dispositionen des Lizenzgebers zu schützen siehe zusammenfassend *McGuire*, Die Lizenz, S. 217 ff. m.w.N.

253 Siehe oben § 2 II. 1.

254 Siehe oben § 2 II. 2. Die einzige Ausnahme von der vollständigen Aufgabe des Akzessorietätsgrundsatzes stellt die Regelung des § 27 Abs. 5 MarkenG dar, nach welcher im Zweifel die zu einem Geschäftsbetrieb gehörende Marke von dessen Übergang oder Übertragung erfasst wird.

Da jedoch weder aus dem Gesetzestext noch aus der Begründung zu § 30 MarkenG die Rechtsnatur der Lizenz hervorgeht,[255] etablierten sich im Markenrecht in Anlehnung an den schon vorher insbesondere im Patentrecht geführten Streit zur Rechtsnatur der Patentlizenz zwei große Meinungsrichtungen.[256] Denn mit Wegfall des Akzessorietätsgrundsatzes war das Hauptargument für die Ansicht, die Lizenz sei schuldrechtlicher Natur, entfallen und gleichzeitig entfiel das Hindernis für die Anerkennung einer dinglichen Natur der Markenlizenz.[257] Wenngleich also kein Raum mehr für Zweifel an der nun zulässigen Begründung von dinglichen Rechten an Marken gegeben war, konnte daraus jedoch nicht zwangsläufig auf einen dinglichen Charakter geschlossen werden.[258]

Der Streitstand kann seitdem in zwei größere Strömungen eingeteilt werden, nämlich einerseits in die Ansicht, die Lizenz habe schuldrechtlichen Charakter und andererseits in die Ansicht, sie habe (quasi-)dinglichen Charakter, wobei zum Teil zwischen einer ausschließlichen und einer einfachen Lizenz unterschieden wird: Rechtsprechung und Lehre bedienen sich teilweise den für die Patentlizenz entwickelten Grundsätzen, etwa eine dingliche Lizenzerteilung stelle eine beschränkte Rechtsübertragung dar.[259] Überwiegend wird zumindest für die ausschließliche Lizenz ein (quasi-)dingliches oder gegenständliches Benutzungsrecht angenommen oder für möglich gehalten.[260] Für die einfache

---

255 Entwurf der Bundesregierung eines Gesetzes zur Reform des Markenrechts und zur Umsetzung der Ersten Richtlinie 89/104/EWG des Rates vom 21.12.1988 zur Angleichung der Rechtsvorschriften der Mitgliedstaaten über die Marken (Markenrechtsreformgesetz) v. 14.01.1994, BT-Drs. 12/6581, S. 86. Vgl. auch *Lange*, Marken- und Kennzeichenrecht, Rn. 2092.

256 Den aktuellen Meinungsstand zur Rechtsnatur der Patentlizenz zusammenfassend bspw. *Hacker*, in: Ströbele/Hacker/Thiering, § 30 MarkenG, Rn. 19 ff.

257 *Loewenheim*, GRUR Int 1994, 156, 157; Plaß, GRUR 2002, 1029, 1033. Vgl. hierzu auch *McGuire*, Die Lizenz, S. 220.

258 *Hacker*, in: Ströbele/Hacker/Thiering, § 30 MarkenG, Rn. 18.

259 Etwa OLG München, Urt. v. 08.08.1996, NJW-RR 1997, 1266, 1267 – 1860 München; *Loewenheim*, GRUR Int 1994, 156, 157; *Ingerl/Rohnke*, § 30 MarkenG, Rn. 2 unter Verweis auf Vorsicht bei der ergänzenden Heranziehung der Rechtsprechung und Literatur zur patent- und urheberrechtlichen Lizenz; *Fezer*, § 30 MarkenG, Rn. 7 in Anschluss an *Forkel*, Gebundene Rechtsübertragungen, S. 51 ff. Vgl. auch die Kritik an der Übernahme des Ansatzes aus dem Patentrecht, die Lizenz sei eine beschränkte Rechtsübertragung, durch *Hacker*, in: Ströbele/Hacker/Thiering, § 30 MarkenG, Rn. 14 ff. Siehe dazu auch *McGuire*, Die Lizenz, S. 220 ff.

260 BGH, Urt. v. 19.07.2007, BGHZ 173, 269, 278 (Tz. 29) = GRUR 2007, 877 – Windsor Estate; OLG München, Urt. v. 08.08.1996, NJW-RR 1997, 1266, 1267 – 1860 München; OLG Hamburg, Urt. v. 19.08.2004, GRUR-RR 2005, 181, 182 – ZOMIG/AscoTop; Urt.

Lizenz[261] hingegen kann keine überwiegende Ansicht ausgemacht werden: Eine Ansicht erkennt für die einfache Lizenz (zumindest die Möglichkeit) eine(r) (gewissen) dingliche(n) Wirkung in Abgrenzung zu der (von nicht § 30 MarkenG erfassten) rein schuldrechtlichen Gebrauchsüberlassung an.[262] Eine weitere Ansicht nimmt eine schuldrechtliche Wirkung an,[263] wobei die Vertreter dieser Ansicht überwiegend nicht zwischen einer einfachen und ausschließlichen Lizenz unterscheiden.[264] Es wird auch vertreten, die Lizenz sei ein im Grenzbereich zwischen den beiden zuvor genannten Möglichkeiten der Kategorisierung liegendes Recht *sui generis*, das eine Sonderstellung in unserem Rechtssystem einnehme.[265] Zum Teil wird in der Literatur auch keine klare Stellung zu der einen oder anderen Ansicht bezogen, sondern vertreten, es komme auf den Lizenzvertrag an und fehle eine Bestimmung dazu, so sei jedenfalls nicht grundsätzlich von einem dinglichen Charakter der Lizenz auszugehen.[266]

Es kann nicht Ziel dieser Arbeit sein, den Meinungsstand zur Rechtsnatur der Markenlizenz umfassend darzustellen. Dennoch überzeugt die Ansicht, die Markenlizenz habe schuldrechtlichen Charakter. Die Vertreter der Auffassung, die Markenlizenz habe dinglichen Charakter, begründen die Dinglichkeit

---

v. 30.09.2004, GRUR-RR 2005, 265, 266 – Belegvorlage; *Bühling*, GRUR 1998, 196 ff.; *Brandi-Dohrn*, in: v. Schultz, MarkenG, § 30, Rn. 16; *Inger/Rohnke*, § 30 MarkenG, Rn. 12 f.; *Fezer*, § 30 MarkenG, Rn. 7; *Starck*, WRP 1994, 698, 702; a.A. siehe Fn. 264.

261 Der Begriff „einfache Lizenz" meint die „nicht ausschließliche Lizenz" gem. § 30 Abs. 1 MarkenG. Die einfache Lizenz erlaubt es dem Markeninhaber, sein Recht selbst weiter zu nutzen sowie weitere Lizenzen inhaltsgleich zu erteilen, vgl. *Taxhet*, in: BeckOK-MarkenR, § 30 MarkenG, Rn. 38.

262 OLG Hamburg, Urt. v. 19.08.2004, GRUR-RR 2005, 181, 182 – ZOMIG/AscoTop; *Fezer*, § 30 MarkenG, Rn. 7 ff.; *Ingerl/Rohnke*, § 30 MarkenG, Rn. 13; *dies.*, NJW 1994, 1247, 1254; *Kellenter*, in: FS Tilmann, S. 807, 816 f.; *Haedicke*, ZGE 2011, 377, 392. Siehe zu der in neuerer Rechtsprechung des I. Zivilsenats des BGH zum Urheberrecht (in Abstimmung mit dem X. Zivilsenat) nicht mehr aufgegriffenen Bestimmung der Rechtsnatur *Meyer-van Raay*, NJW 2012, 3691, 3692; *Hacker*, in: Ströbele/Hacker/Thiering, § 30 MarkenG, Rn. 23, Fn. 34.

263 Exemplarisch *Bühling*, GRUR 1998, 196 f.; *Hacker*, in: Ströbele/Hacker/Thiering, § 30 MarkenG, Rn. 24 ff.; *McGuire*, MittdtPatA 2013, 207, 213; *Sosnitza*, in: FS Schricker, S. 183, 195; *Starck*, WRP 1994, 698, 702.

264 Exemplarisch *McGuire*, MittdtPatA 2013, 207, 213; *Hacker*, in: Ströbele/Hacker/Thiering, § 30 MarkenG, Rn. 24 ff.; *Sosnitza*, in: FS Schricker, S. 183, 195.

265 *Plaß*, GRUR 2002, 1029, 1034 f. Vgl. zu dem Streitstand insgesamt auch *Hacker*, in: Ströbele/Hacker/Thiering, § 30 MarkenG, Rn. 22 ff.

266 *Lange*, Marken- und Kennzeichenrecht, Rn. 2092.

überwiegend mit drei Regelungen des § 30 MarkenG, nämlich mit einer dem § 30 Abs. 2 MarkenG zu entnehmenden Unterscheidung des Gesetzgebers zwischen dinglicher und schuldrechtlicher Wirkung, darüber hinaus mit § 30 Abs. 3 MarkenG, nach welchem der Lizenznehmer mit der Zustimmung des Markeninhabers eine Markenverletzungsklage wegen der Verletzung des Markenrechts erheben kann und schließlich mit dem Sukzessionsschutz gemäß § 30 Abs. 5 MarkenG.[267] Dies ist jedoch mit den Vertretern der Auffassung, die Lizenz habe schuldrechtlichen Charakter, abzulehnen. Die für die Begründung der Gegenansicht herangezogene Systematik der Vorschrift des § 30 MarkenG spricht nämlich keinesfalls für einen rein dinglichen Charakter der Lizenz.[268] Zunächst ist die Unterscheidung des Gesetzgebers in § 30 Abs. 2 MarkenG kein Indiz für eine dingliche Einordnung der Markenlizenz.[269] § 30 Abs. 2 MarkenG unterscheidet lediglich zwischen solchen Verletzungen durch den Lizenznehmer, die eine Verletzung des Lizenzvertrags darstellen und damit rein schuldrechtlichen Charakter haben, und solchen die auch eine Markenverletzung darstellen und damit eine Außenwirkung haben.[270] Die Ansprüche wegen Markenverletzung sind jedoch schuldrechtlich-deliktischer und gerade nicht dinglicher Natur.[271] Ein Rückschluss des § 30 Abs. 2 MarkenG auf eine dingliche Rechtsnatur der Markenlizenz ist daher nicht möglich. Weiterhin spricht die Regelung des § 30 Abs. 3 MarkenG gerade gegen die Annahme, die Markenlizenz sei dinglicher Natur: Voraussetzung für eine Markenverletzungsklage des Lizenznehmers ist nämlich die Zustimmung des Markeninhabers. Somit betrifft dies gerade keine eigenen dinglichen Rechte des Lizenznehmers, sondern es handelt sich bei § 30 Abs. 3 MarkenG vielmehr um eine gewillkürte Prozessstandschaft.[272] Schließlich rechtfertigt die Anordnung des Sukzessionsschutzes für sich genommen nicht die Einordnung als dingliches Recht,[273] sie stellt allenfalls ein Indiz für

267 Exemplarisch *Fezer*, § 30 MarkenG, Rn. 8; *Inger/Rohnke*, § 30 MarkenG, Rn. 13.

268 Ausführlich *Hacker*, in: Ströbele/Hacker/Thiering, § 30 MarkenG, Rn. 23 ff.; siehe zur Klagebefugnis des Lizenznehmers auch *Tochtermann*, Sukzessionsschutz im Recht des Geistigen Eigentums, S. 122 f. m.w.N.

269 So aber bspw. *Fezer*, § 30 MarkenG, Rn. 8; *Inger/Rohnke*, § 30 MarkenG, Rn. 13.

270 *Hacker*, in: Ströbele/Hacker/Thiering, § 30 MarkenG, Rn. 26.

271 *Hacker*, in: Ströbele/Hacker/Thiering, § 30 MarkenG, Rn. 26.

272 BGH, Urt. v. 19.07.2007, BGHZ 173, 269, 278 f. (Tz. 31 ff.) = GRUR 2007, 877 – Windsor Estate; *Hacker*, in: Ströbele/Hacker/Thiering, § 30 MarkenG, Rn. 26 m.w.N.; *Inger/Rohnke*, § 30 MarkenG, Rn. 92 ff. m.w.N.; *Tochtermann*, Sukzessionsschutz im Recht des Geistigen Eigentums, S. 122 f.

273 Vgl. *Fezer*, § 30 MarkenG, Rn. 8.

eine gewisse Dinglichkeit, nämlich eine Verdinglichung der schuldrechtlichen Markenlizenz, dar.[274] Überdies gibt auch die Systematik der Vorschriften des Markengesetzes eine Deutung der Lizenz als beschränkt dingliches Recht[275] nicht her: Während die §§ 27–29 MarkenG Regelungen zum Rechtsübergang, zur Rechtsinhaberschaft und zu dinglichen Rechten trifft, stellt der die Lizenz betreffende § 30 MarkenG eine gesonderte und damit gerade keine beschränkte Rechtsübertragung implizierende Vorschrift dar.[276] Es ist daher von einem schuldrechtlichen Charakter sowohl der einfachen als auch der ausschließlichen Markenlizenz auszugehen.

2. Der Sukzessionsschutz des Lizenznehmers

Seit Inkrafttreten des MarkenG ist der markenrechtliche Sukzessionsschutz in § 30 Abs. 5 MarkenG verankert. Gemäß der Vorschrift berührt ein Rechtsübergang nach § 27 MarkenG oder die Erteilung einer Lizenz nach § 30 Abs. 1 MarkenG nicht Lizenzen, die Dritten vorher erteilt worden sind.

Die gesetzliche Verankerung des Sukzessionsschutzes kann auf eine längere Geschichte zurückblicken. Gleich oder ähnlich lautende Vorschriften sind im Urheber-, Patent-, Gebrauchsmuster- sowie Designrecht zu finden: Im Urheberrecht wurde der Sukzessionsschutz für das urheberrechtliche Nutzungsrecht bereits 1965 in § 33 UrhG verankert, der damals lediglich das einfache Nutzungsrecht, seit 2002 aber auch das ausschließliche Nutzungsrecht ausdrücklich erwähnt. Die Kodifizierung des Sukzessionsschutzes im Patent- und Gebrauchsmusterrecht erfolgte 1986 in § 15 Abs. 3 PatG und § 13 Abs. 3 GebrMG a.F. (§ 22 Abs. 3 GebrMG n.F.). Dies stellte die Beseitigung der unerwünschten Rechtsfolgen des bekannten Urteils „Verankerungsteil" des BGH aus dem Jahr 1982[277] dar, in welchem der einfachen Lizenz in der Regel lediglich schuldrechtliche Wirkung zugebilligt und somit bei Verfügungen des Lizenzgebers über das Schutzrecht dem Sukzessionsschutz entzogen wurde. 1986 hat der Gesetzgeber deswegen ausdrücklich den Sukzessionsschutz auch für einfache Lizenzen

---

274 Siehe bspw. *Hacker*, in: Ströbele/Hacker/Thiering, § 30 MarkenG, Rn. 26 m.w.N.; *McGuire*, MittdtPatA 2013, 207, 213 zum Patentrecht.

275 So bspw. *Fezer*, § 30 MarkenG, Rn. 7 in Anschluss an *Forkel*, Gebundene Rechtsübertragungen, S. 51 ff.

276 Ausführlich *Hacker*, in: Ströbele/Hacker/Thiering, § 30 MarkenG, Rn. 25; zusammenfassend *Tochtermann*, Sukzessionsschutz im Recht des Geistigen Eigentums, S. 121 f.

277 BGH, Urt. v. 23.03.1982, BGHZ 83, 251 = GRUR 1982, 411 – Verankerungsteil.

eingeführt.[278] Mit der Markenrechtsreform wurde der Sukzessionsschutz 1995 schließlich auch in § 30 Abs. 5 MarkenG normiert. Im Jahre 2004 erfolgte die Kodifizierung in § 31 Abs. 5 GeschmMG (nunmehr DesignG).

Obwohl der BGH den Begriff „Grundsatz des Sukzessionsschutzes" im Gewerblichen Rechtsschutz und Urheberrecht benutzt,[279] ist die konkrete Rechtsfolgenseite des Sukzessionsschutzes vom Gesetz nicht eindeutig geregelt und höchst umstritten.

a. Keine konkrete Ausgestaltung der Rechtsfolgen des § 30 Abs. 5 MarkenG

Der Wortlaut des § 30 Abs. 5 MarkenG, nach dem ein „Rechtsübergang" eine vorher erteilte Lizenz nicht „berührt", lässt nicht auf konkrete Rechtsfolgen schließen.[280] In der Praxis auftauchende, äußerst relevante Probleme insbesondere in Bezug auf das Rechtsverhältnis zwischen neuem Schutzrechtsinhaber und Lizenznehmer vermag die Vorschrift nicht zu lösen. Der neue Markenrechtsinhaber und der Lizenznehmer stehen zwar nunmehr in einer Beziehung zueinander: Dem Lizenznehmer wurde die Lizenz nämlich vor Übergang des Markenrechts vom ursprünglichen Inhaber eingeräumt. Die Ausgestaltung dieses Rechtsverhältnisses ist jedoch – mangels konkreter Festlegung der Rechtsfolgen durch § 30 Abs. 5 MarkenG – unklar. Wie das Dreipersonenverhältnis zwischen dem ehemaligen Markenrechtsinhaber/Lizenzgeber, dem neuen Markenrechtsinhaber und dem Lizenznehmer ausgestaltet ist, ergibt sich nicht aus dem Gesetz. Es ist unklar, was der Wortlaut des § 30 Abs. 5 MarkenG, dass die Lizenz nicht *berührt* wird, bedeutet. Insbesondere bleiben die Fragen unbeantwortet, ob und gegebenenfalls in welchem Umfang Pflichten des bisherigen Markenrechtsinhabers/Lizenzgebers auf den neuen Markenrechtsinhaber übergehen sowie ob und gegebenenfalls welche Ansprüche dem neuen Inhaber gegen den Lizenznehmer (z.B. der Anspruch auf Lizenzgebühren) aus dem Lizenzverhältnis zustehen.[281]

---

278 Beschlussempfehlung und Bericht des BT-Rechtsausschusses (6. Ausschuss) zu dem von der Bundesregierung eingebrachten Entwurf eines Gesetzes zur Änderung des Gebrauchsmustergesetzes v. 23.06.1986, BT-Drs. 10/5720, S. 23 f.

279 BGH, Urt. v. 19.07.2012, GRUR 2012, 914, 915 (Rn. 16) – Take Five.

280 *McGuire*, Die Lizenz, S. 568.

281 *Marotzke*, ZGE 2010, 233, 243.

b. Der Meinungsstand seit Inkrafttreten des MarkenG

Auch wenn in der Literatur die konkreten Rechtsfolgen des Sukzessionsschutzes gemäß § 30 Abs. 5 MarkenG überwiegend bis auf wenige Ausnahmen lediglich kurz und ohne eingehende Begründung thematisiert werden,[282] haben sich in der Literatur zwei größere Meinungsrichtungen gebildet: Die eine Ansicht beschränkt die Rechtsfolgen hauptsächlich auf den Fortbestand des Nutzungsrechts des Lizenznehmers und lehnt den Eintritt des neuen Markenrechtsinhabers in den Lizenzvertrag nach Übergang des Markenrechts ab (aa.). Die Gegenansicht will den Sukzessionsschutz als Vertragsübernahme *de lege lata* ausgestalten oder zumindest einzelne Pflichten auf den neuen Markenrechtsinhaber überleiten (bb.). Der BGH hat in seiner jüngeren Rechtsprechung mit den Urteilen „Ecosoil"[283] und „Valentins"[284] explizit zu Fragen des markenrechtlichen Sukzessionsschutzes Stellung genommen (cc.).

aa. Erste Strömung in der Literatur: Lediglich Fortbestand des Nutzungsrechts

Die wohl (noch) überwiegende Ansicht in der Literatur vertritt die Meinung, § 30 Abs. 5 MarkenG ordne keinen Eintritt des neuen Markeninhabers in den Lizenzvertrag zwischen Lizenznehmer und ursprünglichem Markeninhaber als Lizenzgeber an. Die aus dem Sukzessionsschutz folgenden Rechtsfolgen, werden sie überhaupt erörtert, variieren jedoch geringfügig je nach Ausprägungen der wohl (noch) überwiegenden Lehre:

Emmert vertritt die Ansicht, die markenrechtliche Regelung des Sukzessionsschutzes ordne keinen Eintritt des neuen Markeninhabers in die lizenzvertraglichen Rechte und Pflichten des ursprünglichen Inhabers als Lizenzgeber an.[285] Eine Auseinandersetzung mit den konkreten Rechtsfolgen des Sukzessionsschutzes erfolgt jedoch nicht.

---

282 So auch *McGuire*, Die Lizenz, S. 376. Vgl. bspw. *Bühling*, GRUR 1998, 197, welcher inhaltlich zum Sukzessionsschutz lediglich ausführt, dieser verhindere einen gutgläubigen lastenfreien Markenerwerb und sei auch auf die einfache Lizenz mit schuldrechtlicher Wirkung anwendbar. Vgl. auch *Lange*, Marken- und Kennzeichenrecht, Rn. 2101, welcher zur Rechtsfolgenseite des Sukzessionsschutzes lediglich ausführt, der alte Lizenzvertrag bestehe weiter.

283 BGH, Urt. v. 21.10.2015, GRUR 2016, 201 – Ecosoil.

284 BGH, Urt. v. 17.10.2019, GRUR 2020, 57 – Valentins.

285 *Emmert*, Die Stellung der Markenlizenz im deutschen Privatrecht, S. 67 f.

Auch *Engels* beschreibt die Wirkung des Sukzessionsschutzes lediglich damit, dass die Rechtsposition des Lizenznehmers nicht durch eine Verfügung über das Markenrecht zerstört werde, sondern der Lizenznehmer weiterhin zur Nutzung des Markenrechts berechtigt sei.[286]

Fezer führt zu den konkreten Rechtsfolgen des Sukzessionsschutzes aus, der Lizenzvertrag bestehe zwischen Lizenznehmer und ursprünglichem Rechtsinhaber/Lizenzgeber fort.[287] Allerdings blieben die Vorschriften über den Schutz des Schuldners bei einer Abtretung von Rechten gemäß §§ 404 ff. BGB unberührt, beispielsweise bei einer Zahlung der Lizenzgebühr des Lizenznehmers an den vorherigen Schutzrechtsinhaber bei Unkenntnis des Lizenznehmers von dem Rechtsübergang des Markenrechts.[288] Diese Aussage ist eng angelehnt an die Begründung des den Sukzessionsschutz im Markenrecht gemäß § 30 Abs. 5 MarkenG einführenden Gesetzesentwurfes.[289] Es fehlt jedoch eine dogmatische Herleitung. Einer solchen Aussage bedarf es aber eigentlich nur, wenn keine rechtsgeschäftliche Abtretung gemeint ist, sondern angenommen wird, dass der Lizenznehmer die Lizenzgebühr nach Übergang des Markenrechts kraft Gesetzes nicht mehr dem ursprünglichen Schutzrechtsinhaber, mit welchem er den Lizenzvertrag geschlossen hat, sondern vielmehr dem neuen Inhaber des Markenrechts schuldet.[290]

Auch *Gottzmann* ist der Ansicht, die Vorschrift über den markenrechtlichen Sukzessionsschutz führe ohne entsprechende Regelung der Parteien zu keiner Veränderung der vertraglichen Beziehung.[291] Zum rechtlichen Verhältnis zwischen Erwerber und Lizenznehmer führt sie – wie auch andere Vertreter dieser Ansicht – aus, der Lizenznehmer könne sich gegenüber dem neuen

---

286 *Engels*, Die Rechtsnatur der Markenlizenz, S. 142 f.

287 *Fezer*, § 30 MarkenG, Rn. 41.

288 *Fezer*, § 30 MarkenG, Rn. 39.

289 Gesetzesentwurf der Bundesregierung zur Reform des Markenrechts und zur Umsetzung der Ersten Richtlinie 89/104/EWG des Rates vom 21.12.1988 zur Angleichung der Rechtsvorschriften der Mitgliedstaatenüber die Marken vom 14.01.1994 (Markenrechtsreformgesetz), BT-Drs. 12/6581, S. 87. Siehe dazu ausführlich *Marotzke*, ZGE 2010, 233, 246, Fn. 64 sowie *Tochtermann*, Sukzessionsschutz im Recht des Geistigen Eigentums, S. 61 ff.

290 *Marotzke*, ZGE 2010, 233, 245 f.; *Tochtermann*, Sukzessionsschutz im Recht des Geistigen Eigentums, S. 61 f. Siehe zur Kritik daran auch *Woeste*, Immaterialgüterrechte als Kreditsicherheit, S. 73, Fn. 222; *Brämer*, Die Sicherungsabtretung von Markenrechten, S. 149 f., Fn. 165.

291 *Gottzmann*, Sukzessionsschutz, S. 66.

Schutzrechtsinhaber „einredeweise auf § 30 Abs. 5 MarkenG i.V.m. dem Lizenzvertrag“ berufen.[292] Der Umfang des dem Lizenznehmer zustehenden positiven Benutzungsrechts ergebe sich aus dem zwischen dem ursprünglichen Schutzrechtsinhaber als Lizenzgeber und dem Lizenznehmer geschlossenen Lizenzvertrag.[293] In Abgrenzung zu anderen Vertretern dieser Ansicht spricht sich *Gottzmann* allerdings zum Vorteil des Erwerbers dafür aus, diesem seien vom ursprünglichen Markenrechtsinhaber auch Rechte aus der Marke, zum Beispiel Lizenzgebührenforderungen, mit abzutreten.[294] Dogmatisch stützt diese Ansicht eine solche Pflicht auf § 242 BGB in Verbindung mit dem Veräußerungsvertrag unter Zugrundelegung von Billigkeitserwägungen.[295] Daraus folge die Anwendung der Schuldnerschutzvorschriften der §§ 404 ff. BGB.[296]

Hacker führt aus, der Erwerber trete nicht wie bei § 566 BGB in den Lizenzvertrag zwischen dem Lizenznehmer und dem ursprünglichen Markenrechtsinhaber/Lizenzgeber ein.[297] Der Erwerber müsse vielmehr den Lizenzvertrag gegen sich gelten lassen.[298] Vor dieser Rechtslage warnt *Hacker* jedoch, da sie mit erheblichen Nachteilen verbunden sein könne und insbesondere der Erwerber nicht kündigen könne.[299] Wohl deswegen verweist er auf die Gegenansicht, nämlich einen „Vertragseintritt analog § 566 BGB“, die „mit beachtlichen Gründen“ versehen sei.[300]

Ingerl/Rohnke vertreten ebenfalls die Ansicht, eine Auswechslung der Vertragspartei könne nur mit Zustimmung aller Beteiligten stattfinden.[301] Für den Fall, dass eine Auswechslung nicht gegeben ist, könne sich der Lizenznehmer gegenüber dem neuen Schutzrechtsinhaber „einredeweise“ auf die Lizenz i.V.m. der markenrechtlichen Regelung über den Sukzessionsschutz berufen.[302] Die

---

292 *Gottzmann*, Sukzessionsschutz, S. 66.
293 *Gottzmann*, Sukzessionsschutz, S. 66.
294 *Gottzmann*, Sukzessionsschutz, S. 66.
295 *Gottzmann*, Sukzessionsschutz, S. 66.
296 *Gottzmann*, Sukzessionsschutz, S. 66.
297 *Hacker*, in: Ströbele/Hacker/Thiering, § 30 MarkenG, Rn. 115.
298 *Hacker*, in: Ströbele/Hacker/Thiering, § 30 MarkenG, Rn. 115.
299 *Hacker*, in: Ströbele/Hacker/Thiering, § 30 MarkenG, Rn. 115.
300 *Hacker*, in: Ströbele/Hacker/Thiering, § 30 MarkenG, Rn. 115, Fn. 209, letzter Hs. mit Verweis auf *McGuire*, MittdtPatA 2013, 207, 214; *McGuire/Kunzmann*, GRUR 2014, 28, 32 f. sowie „jetzt auch“ *Ullmann/Deichfuß*, in: Benkard, § 15 PatG, Rn. 115. Siehe dazu ausführlich unten § 5 III. 2 b. bb. (1).
301 *Ingerl/Rohnke*, MarkenG, § 30, Rn. 113.
302 *Ingerl/Rohnke*, MarkenG, § 30, Rn. 113.

Frage, ob der neue Markenrechtsinhaber auch Rechte gegenüber dem Lizenznehmer geltend machen kann, hinge von den Regelungen des Veräußerungsvertrags zwischen dem neuen und dem ursprünglichen Markenrechtsinhaber ab.[303] Zugunsten des neuen Inhabers spreche bei einer Übertragung des Markenrechts vieles für das Vorliegen einer Abtretung auch des Anspruchs auf Lizenzgebühren.[304]

Pahlow führt zu den Wirkungen des Sukzessionsschutzes knapp aus, der Lizenznehmer könne sich gegenüber dem neuen Schutzrechtsinhaber „einredeweise" auf § 30 Abs. 5 MarkenG berufen.[305] Von den Bestimmungen des Veräußerungsvertrags hinge ab, ob auch lizenzvertragliche Rechte auf den neuen Schutzrechtsinhaber übergegangen seien.[306]

Plaß beschreibt die Rechtsfolgenseite des § 30 Abs. 5 MarkenG mit den Worten, der neue Schutzrechtsinhaber müsse „vielmehr nur, aber auch nicht weniger als dies, ‚die Lizenz' gegen sich gelten lassen".[307] Was dies im Einzelnen bedeuten soll, bleibt unklar.

bb. Zweite Strömung in der Literatur: Vertragsübernahme oder Eintritt des neuen Markenrechtsinhabers in einzelne Vertragspflichten de lege lata

Eine im Vordringen befindliche Ansicht in der Literatur interpretiert den markenrechtlichen Sukzessionsschutz als Vertragsübernahme.[308] Darüber hinaus wird von einem Teil der Lehre vertreten, der Sukzessionsschutz sei zwar nicht als Vertragsübernahme, jedoch als Eintritt des neuen Markenrechtsinhabers in bestimmte lizenzvertragliche Pflichten ausgestaltet.[309]

303 *Ingerl/Rohnke*, MarkenG, § 30, Rn. 113.

304 *Ingerl/Rohnke*, MarkenG, § 30, Rn. 113.

305 *Pahlow*, in: HK-MarkenR, § 30, Rn. 83.

306 *Pahlow*, in: HK-MarkenR, § 30, Rn. 83.

307 *Plaß*, GRUR 2002, 1029, 1034.

308 *McGuire*, Die Lizenz, S. 568 ff.; *McGuire/Kunzmann*, GRUR 2014, 28, 33 f.; *Ahrens/McGuire*, Modellgesetz Geistiges Eigentum, S. 269 ff.; *Tochtermann*, Sukzessionsschutz im Recht des Geistigen Eigentums, S. 183 ff. Siehe auch *McGuire*, MittdtPatA 2013, 207, 214 (zur Patentlizenz).

309 *Marotzke*, ZGE 2010, 233, 244 ff.

(1) Vertragsübernahme de lege lata

Eine im Vordringen befindliche Literaturansicht deutet den Sukzessionsschutz als gesetzliche Vertragsübernahme aus: Nach einem Schutzrechtsübergang trete der neue Schutzrechtsinhaber in das Vertragsverhältnis ein und stehe dem Lizenznehmer als neuer Lizenzgeber gegenüber.[310] Diese Interpretation sei Konsequenz der gesetzlichen Anordnung des Sukzessionsschutzes, da die Lizenz schuldrechtlichen Charakter habe und sich damit die gesetzliche Anordnung nur auf den Lizenzvertrag beziehen könne und dieser könne nur adäquaten Schutz erlangen, indem man die Anordnung des Sukzessionsschutzes als gesetzlich angeordnete Vertragsübernahme liest.[311] Zudem wird auf ein gesetzgeberisches Versäumnis, die Wirkungen des Sukzessionsschutzes festzulegen, verwiesen, welches der Rechtspraxis einen Spielraum zur Ausgestaltung einräume.[312] Eine Begrenzung findet durch die Überleitung lediglich derjenigen Rechte und Pflichten statt, zu deren Erfüllung der neue Schutzrechtsinhaber aufgrund seiner neuen Rechtsposition in der Lage ist.[313] Aufgrund seiner vertraglichen Stellung sei der neue Schutzrechtsinhaber also berechtigt und verpflichtet, den Lizenzvertrag zu erfüllen und zugleich Gläubiger der Lizenzgebühren sowie sonstiger Pflichten des Lizenznehmers.[314] Diese Ausgestaltung des Sukzessionsschutzes sei vergleichbar mit der Regelung in § 566 BGB.[315]

Die wohl (noch) überwiegende Ansicht in der Literatur, nach welcher der Lizenzvertrag auch nach Übergang des Schutzrechts weiter zwischen den ursprünglichen Parteien besteht, sei u.a. deswegen abzulehnen, da diese den typisierten Interessen der beteiligten Parteien zuwider liefe:[316] Der neue

---

310 *McGuire*, Die Lizenz, S. 568 ff.; *McGuire/Kunzmann*, GRUR 2014, 28, 33 f.; *Tochtermann*, Sukzessionsschutz im Recht des Geistigen Eigentums, S. 183 ff. Siehe auch *McGuire*, MittdtPatA 2013, 207, 214 (zur Patentlizenz).

311 *McGuire*, Die Lizenz, S. 572 ff.; *McGuire/Kunzmann*, GRUR 2014, 28, 33; *Tochtermann*, Sukzessionsschutz im Recht des Geistigen Eigentums, S. 191.

312 *Tochtermann*, Sukzessionsschutz im Recht des Geistigen Eigentums, S. 105.

313 *McGuire*, Die Lizenz, S. 572 ff.; *McGuire/Kunzmann*, GRUR 2014, 28, 33. Ausführlich hierzu *Tochtermann*, Sukzessionsschutz im Recht des Geistigen Eigentums, S. 192 ff.

314 *McGuire/Kunzmann*, GRUR 2014, 28, 33. Siehe dazu ausführlich *McGuire*, Die Lizenz. S. 569.

315 *McGuire/Kunzmann*, GRUR 2014, 28, 33. Vgl. dazu auch *McGuire*, Die Lizenz. S. 573 ff.

316 *Ahrens/McGuire*, Modellgesetz Geistiges Eigentum, S. 272. Ausführlich zur Interessenanalyse und den daraus resultierenden Zweifeln an der Annahme, der Übergang des Schutzrechts betreffe lediglich die dingliche Ebene *McGuire*, Die Lizenz, S. 440 ff.

Schutzrechtsinhaber werde belastet, habe aber keinen Anspruch auf die Lizenzgebühren.[317] Der ursprüngliche Schutzrechtsinhaber/Lizenzgeber könne wichtige lizenzvertragliche Pflichten wie die Aufrechterhaltung und Rechtsverteidigung des Schutzrechts nicht mehr wahrnehmen.[318] Dass die Vertragspflichten nicht auf den neuen Markenrechtsinhaber übergehen könne erhebliche Werteinbußen bei dem neuen Schutzrechtsinhaber zur Konsequenz haben und bis hin zur faktischen Entwertung des Sukzessionsschutzes auf Seiten des Lizenznehmers führen – bspw. bei einer imageschädigenden Benutzung der Marke durch den neuen Schutzrechtsinhaber oder einem Auftritt als Konkurrent.[319]

Die Konstruktion einer Vertragsübernahme hingegen sei im Hinblick auf die Interessenlage der Parteien im Lichte des Normzweckes des Sukzessionsschutzes vorzugswürdig:[320] Die berechtigten Interessen des Lizenznehmers, nämlich der Bestand des Nutzungsrechts sowie auch der Erhalt des zugrundeliegenden Schutzrechts, seien auf diese Weise geschützt.[321] Der neue Schutzrechtsinhaber sei als Lizenzgeber verpflichtet, aber eben auch berechtigt, den Lizenzvertrag zu erfüllen.[322] Es gingen zum Beispiel Gebührenansprüche, Gestaltungsrechte und Nebenpflichten mit über.[323] Auch die Interessen des ursprünglichen Schutzrechtsinhabers seien durch eine Vertragsübernahme gewahrt.[324] Er sei nämlich grundsätzlich nur noch wegen der Verbindlichkeiten aus der Zeit vor dem Rechtsübergang des Schutzrechts haftbar.[325] Ohne eine Ausgestaltung des Sukzessionsschutzes als Vertragsübernahme sei er hingegen darauf angewiesen, dass sich seine jeweiligen Vertragspartner – also der neue Schutzrechtsinhaber sowie der Lizenznehmer – vertragskonform verhalten, da er sich ansonsten Schadensersatzansprüchen ausgesetzt sehen würde.[326]

Bemerkenswert ist, dass einige Vertreter der wohl (noch) überwiegend vertretenen Ansicht in der Literatur neuerdings auf die Ausgestaltung des Sukzessionsschutzes als Vertragsübernahme verweisen. *Hacker* beispielsweise nimmt

---

317 *Ahrens/McGuire*, Modellgesetz Geistiges Eigentum, S. 272.

318 *Ahrens/McGuire*, Modellgesetz Geistiges Eigentum, S. 272.

319 *Ahrens/McGuire*, Modellgesetz Geistiges Eigentum, S. 272.

320 *McGuire*, Die Lizenz, S. 440 ff.; *McGuire/Kunzmann*, GRUR 2014, 28, 33. Siehe auch *McGuire*, MittdtPatA 2013, 207, 214 (zur Patentlizenz).

321 *McGuire*, Die Lizenz, S. 441 f.

322 *McGuire*, Die Lizenz, S. 569; *McGuire/Kunzmann*, GRUR 2014, 28, 33.

323 *McGuire/Kunzmann*, GRUR 2014, 28, 33 f.

324 *McGuire*, Die Lizenz, S. 445, 569.

325 *McGuire/Kunzmann*, GRUR 2014, 28, 33.

326 *McGuire*, Die Lizenz, S. 445.

Bezug auf die von *McGuire* vertretene Ausgestaltung des Sukzessionsschutzes als Vertragseintritt analog § 566 BGB mit den Worten, diese sei „mit beachtlichen Gründen“ versehen.[327] Eine dezidierte Auseinandersetzung mit Argumenten dieser Ansicht erfolgt jedoch nicht. Es verbleibt vielmehr bei einem schlichten Verweis auf die Vertreter der Ausdeutung des Sukzessionsschutzes als Anordnung einer gesetzlichen Vertragsübernahme.

(2) Eintritt in einzelne Vertragspflichten de lege lata

Marotzke ist der Ansicht, ein Übergang der gesamten lizenzvertraglichen Rechte und Pflichten vom ursprünglichen Schutzrechtsinhaber/Lizenzgeber auf den neuen Schutzrechtsinhaber finde nicht statt.[328] Der neue Inhaber trete jedoch neben den ursprünglichen Schutzrechtsinhaber in bestimmte Pflichten aus dem Lizenzvertrag.[329] Auf den neuen Markeninhaber gingen die durch den Lizenzvertrag begründeten Pflichten über, deren Erfüllung erforderlich sei, jedoch vom ursprünglichen Schutzrechtsinhaber und Lizenzgeber nicht mehr geleistet werden könne.[330] Der ursprüngliche Schutzrechtsinhaber sei demnach weiterhin auch Lizenzvertragspartei.[331]

cc. Jüngste Rechtsprechung des BGH: Isolierte Abtretung des Kündigungsrechts

Während sich die jüngere Rechtsprechung des BGH und der Instanzgerichte bisher überwiegend auf einzelfallbezogene Fragestellungen des Sukzessionsschutzes

327 *Hacker*, in: Ströbele/Hacker/Thiering, § 30 MarkenG, Rn. 115, Fn. 209, letzter Hs. mit Verweis auf *McGuire*, MittdtPatA 2013, 207, 214; *McGuire/Kunzmann*, GRUR 2014, 28, 32 f. sowie „jetzt auch“ *Ullmann/Deichfuß*, in: Benkard, § 15 PatG, Rn. 115. Letzterer verweist auf *McGuire*, Die Lizenz, S. 440 ff., 568 ff.; *McGuire/Kunzemann*, GRUR 2014, 28 mit der Anmerkung, es erscheine gegenüber der bislang h.M. vorzugswürdig, „die Norm als Anordnung einer gesetzlichen Vertragsübernahme – beschränkt auf die wechselseitigen lizenzvertragstypischen Pflichten – zu verstehen“.

328 *Marotzke*, ZGE 2010, 233, 244 ff. zum patentrechtlichen Sukzessionsschutz, jedoch übertragbar auf § 30 Abs. 5 MarkenG, vgl. *Marotzke*, ZGE 2010, 233, 236.

329 *Marotzke*, ZGE 2010, 233, 248 ff. zum patentrechtlichen Sukzessionsschutz, jedoch übertragbar auf § 30 Abs. 5 MarkenG, vgl. *Marotzke*, ZGE 2010, 233, 236.

330 *Marotzke*, ZGE 2010, 233, 251 f. zum patentrechtlichen Sukzessionsschutz, jedoch übertragbar auf § 30 Abs. 5 MarkenG, vgl. *Marotzke*, ZGE 2010, 233, 236.

331 *Marotzke*, ZGE 2010, 233, 248 f. zum patentrechtlichen Sukzessionsschutz, jedoch übertragbar auf § 30 Abs. 5 MarkenG, vgl. *Marotzke*, ZGE 2010, 233, 236.

im Urheber- und Patentrecht bezog,[332] hat der BGH in seiner aktuelleren Entscheidung „Ecosoil" zur Insolvenzfestigkeit der Lizenz bezugnehmend auf das Urteil „Verankerungsteil" ausgeführt, der Lizenzvertrag bestehe nach Übertragung einer Marke zwischen dem ursprünglichen Rechtsinhaber/Lizenzgeber und dem Lizenznehmer fort; der neue Schutzrechtsinhaber trete nicht ohne Zustimmung des Lizenznehmers in den Lizenzvertrag ein.[333] Da er nicht Partei des Lizenzvertrags sei, sei er weder zur ordentlichen noch zur außerordentlichen Kündigung berechtigt.[334] Unter Bezugnahme auf dieses Urteil[335] hat der BGH in jüngster Vergangenheit in seinem Urteil „Valentins" erneut Stellung zu dem Recht des neuen Markeninhabers zur außerordentlichen Kündigung des Lizenzvertrags genommen: Das Kündigungsrecht könne jedenfalls dann isoliert durch eine Vereinbarung an den Markenerwerber abgetreten werden, wenn das Markenrecht gemäß § 27 Abs. 1 MarkenG übertragen werde und der Lizenznehmer, dem vor einer solchen Übertragung eine Lizenz erteilt worden ist, sich auf den Sukzessionsschutz berufen könne.[336] Die Frage, inwieweit einzelne Rechten und Pflichten aus einem Vertragsverhältnis übergehen, sei eine Frage der ergänzenden Auslegung.[337] In dem der Entscheidung des BGH zugrunde liegenden Fall hatte das Berufungsgericht dem Vertrag, mit welchem die neue Markeninhaberin das Markenrecht erworben hatte, im Wege der ergänzenden Auslegung eine isolierte Abtretung des außerordentlichen Kündigungsrechts entnommen.[338] Die ursprüngliche Markenrechtsinhaberin habe ein Interesse daran gehabt, sich abschließend von ihrem Geschäft zu lösen.[339] Die isolierte Abtretung entspreche auch dem Interesse der neuen Markenrechtsinhaberin, da diese ohne Zustimmung des ursprünglichen Markenrechtsinhabers nicht in den Lizenzvertrag eintrete.[340] Es stünden insbesondere auch keine schutzwürdigen Interessen des Lizenznehmers entgegen. Die neue Markeninhaberin sei an den Lizenzvertrag gebunden. Ein Lizenznehmer, der nun Rechte aus dem

---

332 Bspw. BGH, Urt. v. 19.07.2012, BGHZ 194, 136 = GRUR 2012, 916 – M2Trade; BGH, Urt. v. 19.07.2012, GRUR 2012, 914 – Take Five; LG Mannheim, Urt. v. 18.02.2011, GRUR-Prax 2011, 149 – UMTS-fähiges Mobiltelefon II.

333 BGH, Urt. v. 21.10.2015, GRUR 2016, 201 (Ls.) – Ecosoil.

334 BGH, Urt. v. 21.10.2015, GRUR 2016, 201, 205 (Rn. 51) – Ecosoil.

335 BGH, Urt. v. 17.10.2019, GRUR 2020, 57, 62 (Rn. 56) – Valentins.

336 BGH, Urt. v. 17.10.2019, GRUR 2020, 57 (Ls.) sowie 62 (Rn. 60) – Valentins.

337 BGH, Urt. v. 17.10.2019, GRUR 2020, 57, 63 (Rn. 61) – Valentins.

338 BGH, Urt. v. 17.10.2019, GRUR 2020, 57, 61 (Rn. 44) – Valentins.

339 BGH, Urt. v. 17.10.2019, GRUR 2020, 57, 61 (Rn. 44) – Valentins.

340 BGH, Urt. v. 17.10.2019, GRUR 2020, 57, 62 (Rn. 60) – Valentins.

Lizenzvertrag verletzt, könne kein berechtigtes Interesse daran haben, der neuen Markeninhaberin, der er ja den Lizenzvertrag entgegenhalten kann, die außerordentliche Kündigung abzusprechen.[341]

Damit hat der BGH die Interpretation des Sukzessionsschutzes dahingehend erweitert, dass dieser auch eine vertragliche Wirkung haben kann.[342] Ob auch eine Übertragung anderer Gestaltungsrechte möglich ist, hängt von deren isolierter Übertragbarkeit und der Zustimmungsbedürftigkeit des Lizenznehmers, beispielsweise bei Vertragspflichten des ehemaligen Markeninhabers/Lizenzgebers (§§ 398, 413, 415 BGB), ab.[343]

dd. Kritik am aktuellen Meinungsstand

(1) Erste Strömung in der Literatur: Lediglich Fortbestand des Nutzungsrechts

Bei den Vertretern der wohl (noch) überwiegend vertretenen Ansicht in der Literatur finden sich überwiegend nur knappe Ausführungen zum konkreten Rechtsverhältnis zwischen neuem Markenrechtsinhaber und einem Lizenznehmer nach Übergang des Markenrechts. Werden die konkreten Rechtsfolgen ausnahmsweise bestimmt, fehlt es überwiegend an einer dogmatischen Begründung.[344]

Darüber hinaus sind die Ausführungen teilweise – wie auch der unklare Gesetzestext selbst – interpretationsbedürftig: Bei der Bestimmung der Bedeutung des Wortlauts des § 30 Abs. 5 MarkenG, Lizenzen werden nicht „berührt“, scheint Einigkeit darüber zu bestehen, dass der Lizenznehmer dem Erwerber den Lizenzvertrag oder die Lizenz einredeweise entgegenhalten kann. Die genaue Bedeutung dieser Feststellung wird jedoch nicht erläutert: Teilweise wird angeführt, der Lizenznehmer könne dem neuen Markenrechtsinhaber die *Lizenz* einredeweise entgegenhalten.[345] Damit ist wohl das Bestehenbleiben des Nutzungsrechts des Lizenznehmers unter Gewährung einer Einrede des Lizenznehmers gegenüber dem neuen Markenrechtsinhaber gemeint.[346] Eine weitere Ansicht, welche aus § 30 Abs. 5 MarkenG herleitet, der Lizenznehmer könne

341 BGH, Urt. v. 17.10.2019, GRUR 2020, 57, 62 (Rn. 60) – Valentins.
342 *Pahlow*, GRUR 2021, 24, 30.
343 *Pahlow*, GRUR 2021, 24, 29.
344 So auch *McGuire*, Die Lizenz, S. 376 ff.; *McGuire/Kunzmann*, GRUR 2014, 28, 33 f.
345 Bspw. *Ingerl/Rohnke*, § 30 MarkenG, Rn. 113. Siehe dazu ausführlich oben § 5 III. 2. b. aa.
346 Vgl. *Marotzke*, ZGE 2010, 233, 249.

dem Erwerber den Lizenz*vertrag* entgegenhalten, begründet diese Rechtsfolge ebenfalls nicht.[347] Es bleibt unklar, ob auch damit das Bestehenbleiben des durch den Vertrag begründeten Nutzungsrechts gemeint ist.

Die wohl (noch) überwiegend vertretene Literaturansicht bestimmt teilweise einzelne Rechtsfolgen in Bezug auf das Rechtsverhältnis zwischen dem neuen Markenrechtsinhaber und dem Lizenznehmer: Es wird zum Beispiel vertreten, der Anspruch auf Zahlung der Lizenzgebühr gegen den Lizenznehmer solle mit der Übertragung des Markenrechts vom ursprünglichen auf den neuen Markenrechtsinhaber übergehen.[348] Diese Annahme wird jedoch nicht begründet.[349] Teilweise wird auch angeführt, es bestehe eine Pflicht des Erwerbers zur Übertragung des Gebührenanspruchs und gegebenenfalls weiterer Ansprüche.[350] Diese Ansicht erklärt jedoch nicht, wie diese Rechtsfolge bei einem gesetzlichen Übergang des lizenzierten Markenrechts oder einem Übergang zum Beispiel im Rahmen der Zwangsvollstreckung erfolgt.

Dieses Ergebnis ist unbefriedigend, da lediglich Einigkeit darüber besteht, dass das Nutzungsrecht des Lizenznehmers fortbesteht. Das Rechtsverhältnis zwischen dem neuen Markenrechtsinhaber und dem Lizenznehmer nach Übergang eines lizenzierten Markenrechts wird – bis auf die dogmatisch unsaubere oder nicht konsequent für alle Rechtsübergänge diskutierte Benennung einzelner Rechtsfolgen – nicht konkret bestimmt.

Daraus folgen für alle Beteiligten der Dreieckskonstellation Nachteile. Wirft man allein einen Blick auf die aus dieser Ansicht folgende nachteilige Rechtsposition des neuen Markenrechtsinhabers, wird dies besonders deutlich: Er muss die Markenrechtsnutzung durch den Lizenznehmer dulden, ohne dabei direkte vertragliche Gegenansprüche zu haben. Zahlt der Lizenznehmer also beispielsweise keine Lizenzgebühren, muss der neue Markenrechtsinhaber trotzdem die Markenrechtsnutzung dulden.[351] Selbst wenn man der zuvor dargestellten Ansicht, der ehemalige Markeninhaber müsse den Anspruch auf die Lizenzgebühren auf

347 Vgl. etwa *Gottzmann*, Sukzessionsschutz, S. 66. Siehe dazu ausführlich oben § 5 III. 2. b. aa.

348 Vgl. etwa *Ingerl/Rohnke*, § 30 MarkenG, Rn. 113.

349 Siehe zu dem Vorstehenden oben § 5 III. 2. b. aa.

350 *Gottzmann*, Sukzessionsschutz, S. 66. Siehe dazu oben § 5 III. 2. b. aa.

351 *Tochtermann*, Sukzessionsschutz im Recht des Geistigen Eigentums, S. 189 f. unter Verweis auf Ausführungen von *Dammler/Melullis*, GRUR 2013, 781, 788 zu Störungen in der patentrechtlichen Lizenzkette. Siehe zu den nachteiligen Rechtspositionen in der Dreieckskonstellation bei einem Rechtsübergang im Rahmen der Zwangsvollstreckung unten § 8 II. 2. a.

den neuen Inhaber übertragen, folgt, können in der Praxis nachteilhafte Folgen entstehen. Diesen Übertragungsanspruch im Falle einer Weigerung des ehemaligen Markeninhabers gerichtlich durchzusetzen, kostet finanzielle sowie zeitliche Ressourcen. Wie lässt sich die Ansicht, der Gebührenanspruch gehe auf den neuen Markeninhaber über, auf einen gesetzlichen oder im Rahmen der Zwangsvollstreckung erfolgenden Markenrechtsübergang übertragen?[352] Darüber hinaus kann auch der Wert des Markenrechts aufgrund der Lizenz reduziert sein, ohne dass der neue Markenrechtsinhaber eine Gegenleistung erhält.[353] Dies kann sich insbesondere dann als nachteilig erweisen, wenn der neue Markenrechtsinhaber keine Kenntnis von der Lizenz hat und diese damit nicht durch eine Minderung des Kaufpreises berücksichtigen kann.[354]

(2) Zweite Strömung in der Literatur: Vertragsübernahme oder Eintritt des neuen Markenrechtsinhabers in einzelne Vertragspflichten de lege lata

Entgegen der wohl (noch) überwiegend vertretenen Literaturansicht wird einerseits von einer im Vordringen befindlichen Meinungsrichtung vertreten, der Sukzessionsschutz sei als gesetzliche Vertragsübernahme ausgestaltet (a). Ein anderer Teil der Literatur will bei dem Übergang eines lizenzierten Markenrechts lediglich bestimmte Pflichten auf den neuen Markenrechtsinhaber überleiten (b).

(a) Vertragsübernahme de lege lata

Für eine Ausgestaltung des Sukzessionsschutzes als gesetzliche Vertragsübernahme spricht, dass sie die berechtigten Interessen der Parteien unter Berücksichtigung der *ratio legis* des § 30 Abs. 5 MarkenG zu einem angemessenen Ausgleich bringt:[355] Die berechtigten Interessen des Lizenznehmers am Bestand des Nutzungsrechts und Erhalt des Schutzrechts werden geschützt.[356] Auch das berechtigte Interesse des ursprünglichen Schutzrechtsinhabers wird durch eine Vertragsübernahme gewahrt.[357] Er ist nämlich grundsätzlich nur noch wegen

352 Siehe dazu ausführlich unten § 8 II. 2. a. aa. (2) (b).

353 *Tochtermann*, Sukzessionsschutz im Recht des Geistigen Eigentums, S. 190.

354 Siehe dazu in Bezug auf einen Rechtsübergang im Rahmen der Zwangsvollstreckung ausführlich unten § 8 II. 2. a. aa. (2) (b).

355 Siehe *McGuire*, Die Lizenz, S. 440 ff.; McGuire/Kunzmann, GRUR 2014, 28, 33. Siehe auch *McGuire*, MittdtPatA 2013, 207, 214 (zur Patentlizenz).

356 *McGuire*, Die Lizenz, S. 441 f.

357 *McGuire*, Die Lizenz, S. 445.

Verbindlichkeiten aus der Zeit vor Rechtsübergang des Schutzrechts haftbar.[358] Der neue Schutzrechtsinhaber wird als Lizenzgeber verpflichtet, aber eben auch berechtigt, den Lizenzvertrag zu erfüllen.[359] Dabei erfolgt eine Beschränkung auf die lizenzvertragstypischen Pflichten, um den neuen Markenrechtsinhaber vor einer Belastung über Gebühr zu schützen.[360] Im Zweifel sind dies alle Pflichten des Markenrechtsinhabers, die für den Erhalt des wirtschaftlichen Wertes der Lizenz zwingend erforderlich sind, beispielsweise die Pflicht zur Aufrechterhaltung und Verteidigung des Markenrechts sowie bei dem Vorhaben einer Nutzungsänderung die berechtigten Interessen des Lizenznehmers zu wahren.[361]

Die Argumente, die dieser Konstruktion entgegengehalten werden, greifen überwiegend nicht durch: Einer Ausgestaltung des Sukzessionsschutzes als gesetzliche Vertragsübernahme wird entgegengehalten, dass das Gesetz keinen typischen Inhalt des Lizenzvertrags festlegt und dieser daher Gegenstand vieler Abreden sei.[362] Die Bindung des Erwerbers an die aufgrund der mangelnden gesetzlichen Festlegung vielfältigen vertraglichen Abreden der ursprünglichen Vertragsparteien, beispielsweise den Ausschluss der ordentlichen Kündigung oder bestimmter Rücktrittsrechte mit der Folge, dass sich der Erwerber nur durch eine außerordentliche Kündigung von dem Lizenzvertrag lösen kann, sei unzumutbar.[363] Diese Argumentation überzeugt jedoch nicht, da auch bei der Gegenansicht, nach welcher nicht der Vertrag, sondern lediglich das gesetzliche Schuldverhältnis übergeleitet wird, der Rechte- und Pflichtenkatalog der sich nunmehr neu gegenüberstehenden Parteien näher bestimmt werden muss.[364] Denn die konkreten Rechtsfolgen für das Verhältnis zwischen Lizenznehmer und Erwerber bei Bestehenbleiben des Nutzungsrechts an der Marke als gesetzliches Schuldverhältnis sind bislang unklar. § 30 MarkenG trifft lediglich rudimentäre Regelungen zur Markenlizenz.[365] Die Ausgestaltung als gesetzliche Vertragsübernahme kann hingegen dadurch Rechtssicherheit bringen, dass die

---

358 *McGuire/Kunzmann*, GRUR 2014, 28, 33.

359 *McGuire/Kunzmann*, GRUR 2014, 28, 33.

360 *McGuire*, Die Lizenz, S. 573 ff. Ähnlich *Marotzke*, ZGE 2010, 234, 245, der die Überleitung von lizenzvertraglichen Pflichten jedoch dogmatisch nicht begründet, vgl. dazu unten § 5 III. 2. b. dd. (2) (b).

361 *McGuire*, Die Lizenz, S. 574. Vgl. auch *Marotzke*, ZGE 2010, 234, 249. Siehe zu dem Vorstehenden ausführlich oben § 5 III. 2. b. bb. (1).

362 *Forkel*, Gebundene Rechtsübertragungen, S. 87; *Pahlow*, Lizenz und Lizenzvertrag, S. 284.

363 *Pahlow*, Lizenz und Lizenzvertrag, S. 284.

364 Vgl. *McGuire*, Die Lizenz, S. 450.

365 Siehe dazu oben § 5 I. 1. a.

übergehenden Rechte und Pflichten zumeist schriftlich im Lizenzvertrag festgehalten werden.[366]

Darüber hinaus wird gegen die Ausgestaltung als Vertragsübernahme die Entscheidung des BGH „Verankerungsteil" vom 23. März 1982[367] angeführt.[368] Darin hat der BGH die analoge Anwendbarkeit des § 566 Abs. 1 BGB in Zusammenhang mit dem patentrechtlichen Sukzessionsschutz abgelehnt. § 566 Abs. 1 BGB ordnet den Eintritt des Erwerbers in die Rechte und Pflichten aus dem Mietverhältnis anstelle des Vermieters an. Die Verweisung auf dieses Urteil verkennt jedoch, dass die Ablehnung einer analogen Anwendung des § 566 Abs. 1 BGB auf Gründen basiert, die sich auf die Frage des „Ob"[369] des Sukzessionsschutzes beziehen und damit für die hier behandelte – und überdies nach gesetzlicher Verankerung des Sukzessionsschutzes heute allein offene – Frage der inhaltlichen Ausgestaltung des Sukzessionsschutzes nicht herangezogen werden kann.[370] Zudem kann die Entscheidung des BGH deshalb nicht angeführt werden, weil sie aus einer Zeit vor der gesetzlichen Verankerung des Sukzessionsschutzes stammt.[371] Folglich konnte der BGH die Vorschriften nicht in seine rechtliche Würdigung einbeziehen.[372] Um diese Entscheidung gegen eine analoge Anwendung des § 566 Abs. 1 BGB anführen zu können, müsste aus heutiger Sicht vielmehr die Frage erörtert werden, ob § 30 Abs. 5 MarkenG – der aufgrund der Entscheidung des BGH erst eingefügt worden ist – heute zu einer anderen rechtlichen Beurteilung der damaligen Entscheidung zwingt.[373] Methodisch richtig argumentiert wäre dann, dass § 30 Abs. 5 MarkenG an der Entscheidung des BGH nichts geändert hat.[374]

Es sprechen jedoch auch berechtigte Gründe gegen die Ansicht, die gesetzliche Anordnung des Sukzessionsschutzes sei als Vertragsübernahme zu deuten: Der Gesetzgeber hätte eine analoge Anwendung des § 566 Abs. 1 BGB oder eine ähnliche Regelung ausdrücklich in § 30 Abs. 5 MarkenG verankern können.

---

366 *McGuire*, Die Lizenz, S. 450.

367 BGH, Urt. v. 23.03.1982, BGHZ 83, 251 = GRUR 1982, 411 – Verankerungsteil.

368 Exemplarisch *Fezer*, MarkenG, § 30 Rn. 113.

369 Die Begriffe „Ob" und „Wie" des Sukzessionsschutzes verwendend *McGuire*, Die Lizenz, S. 439.

370 Ausführlich *McGuire*, Die Lizenz, S. 448 ff.

371 *Marotzke*, ZGE 2010, 233, 246. Lediglich im Urhebergesetz erfolgte die gesetzliche Verankerung des Sukzessionsschutzes bereits 1965, also vor der Entscheidung „Verankerungsteil" des BGH.

372 *Marotzke*, ZGE 2010, 233, 246.

373 *Marotzke*, ZGE 2010, 233, 246, Fn. 67.

374 So im Patentrecht *Ullmann/Deichfuß*, in: Benkard, § 15 PatG, Rn. 114. Siehe hierzu auch *Marotzke*, ZGE 2010, 233, 246, Fn. 67.

Das die analoge Anwendung des § 566 Abs. 1 BGB ablehnende Urteil des BGH „Verankerungsteil“ war nämlich initiierend für die gesetzliche Verankerung des Sukzessionsschutzes im PatG, GebrMG und nachfolgend MarkenG.[375] Hätte der Gesetzgeber, wollte er den markenrechtlichen Sukzessionsschutz als Vertragsübernahme ausgestalten, die Vorschrift des § 30 Abs. 5 MarkenG nicht ähnlich ausgestaltet wie die des § 566 Abs. 1 BGB?[376]

Dem Wortlaut der Vorschrift über den Sukzessionsschutz ist jedenfalls eine gesetzlich angeordnete Vertragsübernahme nicht zu entnehmen. Es stellt sich mithin die Frage, ob eine Interpretation des Sukzessionsschutzes als gesetzliche Vertragsübernahme mit der Vorschrift des § 30 Abs. 5 MarkenG vereinbar ist. Dies kann nur durch eine Auslegung der Vorschrift überprüft werden.[377]

(b) Eintritt in einzelne Vertragspflichten de lege lata

Für die Ansicht, der neue Schutzrechtsinhaber trete lediglich in einzelne Pflichten des Lizenzvertrags neben dem Bestehenbleiben des ursprünglichen Markenrechtsinhabers als Vertragspartei, spricht, dass die Pflichten, deren Erfüllung für die Nutzung durch den Lizenznehmer erforderlich sind, jedoch nach Übergang des Schutzrechts für den bisherigen Inhaber unmöglich geworden sind wie zum Beispiel eine Einsichtsgewährung in oder Herausgabe wichtige(r) Unterlagen, übergeleitet werden.[378]

Die vorgeschlagene Ausgestaltung des Sukzessionsschutzes lässt jedoch die dogmatische Grundlage für eine solche Überleitung unerwähnt.[379] Zudem bleibt nach dieser Ansicht die komplizierte Dreiecksbeziehung bestehen.

(3) Jüngste Rechtsprechung des BGH: Isolierte Abtretung des Kündigungsrechts

Eine Auslegung wie in dem Einzelfall, welcher der BGH-Entscheidung „Valentins“ zugrunde lag, dahingehend, dass das außerordentliche Kündigungsrecht isoliert auf den neuen Markeninhaber übergeht,[380] ist zwar grundsätzlich zu begrüßen, da es die Rechtsposition des neuen Markeninhabers stärkt. Eine

---

375 Beschlussempfehlung und Bericht des BT-Rechtsausschusses (6. Ausschuss) zu dem von der Bundesregierung eingebrachten Entwurf eines Gesetzes zur Änderung des Gebrauchsmustergesetzes, BT-Drs. 10/5720 v. 23.06.1986, S. 23 f.

376 Siehe dazu ausführlich unten § 6.

377 Siehe dazu unten § 6.

378 *Marotzke*, ZGE 2010, 233, 249 ff. zum patentrechtlichen Sukzessionsschutz, jedoch übertragbar auf § 30 Abs. 5 MarkenG, vgl. *Marotzke*, ZGE 2010, 233, 236.

379 *McGuire/Kunzmann*, GRUR 2014, 28, 33.

380 Siehe dazu ausführlich oben § 5 III. 2. b. cc.

solche Auslegung stellt aber keine umfassende, Rechtsklarheit verschaffende Lösung in Bezug auf das Dreiecksverhältnis zwischen ehemaligem Markeninhaber/Lizenzgeber, neuem Markeninhaber und Lizenznehmer dar. Vielmehr betrifft die Entscheidung einen Einzelfall, welcher in der Praxis nicht häufig vorkommen dürfte. Da kein schriftlicher oder konkludenter Lizenzvertrag vorlag, begründete das Berufungsgericht die Lizenz nämlich im Wege der ergänzenden Vertragsauslegung. Aufgrund dieses Umstands ging das Gericht dann weiter davon aus, dass der Vertrag, mit dem die Marke im Rahmen einer Unternehmensveräußerung anschließend übertragen worden ist, auch keine Regelung zum Lizenzvertrag enthalten könne, da den Parteien nicht bewusst gewesen sei, dass eine solche Regelung notwendig sei.[381] Bei einem Markenkauf- und Übertragungsvertrag, den die Parteien in Kenntnis und bei Vorliegen eines schriftlichen Lizenzvertrags schließen, wird eine solche Interpretation hingegen schwer zu vertreten sein.

Eine aus der isolierten Abtretung des außerordentlichen Kündigungsrechts folgende Problematik legt *Pahlow*[382] überzeugend am Beispiel der entgeltlichen Lizenz dar: Für den Fall, dass der Lizenznehmer die vereinbarten Lizenzgebühren nicht oder nicht rechtzeitig zahlt, könnte der Lizenzgeber nicht das Recht zur Kündigung aufgrund von Zahlungsverzug ausüben. Der ehemalige Markeninhaber/Lizenzgeber wäre nämlich spätestens mit der wirksamen Markenübertragung nicht mehr berechtigt, den Lizenzvertrag selbst außerordentlich zu kündigen. Dass sowohl ursprünglicher als auch neuer Markeninhaber zur außerordentlichen Kündigung berechtigt sind, verbietet das Benachteiligungsverbot. Der markenrechtliche Sukzessionsschutz verbietet nämlich eine Verschlechterung der Rechtsposition des Lizenznehmers durch eine Markenübertragung. Die Frage, ob der ursprüngliche Markeninhaber/Lizenzgeber sein Recht zur außerordentlichen Kündigung verliert oder – zusätzlich zu dem Kündigungsrecht des neuen Markeninhabers bis zur Ausübung des Rechts – behält, bleibt offen.

c. *Zusammenfassung*

Die markenrechtlichen Vorschriften zur Lizenz sowie zum Sukzessionsschutz des Lizenznehmers haben eine lange rechtliche Entwicklung hinter sich.[383] Im Streit um die Rechtsnatur der Markenlizenz ist die Ansicht, die Lizenz habe rein

---

381 BGH, Urt. v. 17.10.2019, GRUR 2020, 57, 62 (Rn. 55 ff.) – Valentins.
382 *Pahlow*, GRUR 2021, 24, 28 f.; *Pahlow*, GRUR 2020, 63, 64 f.
383 Siehe dazu oben § 5 II.

schuldrechtlichen Charakter gegenüber der Ansicht, die Lizenz sei dinglicher Natur zu bevorzugen.[384]

Die Diskussion um die Existenz des markenrechtlichen Sukzessionsschutzes des Lizenznehmers ist zwar seit dessen Verankerung in § 30 Abs. 5 MarkenG mit Inkrafttreten des Markengesetzes 1995 beendet, die konkrete Ausgestaltung der Rechtsfolgen des Sukzessionsschutzes ist dem Gesetz aber nicht zu entnehmen.[385] Es haben sich daher verschiedene Ansichten herausgebildet, deren Interpretation der konkreten Rechtsfolgen des markenrechtlichen Sukzessionsschutzes untersucht wurden.

Diese Untersuchung hat ergeben, dass die Vertreter der wohl (noch) überwiegenden Literaturansicht lediglich einzelne Rechtsfolgen des Sukzessionsschutzes, beispielsweise eine Abtretung des Anspruchs auf Zahlung auf Lizenzgebühren, bestimmen. Eine dogmatische Begründung dafür bleibt indes aus. Eine Rechtssicherheit bringende, konkrete Ausgestaltung des Rechtsverhältnisses aller Beteiligten nach Übergang eines lizenzierten Markenrechts folgt daraus nicht. Konsequenz dieser Strömung in der Literatur ist zudem, dass sie zu einer ungünstigen Rechtsposition aller beteiligten Personen führt.[386]

Eine andere Ansicht will den Sukzessionsschutz als Überleitung lediglich bestimmter Pflichten ausgestalten, lässt jedoch offen, auf welcher dogmatischen Grundlage diese erfolgen soll und lässt ebenfalls die komplizierte Dreiecksbeziehung bestehen.[387]

Die jüngste Rechtsprechung des BGH vermag die Rechtsposition des neuen Markeninhabers zwar im Einzelfall zu stärken, führt jedoch nicht zu einer grundsätzlichen, Rechtsklarheit bringenden und alle geschützten Interessen der Beteiligten zum Ausgleich bringenden Lösung in Bezug auf die Dreieckskonstellation.[388]

Die Ansicht, der Sukzessionsschutz sei als gesetzliche Vertragsübernahme zu lesen, ist zwar für die Erreichung eines angemessenen Ausgleichs der berechtigten Interessen des neuen Markenrechtsinhabers, des Lizenznehmers sowie des ursprünglichen Markenrechtsinhabers vorzugswürdig.[389] Fraglich ist allerdings, ob eine Auslegung des § 30 Abs. 5 MarkenG eine solche Interpretation zulässt[390]

384 Siehe dazu oben § 5 III. 1.

385 Siehe dazu oben § 5 III. 2. a.

386 Siehe dazu oben § 5 III. 2. b. aa. sowie dd. (1).

387 Siehe dazu oben § 5 III. 2. b. bb. (2) dd. (2) (b).

388 Siehe dazu oben § 5 III. 2. b. cc. sowie dd. (3).

389 Siehe dazu oben § 5 III. 2. b. bb. (1) sowie dd. (2) (a).

390 Siehe dazu unten § 6.

oder, ob die Ausgestaltung des Sukzessionsschutzes als Vertragsübernahme lediglich *de lege ferenda* möglich ist.[391]

391 Siehe dazu unten § 7 II.

§ 6. Auslegung des Sukzessionsschutzes als gesetzlich angeordnete Vertragsübernahme?

Vor dem Hintergrund, dass die von einer im Vordringen befindlichen Ansicht vertretene Ausgestaltung des Sukzessionsschutzes als gesetzliche Vertragsübernahme die berechtigten Interessen sowohl des neuen Markeninhabers, des Lizenznehmers als auch des ursprünglichen Markeninhabers zu einem angemessenen Ausgleich bringt, ist zu untersuchen, ob die Auslegung der Vorschrift des § 30 Abs. 5 MarkenG eine solche Interpretation *de lege lata* zulässt.

I. Grammatikalische Auslegung

Ausgangspunkt der Auslegung ist die Ermittlung des semantisch möglichen Wortsinns.[392] Dem liegt die Annahme zugrunde, dass die in einem Gesetzestext zu findenden Begriffe so gebraucht werden, wie sie für gewöhnlich verstanden werden.[393] Der Wortsinn des Gesetzestextes ist entweder dem allgemeinen oder – falls vorhanden – dem besonderen Sprachgebrauch des Gesetzes oder dem juristischen Sprachgebrauch zu entnehmen und stellt gleichzeitig eine erste Orientierung für sowie die Grenze der Auslegung dar.[394]

Gemäß § 30 Abs. 5 MarkenG „berührt" ein Rechtsübergang nach § 27 MarkenG nicht Lizenzen, die Dritten vorher erteilt worden sind. Deutlich ist zwar, dass die Vorschrift den Bestand der Lizenz gegenüber einem nachfolgenden Übergang des Markenrechts regelt.[395] Was die Worte *berührt nicht* aber genau bedeuten, wird nicht ersichtlich. Es lässt sich dem Wortlaut nicht entnehmen, in welchem Rechtsverhältnis der neue Markenrechtsinhaber nach einem Rechtsübergang zu dem Lizenznehmer einer vor dem Rechtsübergang an der Marke erteilten Lizenz steht.

Aus dem Wortlaut auf eine gesetzlich angeordnete Vertragsübernahme zu schließen ist nicht möglich.[396] Dies ergibt sich aus einem Vergleich des Wortlauts

---

392 Vgl. *Säcker*, in: MünchKomm-BGB, Einl., Rn. 137.
393 *Larenz*, Methodenlehre, S. 320.
394 *Larenz*, Methodenlehre, S. 324.
395 Vgl. *McGuire*, Die Lizenz, S. 568.
396 Vgl. *Karl/Melullis*, GRUR 2016, 755, 761, Fn. 70.

der Vorschrift mit dem Wortlaut des § 566 Abs. 1 BGB.[397] Zwar könnte zunächst ein Vergleich der amtlichen Überschrift des § 566 BGB „Kauf bricht nicht Miete" mit dem Wortlaut des § 30 Abs. 5 MarkenG „berührt nicht Lizenzen" aufgrund der Ähnlichkeit des Wortsinns darauf hindeuten, dass § 30 Abs. 5 MarkenG eine Vertragsübernahme ähnlich § 566 Abs. 1 BGB anordnet. Ein Vergleich des Wortlauts der Vorschrift des § 30 Abs. 5 MarkenG mit dem Wortlaut des § 566 Abs. 1 BGB hingegen zeigt, dass eine solche Auslegung nicht möglich ist. § 566 Abs. 1 BGB ordnet nämlich an, dass nach einer Veräußerung des vermieteten Wohnraums „der Erwerber anstelle des Vermieters in die sich während der Dauer seines Eigentums aus dem Mietverhältnis ergebenden Rechte und Pflichten ein[tritt]". Der Eintritt des Erwerbers ist damit ausdrücklich angeordnet. Der Wortlaut des § 30 Abs. 5 MarkenG hingegen gibt keinerlei Hinweis auf eine dem § 566 Abs. 1 BGB entsprechende Anordnung.[398] Auch *Plaß*, welcher ausführt, der Sukzessionsschutz nach § 30 Abs. 5 MarkenG ginge sogar über die Regelung des § 566 Abs. 1 BGB hinaus, – eine Aussage, die für sich genommen für einen gesetzlich angeordneten Vertragseintritt spricht – stellt klar, der Erwerber trete eben nicht in die Rechte und Pflichten des bisherigen Markeninhabers aus dem Lizenzvertrag ein, sondern müsse „vielmehr nur, aber auch nicht weniger als dies, ‚die Lizenz' gegen sich gelten lassen".[399] Aus dem Wortlaut des § 30 Abs. 5 MarkenG kann nicht auf eine Interpretation als gesetzlich angeordnete Vertragsübernahme geschlossen werden.

II. Systematische Auslegung

Verbleiben wie vorliegend Unklarheiten bei der Auslegung einer Vorschrift, erfolgt eine systematische Auslegung, d.h. eine Auslegung nach dem Bedeutungszusammenhang.[400] Hinter dieser Auslegungsmethode steht der Gedanke, dass ein einzelner Rechtssatz im Gesamtzusammenhang der Rechtsordnung zu sehen ist.[401] Der Sinn eines Rechtssatzes erschließt sich teilweise nämlich erst, wenn man diesen mit anderen Rechtssätzen gemeinsam betrachtet.[402]

---

397 *Brämer*, Die Sicherungsabtretung von Markenrechten, S. 150; *Marotzke*, ZGE 2010, 233, 246 f.

398 Siehe dazu ausführlich *Marotzke*, ZGE 2010, 233, 246 ff.

399 *Plaß*, GRUR 2002, 1029, 1034.

400 *Larenz*, Methodenlehre S. 324; *Säcker*, in: MünchKomm-BGB, Einl. Rn. 140.

401 *Grüneberg*, in: Palandt, Einleitung, Rn. 42.

402 *Larenz*, Methodenlehre, S. 325.

§ 30 Abs. 5 MarkenG ist verortet in Teil 2, Abschnitt 5 des MarkenG, welcher sich mit der „Marke als Gegenstand des Vermögens“ beschäftigt: In § 27 MarkenG wird zunächst der Rechtsübergang des Markenrechts geregelt, wobei unterschieden wird zwischen der rechtsgeschäftlichen Übertragung (§ 27 Abs. 1 Alt. 1 MarkenG) und dem sog. Übergang des Rechts (§ 27 Abs. 1 Alt. 2 MarkenG). § 29 MarkenG beschäftigt sich mit dem Markenrecht als Gegenstand von dinglichen Rechten (§ 29 Abs. 1 Nr. 1 MarkenG) und von Maßnahmen der Zwangsvollstreckung (§ 29 Abs. 1 Nr. 2 MarkenG)[403] sowie dem Markenrecht als Teil eines Insolvenzverfahrens (§ 29 Abs. 3 MarkenG). § 30 MarkenG beinhaltet schließlich Regelungen zur markenrechtlichen Lizenz. Darunter befindet sich auch die für diese Arbeit maßgebliche Regelung über den markenrechtlichen Sukzessionsschutz, § 30 Abs. 5 MarkenG.

Die systematische Betrachtung der Regelung des markenrechtlichen Sukzessionsschutzes im Zusammenhang mit dem übrigen Regelungsinhalt des § 30 MarkenG sowie deren Stellung der Vorschrift im Markengesetz ergibt, dass die Vorschrift das Rechtsverhältnis zwischen Lizenzgeber und Lizenznehmer sowie das Bestehen von Rechten des Lizenzgebers gegenüber Dritten regelt: § 30 Abs. 1 MarkenG regelt, dass das Markenrecht Gegenstand sowohl von ausschließlichen als auch nicht ausschließlichen Lizenzen sein kann. Dabei kann Gegenstand einer Lizenz das Markenrecht für alle oder nur einen Teil der Waren und Dienstleistungen, für die eine Marke Schutz genießt, sein. § 30 Abs. 2 MarkenG regelt im Anschluss die Rechte aus der lizenzierten Marke, die der Markeninhaber/Lizenzgeber gegen den Lizenznehmer im Falle eines dort aufgezählten Verstoßes gegen eine Bestimmung des Lizenzvertrages geltend machen kann. § 30 Abs. 3 und 4 MarkenG normieren die Befugnisse des Lizenznehmers zur Inanspruchnahme des Rechtswegs in Bezug auf eine Verletzung der Marke durch einen Dritten. Während gemäß § 30 Abs. 3 MarkenG eine Klage des Lizenznehmers wegen der Verletzung einer Marke lediglich mit der Zustimmung des Markenrechtsinhabers möglich ist, regelt § 30 Abs. 4 MarkenG den Beitritt des Lizenznehmers der vom Markeninhaber erhobenen Verletzungsklage zur Geltendmachung seines eigenen Schadens. § 30 Abs. 6 S. 1 MarkenG regelt die optionale Eintragung der Lizenz in das Register.

Die konkrete Ausgestaltung des Sukzessionsschutzes als Vertragsübernahme würde dem Normgefüge des § 30 MarkenG nicht zuwiderlaufen. Einen Schluss auf eine solche Rechtsfolge des Sukzessionsschutzes liefert die systematische Auslegung jedoch nicht.

---

403 Siehe dazu ausführlich oben Teil 1.

III. Historische Auslegung

Die Entstehungsgeschichte sowie die Gesetzgebungsmaterialien des § 30 Abs. 5 MarkenG sind insbesondere für die Ermittlung der *ratio legis* von Bedeutung.[404] Beachtlich sind bei der historischen Auslegung die erkennbare Grundabsicht des Gesetzgebers sowie Vorstellungen, die beispielsweise in der Beratung der zuständigen Ausschüsse zutage getreten und widerspruchslos geblieben sind.[405] Es können die Entwürfe inklusive der Begründungen, die Beratungsprotokolle und die Parlamentsberichte untersucht werden.[406] Bedeutend können für die Auslegung auch – ohne bindende Richtschnur zu sein – die Meinungen der Verfasser des Gesetzestextes und der Mitglieder beratender Kommissionen sein.[407]

Zu untersuchen ist demnach, ob die Entstehungsgeschichte und die Gesetzgebungsmaterialien Hinweise dazu enthalten, wie der markenrechtliche Sukzessionsschutz konkret ausgestaltet ist und insbesondere zu der Frage, ob eine Vertragsübernahme gewollt war oder abgelehnt wurde.

1. Das Markenrechtsreformgesetz

Es sind Hinweise in der Regierungsbegründung zu dem Entwurf des § 30 Abs. 5 MarkenG zu finden, die zumindest in die Richtung einer Interpretation der Vorschrift des § 30 Abs. 5 MarkenG als Anordnung des Eintritts des neuen Markenrechtsinhabers in den Lizenzvertrag gehen:[408] Die Aussage, die „Vorschriften des bürgerlichen Rechts über den Schuldnerschutz im Falle der Abtretung von Rechten (§§ 404 ff. BGB), etwa in Fällen der Zahlung von Lizenzgebühren an den ursprünglichen Markeninhaber, wenn der Lizenznehmer von der Übertragung keine Kenntnis hatte, bleiben von Absatz 5 unberührt“,[409] lässt nämlich

---

404 Vgl. BGH, Beschluss v. 21.05.1974, BGHZ 62, 340, 350 = NJW 1974, 1944; Urt. v. 30.06.1966, BGHZ 46, 74, 76, 79 f. = GRUR 1967, 158; vgl. auch *Grüneberg*, in: Palandt, Einleitung, Rn. 45.

405 *Larenz*, Methodenlehre, S. 329.

406 *Larenz*, Methodenlehre, S. 330 f.

407 *Larenz*, Methodenlehre, S. 329.

408 Siehe dazu ausführlich *Marotzke*, ZGE 2010, 233, 244 f. sowie *McGuire*, Die Lizenz, S. 571.

409 Entwurf der Bundesregierung eines Gesetzes zur Reform des Markenrechts und zur Umsetzung der Ersten Richtlinie 89/104/EWG des Rates vom 21.12.1988 zur Angleichung der Rechtsvorschriften der Mitgliedstaaten über die Marken v. 14.01.1994 (Markenrechtsreformgesetz), BT-Drs. 12/6581, S. 87.

darauf schließen, dass eine durch § 30 Abs. 5 MarkenG bewirkte Legalzession des Anspruchs auf die Lizenzgebühren gemeint war, also die „Übertragung einer Forderung kraft Gesetzes" (§ 412 BGB) und gerade keine rechtsgeschäftliche Abtretung.[410]

Gegen eine Interpretation als gesetzlich angeordnete Vertragsübernahme spricht jedoch Folgendes: Der BGH hat in seinem Urteil „Verankerungsteil" – aufgrund dessen der Gesetzgeber die sukzessionsschutzrechtlichen Vorschriften zunächst im Patentgesetz sowie Gebrauchsmustergesetz und schließlich im Markengesetz verankert hat – explizit die analoge Anwendung des § 571 Abs. 1 BGB a.F. (§ 566 Abs. 1 BGB n.F.) auf die Patentlizenz abgelehnt.[411] § 566 Abs. 1 BGB ordnet den Eintritt des Erwerbers eines Grundstücks in die Rechte und Pflichten aus dem Mietverhältnis an. Zwar konnten in dieser Entscheidung die später geschaffenen Vorschriften zum Sukzessionsschutz des Lizenznehmers noch keine Berücksichtigung finden.[412] Es ist aber davon auszugehen, dass sich der Gesetzgeber bei der Schaffung der §§ 15 Abs. 3 PatG, § 22 Abs. 3 GebrMG n.F. (§ 13 Abs. 3 GebrMG a.F.) sowie des nachfolgenden § 30 Abs. 5 MarkenG in Kenntnis der grundlegenden Entscheidung „Verankerungsteil" bewusst gegen eine analoge Anwendung des § 566 Abs. 1 BGB oder eine entsprechende Auslegung entschieden hat.[413] Diese Entscheidung darf nicht missachtet werden.[414] Dem Argument, der Gesetzgeber habe die nähere Ausgestaltung der Rechtsfolgenseite der Praxis überlassen,[415] ist mithin jedenfalls für eine Interpretation als gesetzlich angeordnete Vertragsübernahme entgegenzutreten.

---

410 *Marotzke*, ZGE 2010, 233, 245. Vgl. dazu auch *McGuire*, Die Lizenz, S. 571; *Tochtermann*, Sukzessionsschutz im Recht des Geistigen Eigentums, S. 63.

411 BGH, Urt. v. 23.03.1982, BGHZ 83, 251 = GRUR 1982, 411 – Verankerungsteil. Siehe dazu auch oben § 5 III. 2. b. dd. (2) (a).

412 *Marotzke*, ZGE 2010, 233, 246.

413 *Marotzke*, ZGE 2010, 233, 247. Zur Ablehnung einer (analogen) Anwendung des § 566 Abs. 1 BGB für den markenrechtlichen Sukzessionsschutz vgl. bspw. auch *Brämer*, Die Sicherungsabtretung von Markenrechten, S. 150; *Fezer*, § 30 MarkenG, Rn. 41; *Ingerl/Rohnke*, § 30 MarkenG, Rn. 113. A.A. *McGuire*, Die Lizenz, S. 570 ff. Dies zumindest infrage stellend *Tochtermann*, Sukzessionsschutz im Recht des Geistigen Eigentums, S. 63.

414 *Marotzke*, ZGE 2010, 233, 247.

415 Diese Möglichkeit aufzeigend *Tochtermann*, Sukzessionsschutz im Recht des Geistigen Eigentums, S. 63.

2. Das Gesetz zur Änderung des Gebrauchsmustergesetzes vom 15.08.1986

Zeitlich vor der Verankerung des markenrechtlichen Sukzessionsschutzes erfolgte zunächst die Verankerung des Sukzessionsschutzes im Patentrecht mit § 15 Abs. 3 PatG sowie im Gebrauchsmusterrecht mit dem gleichlautenden § 13 Abs. 3 GebrMG a.F. (§ 22 Abs. 3 GebrMG n.F.).[416] Dies war eine Reaktion auf das den Sukzessionsschutz bei Übertragung des Schutzrechts für die einfache Patentlizenz ablehnende Urteil des BGH „Verankerungsteil“[417]: Der Gesetzgeber bezweckte mit der Einführung der Vorschrift, die nachteiligen Konsequenzen des Urteils, nämlich, dass eine an einem Patent erteilte einfache Nutzungserlaubnis den Erwerber in der Regel nicht verpflichtet, zu beseitigen.[418]

Da es in der Regierungsbegründung zu dem Entwurf der markenrechtlichen Vorschrift über den Sukzessionsschutz heißt, die Vorschrift entspreche der Regelung des § 15 Abs. 3 PatG,[419] können auch die Gesetzgebungsmaterialien zu dem den § 15 Abs. 3 PatG sowie § 13 Abs. 3 a.F. (§ 22 Abs. 3 n.F.) GebrMG einfügenden Gesetz zur Änderung des Gebrauchsmustergesetzes vom 15. August 1986[420] zur Interpretation des § 30 Abs. 5 MarkenG herangezogen werden.

---

416 Gesetz zur Änderung des Gebrauchsmustergesetzes v. 15.08.1986, BGBl. 1986 I, S. 1449 für die Verkündung der Einfügung des Sukzessionsschutzes im GebrMG und S. 1453 für die Verkündung der Einfügung des Sukzessionsschutzes im PatG.

417 BGH, Urt. v. 23.03.1982, BGHZ 83, 251 = GRUR 1982, 411 – Verankerungsteil.

418 Beschlussempfehlung und Bericht des BT-Rechtsausschusses (6. Ausschuss) zu dem von der Bundesregierung eingebrachten Entwurf eines Gesetzes zur Änderung des Gebrauchsmustergesetzes v. 23.06.1986, BT-Drs. 10/5720, S. 23 f. Vgl. hierzu ausführlich *Marotzke*, ZGE 2010, 233, 236, 246 f.

419 Entwurf der Bundesregierung eines Gesetzes zur Reform des Markenrechts und zur Umsetzung der Ersten Richtlinie 89/104/EWG des Rates vom 21.12.1988 zur Angleichung der Rechtsvorschriften der Mitgliedstaaten über die Marken v. 14.01.1994 (Markenrechtsreformgesetz), BT-Drs. 12/6581, S. 87.

420 Stellungnahme des Bundesrates zu dem von der Bundesregierung eingebrachten Entwurf eines Gesetzes zur Änderung des Gebrauchsmustergesetzes v. 26.09.1985, BT-Drs. 10/3903, Anl. 2, S. 33; Gegenäußerung der Bundesregierung zu der Stellungnahme des Bundesrates zu dem von der Bundesregierung eingebrachten Entwurf eines Gesetzes zur Änderung des Gebrauchsmustergesetzes v. 26.09.1985, BT-Drs. 10/3903, Anl. 3, S. 34; Beschlussempfehlung und Bericht des BT-Rechtsausschusses (6. Ausschuss) zu dem von der Bundesregierung eingebrachten Entwurf eines Gesetzes zur Änderung des Gebrauchsmustergesetzes v. 23.06.1986, BT-Drs. 10/5720, S. 23 f.

Aus den genannten Gesetzgebungsmaterialien geht hervor, dass der Sukzessionsschutz des Lizenznehmers nicht bereits im Gesetzesentwurf, sondern erst im weiteren Verlauf des Verfahrens diskutiert wurde: Der durch die Bundesregierung eingebrachte Gesetzesentwurf zur Änderung des GebrMG sah die Einführung der Drittwirkung der einfachen Lizenz zunächst nicht vor.[421] Auf die Forderung der Einführung einer solchen Drittwirkung durch den Bundesrat,[422] reagierte die Bundesregierung in einer Gegenäußerung mit der Forderung einer Verknüpfung der Drittwirkung mit der Publizität der einfachen Lizenz.[423] Die Beschlussempfehlung und der Bericht des Rechtsausschusses des Bundestages schlugen schließlich die Drittwirkung der einfachen Lizenz ohne die Voraussetzung der Publizität vor.[424] Dieser Vorschlag wurde mit der Regelung in § 30 Abs. 5 MarkenG umgesetzt.

Aus der daraus folgenden Gewichtung der Interessen des Erwerbers, des ursprünglichen Schutzrechtsinhabers sowie des Lizenznehmers durch den Gesetzgeber ergibt sich jedoch keine Tendenz für die konkrete Ausgestaltung der Rechtsfolgen des Sukzessionsschutzes: Mit der nicht umgesetzten Forderung der Bundesregierung, die Drittwirkung der einfachen Lizenz an deren Publizität zu knüpfen,[425] stellte sie zunächst die Interessen des Rechtsverkehrs (und damit des Erwerbers) über den Schutz des Lizenznehmers. Dies basierte wohl auf der Argumentation, die Eintragung sichere Aspekte des Gutglaubensschutzes und die Verknüpfung von Drittwirkung und Publizität verhindere eine Verlagerung des Risikos von dem Lizenznehmer auf den Erwerber des Schutzrechts.[426]

421 Vgl. Gesetzesentwurf der Bundesregierung zur Änderung des Gebrauchsmustergesetzes v. 26.09.1985, BT-Drs. 10/3903, S. 6.

422 Stellungnahme des Bundesrates zu dem von der Bundesregierung eingebrachten Entwurf eines Gesetzes zur Änderung des Gebrauchsmustergesetzes v. 26.09.1985, BT-Drs. 10/3903, Anl. 2, S. 33.

423 Gegenäußerung der Bundesregierung zu der Stellungnahme des Bundesrates zu dem von der Bundesregierung eingebrachten Entwurf eines Gesetzes zur Änderung des Gebrauchsmustergesetzes v. 26.09.1985, BT-Drs. 10/3903, Anl. 3, S. 34.

424 Beschlussempfehlung und Bericht des BT-Rechtsausschusses (6. Ausschuss) zu dem von der Bundesregierung eingebrachten Entwurf eines Gesetzes zur Änderung des Gebrauchsmustergesetzes v. 23.06.1986, BT-Drs. 10/5720, S. 23 f.

425 Gegenäußerung der Bundesregierung zu der Stellungnahme des Bundesrates zu dem von der Bundesregierung eingebrachten Entwurf eines Gesetzes zur Änderung des Gebrauchsmustergesetzes v. 26.09.1985, BT-Drs. 10/3903, Anl. 3, S. 34.

426 Vgl. Beschlussempfehlung und Bericht des BT-Rechtsausschusses (6. Ausschuss) zu dem von der Bundesregierung eingebrachten Entwurf eines Gesetzes zur Änderung des Gebrauchsmustergesetzes v. 23.06.1986, BT-Drs. 10/5720, S. 24, welcher diese Bedenken der Bundesregierung ausführt und diesen widerspricht.

Weiter hieß es wohl, der Erwerber habe ansonsten nicht die Möglichkeit von gegebenenfalls bestehenden Lizenz zu erfahren, werde jedoch nach dem Erwerb des Schutzrechts durch den Lizenzvertrag und seine Bedingungen verpflichtet.[427] Der Rechtsausschuss des Bundestages sah hingegen die Verlagerung des Risikos von Belastungen durch Lizenzen auf den Erwerber als sachgerecht an, da sich dieser bzgl. bestehender Lizenzverpflichtungen informieren könne.[428] Der Sukzessionsschutz diene nämlich dazu, den Lizenznehmer vor dem Untergang der Lizenz durch eine Schutzrechtsübertragung zu schützen.[429] Die von der Bundesregierung geforderte Verknüpfung von Drittwirkung und Publizität der Lizenz[430] wurde abgelehnt, da eine solche Eintragung in das Register mit zu viel Aufwand verbunden sei.[431] Zusammenfassend lässt sich festhalten, dass sich die Bundesregierung mit der Forderung einer Verknüpfung von Drittwirkung und Publizität für den Schutz des Erwerbers aussprach, während der Rechtsausschuss die Ablehnung einer solchen Verknüpfung insbesondere mit einem zu hohen Umsetzungsaufwand begründete. Zu beachten ist jedoch, dass dabei lediglich die Gewährung des Sukzessionsschutzes diskutiert wurde, nämlich die Frage, „ob" der Erwerber mit einer bereits bestehenden Lizenz belastet werden soll. Der Gesetzgeber hat sich zwar bewusst entschieden, dem Erwerber eines lizenzierten Schutzrechts die Belastung durch die Lizenz aufzubürden und zwar unabhängig von einer Registereintragung der Lizenz. Die für diese Arbeit relevante, nachfolgende Frage der Ausgestaltung der Rechtsfolgen des Sukzessionsschutzes, insbesondere nach dem konkreten Rechtsverhältnis zwischen Erwerber

---

427 Vgl. Beschlussempfehlung und Bericht des BT-Rechtsausschusses (6. Ausschuss) zu dem von der Bundesregierung eingebrachten Entwurf eines Gesetzes zur Änderung des Gebrauchsmustergesetzes v. 23.06.1986, BT-Drs. 10/5720, S. 24, welcher diese Bedenken der Bundesregierung ausführt und diesen widerspricht.

428 Beschlussempfehlung und Bericht des BT-Rechtsausschusses (6. Ausschuss) zu dem von der Bundesregierung eingebrachten Entwurf eines Gesetzes zur Änderung des Gebrauchsmustergesetzes v. 23.06.1986, BT-Drs. 10/5720, S. 24.

429 Beschlussempfehlung und Bericht des BT-Rechtsausschusses (6. Ausschuss) zu dem von der Bundesregierung eingebrachten Entwurf eines Gesetzes zur Änderung des Gebrauchsmustergesetzes v. 23.06.1986, BT-Drs. 10/5720, S. 24.

430 Gesetzesentwurf der Bundesregierung zur Änderung des Gebrauchsmustergesetzes v. 26.09.1985, BT-Drs. 10/3903, S. 34.

431 Beschlussempfehlung und Bericht des BT-Rechtsausschusses (6. Ausschuss) zu dem von der Bundesregierung eingebrachten Entwurf eines Gesetzes zur Änderung des Gebrauchsmustergesetzes v. 23.06.1986, BT-Drs. 10/5720, S. 24.

und Lizenznehmer, also das „wie",[432] war aber nicht Teil dieser Diskussion. Auch die Forderung der Bundesregierung, Drittwirkung und Publizität der Lizenz zu verknüpfen, mit dem Argument, der Erwerber habe keine Möglichkeit von gegebenenfalls bestehenden Lizenzen zu erfahren, werden aber „durch den Vertrag und seine einzelnen Bedingungen verpflichtet",[433] darf nicht als Verständnis des Sukzessionschutzes als Vertragsübernahme aufgefasst werden, da dieser Regierungsvorschlag abgelehnt wurde.[434]

3. Zusammenfassung

Die Untersuchung der entsprechenden Gesetzgebungsmaterialien hat ergeben, dass keine Stellungnahme zu der konkreten Ausgestaltung der Rechtsfolgen des Sukzessionsschutzes gegeben ist. Die Entstehungsgeschichte der Vorschriften über den Sukzessionsschutz im PatG, GebrMG sowie MarkenG sprechen jedoch dafür, dass der Gesetzgeber sich bewusst gegen eine Analogie des § 566 Abs. 1 BGB entschieden hat, der bei einer Veräußerung von vermietetem Wohnraum den Eintritt des Erwerbers in die sich aus dem Mietverhältnis ergebenden Rechte und Pflichten anordnet.[435]

IV. Fazit

Die Auslegung der Vorschrift des § 30 Abs. 5 MarkenG hat ergeben, dass der Gesetzgeber, hätte er eine Ausgestaltung der Rechtsfolgenseite als gesetzlich angeordnete Vertragsübernahme gewollt, im Nachgang zu dem Urteil „Verankerungsteil" eine dem § 566 Abs. 1 BGB entsprechende Regelung getroffen hätte. Da er dies nicht getan hat, verbietet sich eine Interpretation des Sukzessionsschutzes gemäß § 30 Abs. 5 MarkenG als gesetzlich angeordnete Vertragsübernahme.

---

432 Die Begriffe „Ob" und „Wie" des Sukzessionsschutzes verwendend *McGuire*, Die Lizenz, S. 439.

433 Beschlussempfehlung und Bericht des BT-Rechtsausschusses (6. Ausschuss) zu dem von der Bundesregierung eingebrachten Entwurf eines Gesetzes zur Änderung des Gebrauchsmustergesetzes v. 23.06.1986, BT-Drs. 10/5720, S. 24.

434 A.A. *Tochtermann*, Sukzessionsschutz im Recht des Geistigen Eigentums, S. 53 f., welche dieser Formulierung jedenfalls Indizcharakter zuspricht und darauf verweist, diese Begründung sei nicht ausschlaggebend für die Ablehnung gewesen.

435 Siehe dazu oben § 6 III.

§ 7 Untersuchungsergebnisse des zweiten Teils und eigener Standpunkt

Gegenstand des zweiten Teils dieser Arbeit war die Untersuchung der Rechtsfolgen des Übergangs eines lizenzierten Markenrechts, insbesondere die konkrete Ausgestaltung des Rechtsverhältnisses zwischen dem neuen Markenrechtsinhaber und einem Lizenznehmer.

I. Keine Vertragsübernahme *de lege lata*

Die markenrechtlichen Vorschriften zur Lizenz sowie zum Sukzessionsschutz des Lizenznehmers haben eine lange rechtliche Entwicklung hinter sich.[436] Die Diskussion um die Existenz des markenrechtlichen Sukzessionsschutzes des Lizenznehmers ist zwar seit dessen Verankerung in § 30 Abs. 5 MarkenG mit Inkrafttreten des MarkenG 1995 beendet, die konkrete Ausgestaltung der Rechtsfolgenseite des Sukzessionsschutzes ist dem Gesetz aber nicht zu entnehmen.[437] Dies bietet Raum für eine Interpretation der Rechtsfolgenseite.[438]

Daher wurden die zu den Rechtsfolgen des markenrechtlichen Sukzessionsschutzes vertretenen Ansichten untersucht. Die Betrachtung der wohl (noch) überwiegend vertretenen Literaturansicht, der Lizenzvertrag bleibe unangetastet, hat ergeben, dass die Rechtsfolgen – wenn sie überhaupt diskutiert werden – dogmatisch nicht sauber herausgearbeitet werden und diese Ansicht zudem zu einer ungünstigen Rechtsposition aller beteiligten Personen führt.[439] Der BGH, nach welchem der Lizenzvertrag ebenfalls zwischen dem ursprünglichen Markeninhaber als Lizenzgeber und dem Lizenznehmer fortbesteht, erweitert in seiner jüngsten Rechtsprechung zwar die Interpretation des Sukzessionsschutzes dahingehend, dass im Einzelfall isoliert das Recht, den Lizenzvertrag aus wichtigem Grund außerordentlich zu kündigen, vom ursprünglichen auf den neuen Markenrechtsinhaber übergehen kann. Auch dies stellt jedoch keine umfassende Lösung in Bezug auf das unvorteilhafte Dreiecksverhältnisses zwischen ehemaligem Markeninhaber/Lizenzgeber, neuem Markeninhaber und Lizenznehmer dar, welche alle berechtigten Interessen zu einem angemessenen Ausgleich

---

436 Siehe oben § 5 II.

437 Siehe oben § 5 III. 2. a.

438 *Tochtermann*, Sukzessionsschutz im Recht des Geistigen Eigentums, S. 183.

439 Siehe oben § 5 III. 2. b. aa. sowie dd. (1).

bringt.[440] Nach einer im Vordringen befindlichen Ansicht in der Literatur wird der Sukzessionsschutz als Vertragsübernahme *de lege lata* interpretiert. Die Ausgestaltung des Sukzessionsschutzes als Vertragsübernahme erscheint zwar in Anbetracht des daraus folgenden angemessenen Ausgleichs der berechtigten Interessen sowohl des neuen Markenrechtsinhabers, des Lizenznehmers sowie des ursprünglichen Markenrechtsinhabers vorzugswürdig.[441] Eine solche Interpretation *de lege lata* musste jedoch vor dem Hintergrund des Wortlauts, der nicht auf eine gesetzlich angeordnete Vertragsübernahme schließen lässt, im Wege einer Auslegung überprüft werden.[442]

Die Auslegung des § 30 Abs. 5 MarkenG hat ergeben, dass die Gesetzgebungsgeschichte einer Interpretation der Vorschrift als gesetzlich angeordnete Vertragsübernahme *de lege lata* entgegensteht. Hätte der Gesetzgeber nämlich eine solche Ausgestaltung der Rechtsfolgenseite gewollt, hätte er im Nachgang zu dem Urteil „Verankerungsteil" eine dem § 566 Abs. 1 BGB entsprechende Regelung getroffen. Dies darf keinesfalls durch eine Auslegung des Sukzessionsschutzes gemäß § 30 Abs. 5 MarkenG als gesetzlich angeordnete Vertragsübernahme missachtet werden.[443]

II. Vertragsübernahme *de lege ferenda*

Da eine gesetzlich angeordnete Vertragsübernahme die Rechtsposition aller Beteiligten zu einem angemessenen Ausgleich bringt,[444] kommt eine solche Lösung *de lege ferenda* in Betracht. Auch wenn die Auslegung der Sukzessionsschutzvorschrift als gesetzlich angeordnete Vertragsübernahme *de lege lata* an der historischen Auslegung scheitert, sichert eine solche Regelung *de lege ferenda* als Ergänzung des § 30 Abs. 5 MarkenG dessen Normzweck. Die Analyse der Gesetzgebungsmaterialien zur Einführung des Sukzessionsschutzes im Patentgesetz, Gebrauchsmustergesetz sowie im Markengesetz zeigt nämlich, dass die Vorschriften in erster Linie den Lizenznehmer davor schützen sollen, bei Übergang eines lizenzierten Schutzrechts die ihm eingeräumte Lizenz und damit die daraus folgende Benutzungsberechtigung zu verlieren.[445] Aufgrund der oftmals erheblichen Investitionen des Lizenznehmers zu Beginn der Vertragslaufzeit

440 Siehe oben § 5 III 2. b. cc. sowie dd. (3).
441 Siehe oben § 5 III. 2. b. bb. (1) sowie dd. (2) (a).
442 Siehe oben § 5 III. 2. b. dd. (2) (a).
443 Siehe oben § 6 III. 1.
444 Siehe oben § 5 III. 2 b. bb. (1) sowie dd. (2) (a).
445 Siehe dazu ausführlich oben § 6 III.

ist für diesen von großer Bedeutung, dass die Nutzungsberechtigung des Markenrechts geschützt sowie das Markenrecht selbst aufrechterhalten wird.[446] Die Erfüllung des Lizenzvertrags würde bei einer gesetzlich angeordneten Vertragsübernahme insbesondere aufgrund der Überleitung der Pflichten auf den neuen Markenrechtsinhaber gewahrt.[447] Die grundsätzliche Gewährung von Rechten des neuen Markenrechtsinhabers gegenüber dem Lizenznehmer und insbesondere die Ausgestaltung des Sukzessionsschutzes als gesetzlich angeordnete Vertragsübernahme widerspricht mithin nicht der in § 30 Abs. 5 MarkenG zum Ausdruck kommenden hohen Stellung der Interessen des Lizenznehmers.[448]

Auch die Interessen des neuen Markenrechtsinhabers würden geschützt. Aus den entsprechenden Gesetzgebungsmaterialien ergibt sich zwar, dass dem Erwerber das Risiko der Belastung des Schutzrechts durch die Lizenz aufgebürdet werden soll.[449] Dies bedeutet jedoch keine gänzliche Vernachlässigung der Rechtsstellung des Erwerbers. Da der Gesetzgeber in den entsprechenden Gesetzgebungsmaterialien nämlich lediglich das „Ob“[450] des Sukzessionsschutzes diskutiert hat, darf daraus nicht gefolgert werden, dass der neue Markenrechtsinhaber nach Übergang des Schutzrechts gegenüber dem Lizenznehmer rechtlos bleiben muss. Der Gesetzgeber hat dies indirekt dadurch zum Ausdruck gebracht, dass auf den Erwerber wohl kraft Gesetzes gewisse Rechte des Lizenzgebers übergehen.[451] Die gesetzlich angeordnete Vertragsübernahme nach Übergang eines lizenzierten Markenrechts bewirkt, dass der Erwerber des Markenrechts anstelle des ursprünglichen Markenrechtsinhabers als Lizenzgeber in den Lizenzvertrag mit dem Lizenznehmer eintritt.[452] Dabei sollte eine Beschränkung auf die lizenzvertragstypischen Pflichten erfolgen, um den neuen Markenrechtsinhaber vor einer Belastung über Gebühr zu schützen.[453] Im Zweifel gehen alle Pflichten des Markeninhabers, die für den Erhalt des wirtschaftlichen

---

446 *McGuire*, Die Lizenz, S. 441.

447 *McGuire*, Die Lizenz, S. 572.

448 Vgl. dazu *McGuire*, Die Lizenz, S. 571 f.

449 Siehe dazu oben § 6 III.

450 Die Begriffe „Ob“ und „Wie“ des Sukzessionsschutzes verwendend *McGuire*, Die Lizenz, S. 439.

451 Siehe dazu oben § 6 III. 1.

452 *McGuire*, Die Lizenz, S. 568.

453 *McGuire*, Die Lizenz, S. 573 ff. Ähnlich *Marotzke*, ZGE 234, 245, der die Überleitung von lizenzvertraglichen Pflichten jedoch dogmatisch nicht begründet, vgl. dazu oben § 5 III. 2. b. dd. (2) (b). Vgl. zu der Bestimmung der überzuleitenden Vertragspflichten auch *Tochtermann*, Sukzessionsschutz im Recht des Geistigen Eigentums, S. 192 ff.

Wertes der Lizenz zwingend erforderlich sind über, beispielsweise die Pflicht zur Aufrechterhaltung und Verteidigung des Markenrechts.[454] Bei der Bestimmung der übergeleiteten Pflichten muss beachtet werden, dass nur solche Pflichten betroffen sind, die der neue Markenrechtsinhaber auch erfüllen kann.[455] Zudem muss der Lizenznehmer im Falle eines Wettbewerbsverhältnisses zwischen dem neuen Markeninhaber und dem Lizenznehmer vor einer faktischen Entwertung der Lizenz zum Vorteil des neuen Inhabers geschützt werden.[456]

Zusammenfassend ist also festzuhalten, dass diese Ausgestaltung des Sukzessionsschutzes die berechtigten Interessen der Parteien unter Berücksichtigung der *ratio legis* des § 30 Abs. 5 MarkenG zu einem angemessenen Ausgleich bringt:[457] Die berechtigten Interessen des Lizenznehmers am Bestand des Nutzungsrechts und Erhalt des Schutzrechts werden geschützt.[458] Der neue Schutzrechtsinhaber ist als Lizenzgeber verpflichtet, aber eben auch berichtigt, den Lizenzvertrag zu erfüllen.[459] Es gehen beispielsweise Gebührenansprüche und Gestaltungsrechte auf den neuen Markenrechtsinhaber über.[460] Auch das berechtigte Interesse des ursprünglichen Schutzrechtsinhabers wird durch eine Vertragsübernahme gewahrt.[461] Er ist nämlich grundsätzlich nur noch wegen Verbindlichkeiten aus der Zeit vor Rechtsübergang des Schutzrechts haftbar.[462]

Durch die Verankerung einer gesetzlich angeordneten Vertragsübernahme könnte das geltende Recht ergänzt und die umstrittene Rechtsfolgenseite des markenrechtlichen Sukzessionsschutzes geklärt werden.[463]

---

454 *McGuire*, Die Lizenz, S. 574. Vgl. auch *Marotzke*, ZGE 234, 249.

455 *McGuire*, Die Lizenz, S. 574.

456 *McGuire*, Die Lizenz, S. 575.

457 Siehe *McGuire*, Die Lizenz, S. 440 ff.; McGuire/Kunzmann, GRUR 2014, 28, 33. Siehe auch *McGuire*, MittdtPatA 2013, 207, 214 (zur Patentlizenz).

458 *McGuire*, Die Lizenz, S. 441 f.

459 *McGuire/Kunzmann*, GRUR 2014, 28, 33. Vgl. auch *Tochtermann*, Sukzessionsschutz im Recht des Geistigen Eigentums, S. 191 f.

460 *McGuire/Kunzmann*, GRUR 2014, 28, 33 f. Vgl. auch *Tochtermann*, Sukzessionsschutz im Recht des Geistigen Eigentums, S. 191 f.

461 *McGuire*, Die Lizenz, S. 445.

462 *McGuire/Kunzmann*, GRUR 2014, 28, 33. Siehe zu dem Vorstehenden ausführlich oben § 5 III. 2. b. bb. (1).

463 Vgl. *Ahrens/McGuire*, Modellgesetz Geistiges Eigentum, S. 272, Ziff. 4.

Dritter Teil: Das Rechtsverhältnis zwischen neuem Markenrechtsinhaber und Lizenznehmer nach Übergang eines lizenzierten Markenrechts im Rahmen der Zwangsvollstreckung

Werden die Wirkungen des markenrechtlichen Sukzessionsschutzes überhaupt diskutiert, bezieht sich diese Diskussion hauptsächlich auf eine privatautonome Übertragung des lizenzierten Markenrechts durch den ursprünglichen Markeninhaber. Der Sukzessionsschutz bei Übergang eines lizenzierten Markenrechts in der Zwangsvollstreckung wird dabei vernachlässigt und wenn überhaupt überwiegend nur in Bezug auf die Frage der Anwendbarkeit des § 30 Abs. 5 MarkenG thematisiert. Die Frage der konkreten Ausgestaltung des Rechtsverhältnisses der beteiligten Personen in Bezug auf die Lizenz nach einem solchen Rechtsübergang findet kaum Erwähnung. Die Untersuchung der Rechtsfolgen des Sukzessionsschutzes und insbesondere des Rechtsverhältnisses zwischen neuem Markenrechtsinhaber und Lizenznehmer nach Übergang eines lizenzierten Markenrechts im Rahmen der Zwangsvollstreckung ist daher Gegenstand des dritten Teils dieser Arbeit.

Dafür wird zunächst der Ablauf eines Markenrechtsübergangs im Rahmen der Zwangsvollstreckung untersucht und herausgearbeitet, welche Besonderheiten sich bei einem solchen Rechtsübergang in Bezug auf die Lizenz ergeben. Anschließend werden die Konsequenzen dieser Besonderheiten für die Rechtsfolgenseite des Sukzessionsschutzes unter Anwendung der im aktuellen Meinungsstand vertretenen Ansichten aufgezeigt (§ 8).

Da die Rechtsfolgen des Übergangs eines lizenzierten Markenrechts im Rahmen der Zwangsvollstreckung jedoch erst kürzlich vereinzelt Beachtung in der Literatur gefunden haben, ist Schwerpunkt des dritten Teils dieser Arbeit die Untersuchung von alternativen, bisher in Bezug auf einen solchen Rechtsübergang im Rahmen der Zwangsvollstreckung noch nicht untersuchten Regelungsmodellen. Diese sind speziell auf die Interessenlage der Beteiligten in Bezug auf Lizenzen und/oder die Zwangsvollstreckung ausgelegt und könnten daher *de lege ferenda* zu einem bestmöglichen Ausgleich aller berechtigter Interessen auch bei dem dieser Arbeit zugrunde liegenden Rechtsübergang führen (§ 9).

Der dritte Teil endet mit einer Stellungnahme, die sich insbesondere mit einem Gesetzesvorschlag für eine Ergänzung des Sukzessionsschutzes gemäß § 30 Abs. 5 MarkenG um eine gesetzlich angeordnete Vertragsübernahme beschäftigt (§ 10).

§ 8 Sukzessionsschutz auch bei Markenrechtsübergang im Rahmen der Zwangsvollstreckung

Zum markenrechtlichen Sukzessionsschutz nach Übergang eines lizenzierten Markenrechts in der Zwangsvollstreckung ergeben sich zwei Themenfelder: Die Frage des „Ob", also der Anwendbarkeit des Sukzessionsschutzes, und die Frage des „Wie", also der Ausgestaltung des Sukzessionsschutzes.[464]

Der markenrechtliche Sukzessionsschutz ist zwar in § 30 Abs. 5 MarkenG gesetzlich verankert und damit im Grundsatz unstreitig. Es ist aber fraglich, ob die Norm auch den dieser Arbeit zugrunde liegende Fall des Übergangs eines lizenzierten Markenrechts im Rahmen der Zwangsvollstreckung erfasst (siehe unter I.).

Bejaht man richtigerweise die Anwendung der Vorschrift, stellt sich die Frage der konkreten Ausgestaltung der Rechtsfolgen des Sukzessionsschutzes, insbesondere des Rechtsverhältnisses zwischen dem neuen Markenrechtsinhaber und einem Lizenznehmer. Um ein besseres Verständnis für einen Markenrechtsübergang im Rahmen der Zwangsvollstreckung zu erlangen, werden zunächst die Unterschiede zwischen einer privatautonomen Übertragung des Schutzrechts durch den ursprünglichen Markenrechtsinhaber und einem Rechtsübergang in der Zwangsvollstreckung herausgearbeitet (siehe unter II. 1.). Anschließend werden die Auswirkungen dieser Besonderheiten auf die Rechtsposition des neuen Markenrechtsinhabers sowie des Lizenznehmers unter Berücksichtigung des aktuellen Meinungsstandes herausgearbeitet (siehe unter II. 2.).

I. Anwendbarkeit des § 30 Abs. 5 MarkenG in der Zwangsvollstreckung

Die Frage, ob § 30 Abs. 5 MarkenG auch in der Zwangsvollstreckung anwendbar ist, wird in der Literatur nur vereinzelt[465] und meist ohne nähere Begründung erörtert.

---

464 Die Begriffe „Ob" und „Wie" des Sukzessionsschutzes verwendend *McGuire*, Die Lizenz, S. 439.

465 *McGuire*, Die Lizenz, S. 388.

1. Interpretationsbedürfnis des § 30 Abs. 5 MarkenG

Weder der Wortlaut der Vorschrift des § 30 Abs. 5 MarkenG noch die entsprechenden Gesetzgebungsmaterialien beziehen sich direkt auf einen Übergang des Markenrechts im Rahmen der Zwangsvollstreckung.

Der Wortlaut des § 30 Abs. 5 MarkenG benennt als den Sukzessionsschutz des Lizenznehmers auslösenden Rechtsakt einen „Rechtsübergang nach § 27" MarkenG.[466] Gemäß § 27 Abs. 1 MarkenG kann das Markenrecht „auf andere übertragen werden oder übergehen". Während mit *übertragen* wohl eine rechtsgeschäftliche Übertragung gemeint ist, ist mit *übergehen* des Rechts gemäß § 27 Abs. 1 MarkenG wohl der Rechtsübergang per Gesetz zu verstehen.[467] Ob ein Übergang im Rahmen der Zwangsvollstreckung von der Vorschrift erfasst ist, ist zunächst unklar. In der zwangsvollstreckungsrechtlichen Verwertung ist neben dem Privatrecht folgenden Rechtsübertragungsvorgängen des Markenrechts nämlich auch eine hoheitliche Rechtsübertragung möglich.[468] Dass Markenrechte Gegenstand von Zwangsvollstreckungsmaßnahmen sein können, legt § 29 Abs. 1 Nr. 2 MarkenG fest. Konkrete Zwangsvollstreckungsmaßnahmen werden jedoch weder in § 30 Abs. 5 MarkenG noch in § 29 Abs. 1 MarkenG explizit erwähnt. Eine Norm, welche den Sukzessionsschutz und die Zwangsvollstreckungsmaßnahme verknüpft, also den Sukzessionsschutz für Maßnahmen der Zwangsvollstreckung explizit oder unter Verweisung auf § 30 Abs. 5 MarkenG anordnet wie dies beispielsweise bei § 57 ZPO, der für eine Immobilie, die zwangsversteigert wird, die entsprechende Anwendung des § 566 Abs. 1 BGB anordnet, der Fall ist, existiert nicht.

Auch die Gesetzgebungsmaterialien sind in Bezug auf die Frage der Anwendbarkeit nicht ergiebig. Der Übergang eines lizenzierten Markenrechts im Rahmen der Zwangsvollstreckung findet keine Erwähnung.[469]

---

466 Die gemäß § 30 Abs. 5 MarkenG ebenfalls den Sukzessionsschutz des Lizenznehmers auslösende „Erteilung einer Lizenz" nach § 30 Abs. 1 MarkenG ist nicht Gegenstand dieser Arbeit.

467 *Hacker*, in: Ströbele/Hacker/Thiering, § 27 MarkenG, Rn. 9; *Ingerl/Rohnke*, § 27 MarkenG, Rn. 6, 19; *Taxhet*, in: BeckOK-MarkenR, § 27 MarkenG, Rn. 13.

468 Siehe dazu ausführlich unten § 8 II. 1. a.

469 Vgl. Entwurf der Bundesregierung eines Gesetzes zur Reform des Markenrechts und zur Umsetzung der Ersten Richtlinie 89/104/EWG des Rates vom 21.12.1988 zur Angleichung der Rechtsvorschriften der Mitgliedstaaten über die Marken v. 14.01.1994 (Markenrechtsreformgesetz), BT-Drs. 12/6581, S. 87. Siehe zu den entsprechenden Gesetzgebungsmaterialien ausführlich oben § 6 III.

Da der Übergang eines lizenzierten Markenrechts im Wege der Zwangsvollstreckung weder im Wortlaut des § 30 Abs. 5 i.V.m. § 27 Abs. 1 MarkenG noch in den entsprechenden Gesetzgebungsmaterialien Erwähnung findet, wird nachfolgend eingehend geprüft, ob dieser Fall von § 30 Abs. 5 MarkenG erfasst ist.

2. Sukzessionsschutz nach der Pfändung des Markenrechts

Die Einzelzwangsvollstreckung ist zu unterteilen in die Pfändung des Markenrechts einerseits und dessen Verwertung andererseits.[470] Die Frage der Anwendbarkeit der Vorschrift über den Sukzessionsschutz des Lizenznehmers stellt sich bereits im Rahmen der Pfändung, obwohl eine Übertragung des Markenrechts erst durch bestimmte Verwertungsarten erfolgt. Durch die Begründung des Pfandrechts an dem Markenrecht tritt zwar grundsätzlich keine Änderung in Bezug auf die lizenzvertragliche Beziehung zwischen ursprünglichem Markenrechtsinhaber als Lizenzgeber und Lizenznehmer ein, insbesondere bleibt der Lizenzgeber Inhaber des Markenrechts und der Vollstreckungsgläubiger tritt nicht in die Rechtsstellung des Lizenzgebers ein.[471] Die Pfändung stellt für den Lizenznehmer aber bereits ein erhebliches Risiko dar, da sie auf die Verwertung des Markenrechts gerichtet ist, welche in einem Übergang des Markenrechts auf einen neuen Inhaber resultieren kann.[472]

In der Literatur wird die Anwendbarkeit des § 30 Abs. 5 MarkenG bei der Pfändung eines lizenzierten Markenrechts im Rahmen der Zwangsvollstreckung äußerst selten erörtert. Eine Ansicht hält § 30 Abs. 5 MarkenG bei einer Pfändung in der Zwangsvollstreckung für nicht anwendbar und begründet knapp, Zwangsvollstreckungsmaßnahmen i.S.d. § 29 MarkenG seien in § 30 Abs. 5 MarkenG nicht genannt, da die Einräumung eines Pfändungspfandrechts an einer Marke schon begrifflich nicht den Fortbestand der Lizenz betreffe.[473] Vertreter der Gegenansicht führen hingegen aus, auch die Einräumung eines dinglichen Rechts an einer Marke in der Zwangsvollstreckung (§ 29 Abs. 1 Nr. 2 MarkenG) stelle einen (teilweisen) Rechtsübergang i.S.d. § 30 Abs. 5 MarkenG dar, sodass der Sukzessionsschutz auch hier greife.[474] *McGuire* zieht zur Begründung den

---

470 Siehe dazu ausführlich oben § 3.

471 *Volkmer*, Das Markenrecht im Zwangsvollstreckungsverfahren, S. 153 f. Siehe zu den Rechtswirkungen der Pfändung ausführlich oben § 3 I. 3.

472 *Pahlow*, Lizenz und Lizenzvertrag, S. 352; *Volkmer*, Das Markenrecht im Zwangsvollstreckungsverfahren, S. 153 f.

473 *Ingerl/Rohnke*, § 30 MarkenG, Rn. 111.

474 *Marotzke*, ZGE 2010, 233, 264 zum patenrechtlichen Sukzessionsschutz gem. § 15 Abs. 2 PatG als Bsp. für alle ähnlich formulierten Vorschriften, mithin auch § 30

Rechtsgedanken des § 567 BGB heran und führt aus, dass der Schutz der Lizenz schon bei der Übertragung des Vollrechts gewährleistet sei und dies deswegen erst recht bei der Belastung mit einem beschränkt dinglichen Recht gelten müsse.[475] Eine solche Belastung stelle nämlich eine nachteilige Disposition für den Lizenznehmer dar, da ebenfalls dessen Nutzungsrecht beeinträchtigt zu werden droht.[476] Das Vertrauen des Lizenznehmers auf seine Kalkulation sei durch die Begründung eines Pfandrechts (inklusive der darauffolgenden Verwertung) genauso beeinträchtigt wie bei einer Übertragung des Schutzrechts im Wege einer rechtsgeschäftlichen Übertragung.[477] Ein *de lege lata* gewährleisteter Sukzessionsschutzes benachteilige auch nicht die Interessen des Vollstreckungsgläubigers, schließlich sei eine Lizenz nur dann vorrangig, sofern sie zu dem Zeitpunkt der Begründung des Pfandrechts bereits bestehe.[478] Auch zieht *McGuire* einen Schluss, der sich der ersten Ansicht annähert: Zu beachten sei nämlich auf der anderen Seite, dass das Pfändungspfandrecht voll wirksam sei, da es zwar das Sicherungsinteresse nicht aber das Nutzungsinteresse zu schützen vermöge.[479] Daraus folge, dass die Nutzungsbefugnis des Lizenznehmers in keiner Weise beeinträchtigt sei und nach dem Rechtsgedanken des § 567 BGB die Dispositionsbefugnis nicht in größerem Umfang zu beschneiden sei als notwendig zur Wahrung der Interessen des Nutzungsberechtigten.[480]

Die letztgenannte Ansicht, § 30 Abs. 5 MarkenG finde bereits bei der Pfändung eines lizenzierten Markenrechts in der Zwangsvollstreckung unmittelbar Anwendung, überzeugt, da die Belastung mit einem Pfändungspfandrecht einen (teilweisen) Rechtsübergang darstellt und somit unmittelbar von § 30 Abs. 5 MarkenG erfasst ist.

Abs. 5 MarkenG, vgl. *Marotzke*, ZGE 2010, 233, 236; *Pahlow*, in: HK-MarkenR, § 30, Rn. 82; *Tochtermann*, Sukzessionsschutz im Recht des Geistigen Eigentums, S. 79.

475 *McGuire*, Die Lizenz, S. 598. Sich anschließend für den patenrechtlichen Sukzessionsschutz *Bartenbach*, Patentlizenzvertrag, Rn. 629. Ähnlich, allerdings ohne den Bezug zu § 567 BGB, *Marotzke*, ZGE 2010, 233, 264, 262 ff.

476 *McGuire*, Die Lizenz, S. 598.

477 *McGuire*, Die Lizenz, S. 598 f.

478 *McGuire*, Die Lizenz, S. 599.

479 *McGuire*, Die Lizenz, S. 599.

480 *McGuire*, Die Lizenz, S. 599.

3. Sukzessionsschutz nach einem Rechtsübergang des Markenrechts durch Verwertung

Der wohl überwiegende Teil der Lehre wendet § 30 Abs. 5 MarkenG auch auf eine Verwertung des Markenrechts im Rahmen der Zwangsvollstreckung durch Rechtsübergang an.[481] Dies überzeugt, da das Ergebnis in Einklang mit der Auslegung der Norm steht:

Wie zuvor erwähnt, setzt § 30 Abs. 5 MarkenG einen „Rechtsübergang nach § 27 MarkenG" voraus und trifft mit diesem Wortlaut keine Aussage über die genaue Art des Rechtsübergangs.[482] Gemäß § 27 Abs. 1 MarkenG kann das Markenrecht sowohl „übertragen werden" als auch „übergehen". Ein Rechtsübergang im Rahmen der Zwangsvollstreckung findet in keiner der Vorschriften ausdrücklich Erwähnung. Dass ein solcher jedoch sowohl in Form eines dem Privatrecht folgenden Übertragungsaktes als auch eines Rechtsübergangs durch Hoheitsakt[483] erfasst ist, ergibt sich aber aus einem Vergleich des Wortlauts des § 30 Abs. 5 MarkenG mit dem Wortlaut des § 566 Abs. 1 BGB.[484] Dieser stellt wörtlich auf eine „Veräußerung" ab, welche auf einen rechtsgeschäftlichen Übergang zielt und bei einer zwangsversteigerten Immobilie erst aufgrund der Verweisung in § 57 ZVG entsprechend anwendbar ist.[485] Der Wortlaut des § 30 Abs. 5 MarkenG ist mit dem Begriff „Rechtsübergang" weiter gefasst als der Begriff „Veräußerung" und erfasst daher eine (hoheitliche) Übertragung im Rahmen der

481 *Brämer*, Die Sicherungsabtretung von Markenrechten, S. 339 f.; *Bühling*, GRUR 1998, 196, 200; *Fammler*, Der Markenlizenzvertrag, S. 127; *Ingerl/Rohnke*, § 30 MarkenG, Rn. 111; *Pahlow*, in: HK MarkenR, § 30, Rn. 78; *ders.*, Die Lizenz, S. 350 ff. Siehe auch *Marotzke*, ZGE 2010, 233, 264 zur Patentlizenz, wobei die Ausführungen übertragbar sind auf die Markenlizenz, vgl. *Marotzke*, ZGE 2010, 233, 236. A.A. *Volkmer*, Das Markenrecht im Zwangsvollstreckungsverfahren, S. 180 ff., welcher die Anwendbarkeit der Norm anknüpft an die Frage, ob die Übertragung des Markenrechts durch ein dem Privatrecht folgendes Rechtsgeschäft oder durch staatlichen Hoheitsakt erfolgt und § 30 Abs. 5 MarkenG nur in erstgenanntem Fall anwenden will.

482 Vgl. *Brämer*, Die Sicherungsabtretung von Markenrechten, S. 339; *McGuire*, Die Lizenz, S. 599 f.

483 Siehe zum Ablauf der Übertragung des Markenrechts in der Zwangsvollstreckung ausführlich unten § 8 II. 1. a.

484 *Marotzke*, ZGE 2010, 233, 264 zur Patentlizenz, wobei die Ausführungen übertragbar sind auf die Markenlizenz, vgl. *Marotzke*, ZGE 2010, 233, 236.

485 *Marotzke*, ZGE 2010, 233, 264 zur Patentlizenz, wobei die Ausführungen übertragbar sind auf die Markenlizenz, vgl. *Marotzke*, ZGE 2010, 233, 236; *Tochtermann*, Sukzessionsschutz im Recht des Geistigen Eigentums, S. 79.

Zwangsvollstreckung auch ohne eine Verweisungsnorm aus dem Zwangsvollstreckungsrecht.[486] Auch § 27 MarkenG, auf den § 30 Abs. 5 MarkenG verweist, legt fest, dass das Schutzrecht „auf andere übertragen werden oder übergehen" kann und ist eben nicht nur auf rechtsgeschäftliche Übertragungen des Markenrechts beschränkt.[487] Der Vergleich führt mithin zu dem Ergebnis, dass § 30 Abs. 5 MarkenG bei einem Übergang des Schutzrechts im Rahmen der Zwangsvollstreckung direkt Anwendung findet, ohne dass es einer Verweisungsnorm aus dem Zwangsvollstreckungsrecht bedarf.[488] Etwas missverständlich drücken sich Vertreter dieser Ansicht mit der Formulierung aus, eine „Veräußerung" des Markenrechts im Rahmen der Zwangsversteigerung i.S.d. § 27 MarkenG sei ein Rechtsübergang i.S.d. § 30 Abs. 5 MarkenG.[489] Wie zuvor erläutert, deutet der Begriff „Veräußerung" auf eine rechtsgeschäftliche Übertragung hin.[490] Von § 30 Abs. 5 MarkenG ist aber auch die Übertragung des Markenrechts durch Hoheitsakt in der Zwangsvollstreckung erfasst.

Dem zuvor gefundenen Ergebnis, dass ein Rechtsübergang im Rahmen der Zwangsvollstreckung von dem Anwendungsbereich des § 30 Abs. 5 MarkenG erfasst ist, stehen auch die Gesetzgebungsmaterialien nicht entgegen: Der Gesetzgeber benutzte nämlich in den Gesetzgebungsmaterialien zur Verankerung des Sukzessionsschutzes im Patentgesetz sowie im Gebrauchsmustergesetz, auf welche bei der Interpretation des markenrechtlichen Sukzessionsschutzes zurückgegriffen werden darf,[491] den Begriff „Erwerber" des Schutzrechts.[492] Unter dem Begriff „Erwerb" wird auch der Erwerb kraft Hoheitsakt, also im Rahmen der

486 *Brämer*, Die Sicherungsabtretung von Markenrechten, S. 339 f.; *Marotzke*, ZGE 2010, 233, 264 zur Patentlizenz, wobei die Ausführungen übertragbar sind auf die Markenlizenz, vgl. *Marotzke*, ZGE 2010, 233, 236; *Tochtermann*, Sukzessionsschutz im Recht des Geistigen Eigentums, S. 79.

487 *Brämer*, Die Sicherungsabtretung von Markenrechten, S. 339 f.

488 *Brämer*, Die Sicherungsabtretung von Markenrechten, S. 339 f., ohne dieses Ergebnis direkt auf einen solchen Vergleich sondern vielmehr direkt auf den offenen Wortlaut zu stützen; *Marotzke*, ZGE 2010, 233, 264 zur Patentlizenz, wobei die Ausführungen übertragbar sind auf die Markenlizenz, vgl. *Marotzke*, ZGE 2010, 233, 236.

489 So bspw. *Pahlow*, in: HK-MarkenR, § 30, Rn. 82.

490 *Marotzke*, ZGE 2010, 233, 264.

491 Siehe oben § 6 III. 2.

492 Beschlussempfehlung und Bericht des BT-Rechtsausschusses (6. Ausschuss) zu dem von der Bundesregierung eingebrachten Entwurf eines Gesetzes zur Änderung des Gebrauchsmustergesetzes v. 23.06.1986, BT-Drs. 10/5720, S. 23 f.

Zwangsvollstreckung, verstanden.[493] Auch die Tatsache, dass sich die Erörterungen des Gesetzgebers zu rechtsgeschäftlichen Übertragungen eines Schutzrechts nicht ohne Weiteres auf einen Rechtsübergang im Rahmen der Zwangsvollstreckung übertragen lassen, ändern an dem Ergebnis nichts. So heißt es beispielsweise in einer Passage: „Der Erwerber des Schutzrechts oder [...] können sich aber über das Bestehen früherer Lizenzverpflichtungen informieren."[494] Eine Kenntnis von gegebenenfalls bestehenden Lizenzen ist jedoch nicht immer gegeben, da eine Eintragung der Lizenz in das vom DPMA geführte Markenregister nicht zwingend ist.[495] Vor dem Erwerb des Schutzrechts ist dies daher meist nur unter der freiwilligen Mitwirkung des ehemaligen Markenrechtsinhabers möglich. Eine solche Mitwirkung dürfte bei einem Rechtsübergang im Rahmen der Zwangsvollstreckung im Gegensatz zu einer privatautonomen Rechtsübertragung durch den ehemaligen Markenrechtsinhaber aber seltener gegeben sein.[496] In den Gesetzesmaterialien ist überdies die Formulierung zu finden, dass große Unternehmen sich eventuell durch „Vertragsformulierungen" vor einem Verlust der Lizenz schützen können.[497] Auch dies dürfte in der Zwangsvollstreckung aufgrund des zwanghaft entzogenen Markenrechts und der damit verbundenen unfreiwillig entstandenen Rechtsbeziehung der Beteiligten im Regelfall nicht möglich sein.[498] Daraus könnte gefolgert werden, dass der Gesetzgeber einen Rechtsübergang im Rahmen der Zwangsvollstreckung insgesamt nicht bedacht hat. Dass der Übergang eines lizenzierten Markenrechts im Rahmen der Zwangsvollstreckung keine explizite Erwähnung in den Gesetzesmaterialien findet, könnte jedoch auch dem Umstand geschuldet sein, dass eine Zwangsvollstreckung in Markenrechte erst kurz vor der gesetzlichen Verankerung des Sukzessionsschutzes zulässig wurde[499] und daher noch keine große Bedeutung

---

493 Vgl. zu der Benutzung des Begriffs „Erwerber der Marke" im Zusammenhang mit der Verwertung im Rahmen der Zwangsvollstreckung exemplarisch *Grüger*, in: BeckOK-MarkenR, § 29 MarkenG, Rn. 46.

494 Beschlussempfehlung und Bericht des BT-Rechtsausschusses (6. Ausschuss) zu dem von der Bundesregierung eingebrachten Entwurf eines Gesetzes zur Änderung des Gebrauchsmustergesetzes v. 23.06.1986, BT-Drs. 10/5720, S. 24.

495 Zur Möglichkeit, die Lizenz im Markenregister des DPMA eintragen zu lassen, siehe ausführlich unten § 9 II. 2.

496 Siehe dazu unten § 8 II. 1. b. aa.

497 Stellungnahme des Bundesrates zu dem von der Bundesregierung eingebrachten Entwurf eines Gesetzes zur Änderung des Gebrauchsmustergesetzes v. 26.09.1985, BT-Drs. 10/3903, Anl. 2, S. 33.

498 Siehe unten § 8 II. 1. b. bb.

499 Siehe zur Geschichte der Zwangsvollstreckung in Markenrechte oben § 2.

in der Praxis spielte. Beide Fälle verbieten jedoch gerade nicht die Anwendung des Sukzessionsschutzes auch im Falle eines Rechtsübergangs im Rahmen der Zwangsvollstreckung.

Eine solche Auslegung steht auch in Einklang mit dem Normzweck des § 30 Abs. 5 MarkenG, da das Schutzbedürfnis, den Lizenznehmer vor einer Beeinträchtigung seines Rechts durch einen Inhaberwechsel zu schützen, auch bei einem Rechtsübergang im Rahmen der Zwangsvollstreckung gegeben ist.[500]

Aus den vorgenannten Gründen ist auch der differenzierte Ansatz *Volkmers*[501] abzulehnen,[502] welcher die Anwendbarkeit des § 30 Abs. 5 MarkenG von einer Unterscheidung der Übertragung des Schutzrechts nach Rechtsgeschäft einerseits und Hoheitsakt andererseits abhängig macht: § 30 Abs. 5 MarkenG sei für den Fall der rechtsgeschäftlichen Übertragung des Schutzrechts im Rahmen der Zwangsvollstreckung aufgrund einer Überlagerung des Vollstreckungsrechts durch das Privatrecht anwendbar.[503] Bei einer hoheitlichen Rechtsübertragung des Schutzrechts im Rahmen der Zwangsvollstreckung finde hingegen immer ein lizenzlastenfreier Erwerb mangels Sukzessionsschutzes statt.[504]

4. Keine Drittwiderspruchsklage neben Sukzessionsschutz

Aufgrund der Gewährung des Sukzessionsschutzes des Lizenznehmers gemäß § 30 Abs. 5 MarkenG bei einem Übergang des Markenrechts im Rahmen der Zwangsvollstreckung steht dem Lizenznehmer nicht die Möglichkeit zu, im Wege der Drittwiderspruchsklage gemäß § 771 ZPO den Zugriff des Vollstreckungsgläubigers auf das Markenrecht zu verhindern.[505] Ein Teil der Lehre erkennt eine solche Befugnis (teilweise differenziert nach Art der Rechtsnatur der Lizenz) zwar aufgrund einer Einstufung der Lizenz als ein die Veräußerung hinderndes Recht an.[506] Diese Ansicht überzeugt jedoch nicht. Der Gesetzgeber

---

500 *Brämer*, Die Sicherungsabtretung von Markenrechten, S. 340; *Pahlow*, Lizenz und Lizenzvertrag, S. 351.

501 *Volkmer*, Das Markenrecht im Zwangsvollstreckungsverfahren, S. 180 ff.

502 Ausführlich hierzu *Brämer*, Die Sicherungsabtretung von Markenrechten, S. 337 ff.; *Pahlow*, Lizenz und Lizenzvertrag, S. 350 f.

503 *Volkmer*, Das Markenrecht im Zwangsvollstreckungsverfahren, S. 184.

504 *Volkmer*, Das Markenrecht im Zwangsvollstreckungsverfahren, S. 183.

505 *McGuire*, Die Lizenz, S. 599.

506 Differenzierend nach ausschließlicher und einfacher Lizenz bspw. *Pahlow*, Lizenz und Lizenzvertrag, S. 352; *ders.*, in: HK-MarkenR, § 29, Rn. 17; *Kirchhof*, in: FS Merz, S. 283, 288 ff. (insbesondere zur Patentlizenz, da die Rechtslage zur Warenzeichenlizenz nach dem damals geltenden WZG aufgrund der engen Bindung des

hat nämlich durch die Regelung in § 30 Abs. 5 MarkenG, welche in erster Linie den Lizenznehmer schützt und auf einen Übergang in der Zwangsvollstreckung anwendbar ist[507], zum Ausdruck gebracht, dass die Veräußerung des Markenrechts trotz Lizenzierung zulässig ist, so dass eine solche Veräußerung nicht in den Rechtskreis des Lizenznehmers eingreifen und kein die Veräußerung hinderndes Recht vorliegen kann.[508] Weder die Pfändung des Markenrechts kann die Rechtsposition des Lizenznehmers beeinträchtigen,[509] noch kann die Verwertung eine solche Gefahr der Beeinträchtigung mit sich bringen: Denn selbst wenn das Markenrecht in Rahmen der Zwangsvollstreckung durch Verwertung auf einen neuen Inhaber übergeht, bleibt die Lizenz aufgrund des Sukzessionsschutzes gemäß § 30 Abs. 5 MarkenG bestehen.[510] Die Lizenz stellt daher kein die Veräußerung hinderndes Recht i.S.d. § 771 ZPO dar.[511]

5. Zusammenfassung

Vor dem Hintergrund, dass Zwangsvollstreckungsmaßnahmen in § 30 Abs. 5 i.V.m. § 27 Abs. 1 MarkenG nicht ausdrücklich erwähnt werden und auch keine auf den Sukzessionsschutz verweisende Spezialvorschrift existiert, war zu untersuchen, ob die Vorschrift auf den Übergang des Markenrechts im Rahmen der Zwangsvollstreckung anwendbar ist. Dabei war nach der Pfändung des Markenrechts und der anschließenden Verwertung zu unterscheiden.

In der Literatur herrscht Einigkeit darüber, dass die Lizenz von der Begründung eines Pfändungspfandrechts an dem Markenrecht nicht berührt wird. Die überzeugendere Ansicht kommt aufgrund der Anwendung des § 30 Abs. 5 MarkenG zu diesem Ergebnis, während nach der Gegenansicht die Pfändung schon die Rechtsstellung des Lizenznehmers bzw. den Fortbestand der Lizenz nicht

---

Warenzeichens an den Geschäftsbetrieb eine andere Betrachtung erforderte, vgl. zu der engen Bindung des Warenzeichens an den Geschäftsbetrieb oben § 2 I.). Nach Lizenznehmer eines dinglichen und schuldrechtlichen Rechts unterscheidend *Volkmer*, Das Markenrecht im Zwangsvollstreckungsverfahren, S. 154, 180 ff. Für den Lizenznehmer sowohl einer einfacher als auch einer ausschließlicher Patentlizenz *Knobloch*, Abwehransprüche, S. 279 f.

507 Siehe dazu ausführlich oben § 8 I. 3.

508 *McGuire*, Die Lizenz, S. 569, 599.

509 Siehe dazu oben § 8 I. 2.

510 Siehe dazu oben § 8 I. 3.

511 *Engels*, Die Rechtsnatur der Markenlizenz, S. 154 ff.; *McGuire*, Die Lizenz, S. 599.

berührt und daher kein Bedarf für eine Anwendung des § 30 Abs. 5 MarkenG gesehen wird.[512]

Der Lizenznehmer wird nach überwiegender Ansicht bei der Verwertung eines lizenzierten Markenrechts durch einen Übergang des Markenrechts gemäß § 30 Abs. 5 MarkenG geschützt. Eine solche Interpretation ist nicht nur von der offenen Formulierung des § 30 Abs. 5 i.V.m. § 27 Abs. 1 MarkenG erfasst, sondern steht auch in Einklang mit dem Normzweck des § 30 Abs. 5 MarkenG: Das Schutzbedürfnis, den Lizenznehmer vor einer Beeinträchtigung seines Rechts durch einen Inhaberwechsel zu schützen, ist auch bei einem Rechtsübergang im Rahmen der Zwangsvollstreckung gegeben.[513] Aufgrund der Gewährung des Sukzessionsschutzes bei Rechtsübergang im Rahmen der Zwangsvollstreckung kann dem Lizenznehmer auch kein Schutz im Wege einer Drittwiderspruchsklage zugestanden werden.[514]

II. Rechtsfolgenseite des Sukzessionsschutzes bei Rechtsübergang im Rahmen der Zwangsvollstreckung

Da die bisherige Untersuchung ergeben hat, dass § 30 Abs. 5 MarkenG auf den Übergang eines lizenzierten Markenrechts im Rahmen der Zwangsvollstreckung anwendbar ist,[515] stellt sich in einem nächsten Schritt die Frage der konkreten Ausgestaltung der Rechtsfolgen eines solchen Markenrechtsübergangs.

Der Ablauf des Übergangs eines Markenrechts im Rahmen der Zwangsvollstreckung (siehe unter 1. a.) führt zu Besonderheiten im Rechtsverhältnis zwischen dem neuen Markenrechtsinhaber und einem Lizenznehmer (siehe unter 1. b.). Literatur und Rechtsprechung, die überwiegend schon keine die berechtigten Interessen der Beteiligten zum Ausgleich bringende Lösung für die Ausgestaltung des Sukzessionsschutzes *de lege lata* aufzeigen,[516] konzentrieren sich bei

512 Siehe dazu oben § 8 I. 2.

513 Siehe dazu oben § 8 I. 3.

514 Siehe dazu oben § 8 I. 4.

515 Siehe dazu oben § 8 I.

516 Siehe dazu ausführlich oben § 5 III. 2. Die im Vordringen befindliche Ansicht, der Sukzessionsschutz sei als gesetzlich angeordnete Vertragsübernahme zu deuten, überzeugt zwar im Grundsatz, da sie die berechtigten Interessen aller Beteiligten zu einem angemessenen Ausgleich bringt, sie lässt sich jedoch nicht mit der Vorschrift über den markenrechtlichen Sukzessinsschutz *de lege lata* vereinbaren und kommt daher lediglich als Ausgestaltung *de lege ferenda* in Betracht. Siehe dazu ausführlich oben § 5 III. 2. dd. (2) (a), § 6 sowie § 7.

der Herausarbeitung der Rechtsfolgen des Sukzessionsschutzes hauptsächlich auf eine privatautonome Übertragung des Markenrechts durch den ursprünglichen Markeninhaber und lassen die Besonderheiten eines Rechtsübergangs im Rahmen der Zwangsvollstreckung überwiegend unberücksichtigt. Im Folgenden werden daher die Auswirkungen dieser Besonderheiten auf die Rechtsposition des neuen Markenrechtsinhabers sowie des Lizenznehmers unter Berücksichtigung des aktuellen Meinungsstandes herausgearbeitet (siehe unter 2.).

1. Besonderheiten im Ablauf des Übergangs eines lizenzierten Markenrechts im Rahmen der Zwangsvollstreckung

Aus dem Ablauf des Übergangs eines lizenzierten Markenrechts im Rahmen der Zwangsvollstreckung ergeben sich Besonderheiten für das Rechtsverhältnis zwischen neuem Markenrechtsinhaber und Lizenznehmer.

a. Der Ablauf der Verwertung

Wie im ersten Teil dieser Arbeit ausführlich dargestellt, kommen mehrere Möglichkeiten des Übergangs eines Markenrechts im Rahmen der zwangsvollstreckungsrechtlichen Verwertung auf ein neues Rechtssubjekt in Betracht, nämlich die öffentliche Versteigerung, die freihändige Veräußerung sowie die Überweisung an Zahlungs statt zu einem Schätzwert. Das Gericht kann die Versteigerung und die freihändige Veräußerung entweder durch einen Gerichtsvollzieher oder durch eine Privatperson anordnen.[517]

aa. Versteigerung und freihändige Veräußerung durch einen Gerichtsvollzieher

Die Übertragung des Markenrechts durch einen Gerichtsvollzieher kann entweder durch eine öffentliche Versteigerung oder eine freihändige Veräußerung erfolgen, §§ 857 Abs. 5, 844 Abs. 1 ZPO.

Bei der öffentlichen Versteigerung des Markenrechts durch einen Gerichtsvollzieher richtet sich das Verfahren nach den §§ 816 ff. ZPO, sofern das Vollstreckungsgericht nicht Abweichendes bestimmt.[518] Danach gibt der

---

517 Siehe zu dem Vorstehenden oben § 3 II. 2. b. Die Möglichkeit des Mitbietens durch den Vollstreckungsschuldner im Rahmen der Versteigerung ist mangels eines Rechtsübergangs für die vorliegende Arbeit nicht relevant.

518 Bspw. *Bendtsen*, in: Kindl/Meller-Hannich, Gesamtes Recht der Zwangsvollstreckung, § 844, Rn. 6; *Flockenhaus*, in; Musielak/Voit, § 844 ZPO Rn. 5; *Smid*, in: MünchKomm-ZPO, § 844, Rn. 13; *Stöber/Rellermeyer*, Forderungspfändung, Rn. E.14.

Gerichtsvollzieher bei Eröffnung einer Präsenzversteigerung[519] zunächst die Versteigerungsbedingungen bekannt und fordert zum Bieten auf.[520] § 156 BGB findet trotz ausdrücklicher Verweisung in § 817 Abs. 1 ZPO lediglich eingeschränkt Anwendung.[521] Das Gebot, welches in der Zwangsversteigerung abgegeben wird, stellt nämlich eine Prozesshandlung und keinen bürgerlich-rechtlichen Vertragsantrag dar.[522] Steht der Höchstbietende fest, erfolgt die Rechtsübertragung nicht durch Zuschlag, sondern durch anschließende Rechtsübertragungserklärung durch den Gerichtsvollzieher i.S.d. § 817 Abs. 2 ZPO[523], welche eine hoheitliche und keine privatrechtliche Erklärung darstellt.[524] Die Übertragung ersetzt jegliche Formerfordernisse und kann durch das Versteigerungsprotokoll nachgewiesen werden.[525]

Der Rechtsübergang bei der freihändigen Veräußerung durch den Gerichtsvollzieher erfolgt ausschließlich hoheitlich.[526] Die Gegenansicht, nach welcher

---

519 Die gem. §§ 857 Abs. 1, 844 Abs. 1 ZPO bei anderen Vermögensrechten grundsätzlich mögliche gerichtliche Anordnung einer Verwertung durch Internetversteigerung (vgl. *Bendtsen*, in: Kindl/Meller-Hannich, Gesamtes Recht der Zwangsvollstreckung, § 844, Rn. 6 unter Verweis auf die Versteigerung einer Internet-Domain durch ein Internet-Auktionshaus, LG Mönchengladbach, Beschluss v. 22.09.2004, NJW-RR 2005, 439) scheint soweit ersichtlich in der Praxis (bspw. bei eBay (www.e-bay.de) oder Ricardo (www.ricardo.de)) bei Markenrechten jedenfalls durch Privatpersonen nicht zu erfolgen. Siehe zu der Versteigerung durch eine Privatperson ausführlich unten § 8 II. 1. a. bb.

520 Bspw. *Flockenhaus,* in: Musielak/Voit, § 817 ZPO, Rn. 2; *Herget*, in: Zöller, § 817 ZPO, Rn. 3.

521 *Armbrüster*, in: Erman, BGB, § 156, Rn. 1; *Bork*, in: Staudinger, § 156 BGB, Rn. 11; *Busche*, in: MünchKomm-BGB, § 156, Rn. 2.

522 *Bork*, in: Staudinger, § 156 BGB, Rn. 11; *Busche*, in: MünchKomm-BGB, § 156, Rn. 2; *Armbrüster*, in: Erman, BGB, § 156, Rn. 1.

523 Bspw. *Würdinger*, in: Stein/Jonas, § 844 ZPO, Rn. 9; 817, Rn. 20; *Stöber/Rellermeyer*, Forderungspfändung, Rn. E.14; *Volkmer*, Das Markenrecht im Zwangsvollstreckungsverfahren, S. 162.

524 Bspw. *Flockenhaus*, in: Musielak/Voit, § 844 ZPO, Rn. 5; *Volkmer*, Das Markenrecht im Zwangsvollstreckungsverfahren, S. 162. Vgl. auch *Brämer*, Die Sicherungsabtretung von Markenrechten, S. 339, Fn. 62.

525 Bspw. *Flockenhaus*, in: Musielak/Voit, § 844 ZPO, Rn. 5; *Stöber/Rellermeyer*, Forderungspfändung, Rn. E.14.

526 Bspw. *Flockenhaus*, in: Musielak/Voit, § 844 ZPO, Rn. 5; *Würdinger*, in: Stein/Jonas, § 844 ZPO, Rn. 12; *Volkmer*, Das Markenrecht im Zwangsvollstreckungsverfahren, S. 168. Diesen Streit zusammenfassend in Zusammenhang mit der Frage, ob § 30 Abs. 5 MarkenG auch bei einem Übergang des Markenrechts als Ergebnis der

zwischen dem Gerichtsvollzieher und dem Erwerber ein bürgerlich-rechtlicher Vertrag zustande kommt[527] und der Rechtsübergang des Markenrechts ein Verfügungsgeschäft nach materiellem Recht erfordert[528], ist abzulehnen. Vor dem Hintergrund, dass Vertreter dieser Ansicht selbst ausführen, dass der Gerichtsvollzieher als Zwangsvollstreckungsorgan hoheitlich handelt,[529] ist nicht nachzuvollziehen, warum Verpflichtungs- und Verfügungsgeschäft privatrechtlich zustande kommen sollen.

bb. Versteigerung und freihändige Veräußerung durch eine Privatperson

Die Versteigerung und die freihändige Veräußerung des Markenrechts können nicht nur durch einen Gerichtsvollzieher erfolgen; das Gericht kann auch die Durchführung durch eine Privatperson, zum Beispiel durch einen Auktionator oder einen Notar, anordnen.[530]

Für eine Präsenzversteigerung[531] kann durch das Vollstreckungsgericht eine Privatperson zum Abschluss eines Kaufvertrags über das Markenrecht sowie dessen Übertragung auf den Ersteher ermächtigt werden.[532] Auch hier ist zwischen dem Verpflichtungs- und dem Verfügungsgeschäft zu unterscheiden: Der schuldrechtliche Vertrag kommt aufgrund der privatrechtlichen Natur durch

---

Zwangsvollstreckung anwendbar ist, *Brämer*, Die Sicherungsabtretung von Markenrechten, S. 339, Fn. 62.

527 *Stöber/Rellermeyer*, Forderungspfändung, Rn. E.17; *Smid*, in: MünchKomm-ZPO, § 844, Rn. 16.

528 Exemplarisch RG, Urt. v. 22.06.1940, RGZ 164, 162, 171 f.; *Stöber/Rellermeyer*, Forderungspfändung, Rn. E.17, *Herget*, in: Zöller, § 844 ZPO, Rn. 6. Diesen Streit zusammenfassend in Zusammenhang mit der Frage, ob § 30 Abs. 5 MarkenG auch bei einem Übergang des Markenrechts als Ergebnis der Zwangsvollstreckung anwendbar ist *Brämer*, Die Sicherungsabtretung von Markenrechten, S. 339, Fn. 62.

529 *Herget*, in: Zöller, § 825, Rn. 12; § 844, Rn. 6.

530 Siehe dazu oben § 3 II. 2. b.

531 Die gem. §§ 857 Abs. 1, 844 Abs. 1 ZPO bei anderen Vermögensrechten grundsätzlich mögliche gerichtliche Anordnung einer Verwertung durch Internetversteigerung (vgl. *Bendtsen*, in: Kindl/Meller-Hannich, Gesamtes Recht der Zwangsvollstreckung, § 844, Rn. 6 unter Verweis auf die Versteigerung einer Internet-Domain durch ein Internet-Auktionshaus, LG Mönchengladbach, Beschluss v. 22.09.2004, NJW-RR 2005, 439) scheint soweit ersichtlich in der Praxis (bspw. bei eBay (www.e-bay.de) oder Ricardo (www.ricardo.de)) bei Markenrechten nicht zu erfolgen. Siehe zum Verfahren bei privatrechtlichen Online-Auktionen *Busche*, in: MünchKomm-BGB, § 156, Rn. 3.

532 *Smid*, in: MünchKomm-ZPO, § 844, Rn. 14.

Zuschlag zustande, § 156 S. 1 BGB.[533] Der dingliche Vollzug durch den privaten Versteigerer erfolgt nicht bereits durch Zuschlag, sondern nach den allgemeinen sachenrechtlichen Prinzipien,[534] für die Übertragung des Markenrechts mithin durch Abtretung gemäß §§ 413, 398 ff. BGB.[535] Es sind alle Formvorschriften des materiellen Rechts einzuhalten.[536] Da der private Versteigerer die Anordnungen des Gerichts befolgen muss, sind für ihn beispielsweise Absprachen zwischen dem Vollstreckungsgläubiger und dem ursprünglichen Markenrechtsinhaber unbeachtlich, sofern die gerichtlichen Anordnungen keine diesbezügliche Öffnungsklausel enthält.[537]

Bei der freihändigen Veräußerung kommt ein privatrechtlicher Vertrag gemäß §§ 453, 433 BGB zustande.[538] Der dingliche Vollzug erfolgt wie bei der Versteigerung durch eine Privatperson durch Abtretung gemäß §§ 413, 398 ff. BGB.[539] Es müssen ebenfalls Formvorschriften eingehalten werden.[540]

cc. Überweisung an Zahlungs statt zum Schätzwert

Die Überweisung an Zahlungs statt hat den Übergang des Markenrechts im Wege der Abtretung des gepfändeten Markenrechts gemäß §§ 413, 398 ff. BGB zur Folge.[541] Durch die Überweisung an Zahlungs statt zum Schätzwert gemäß §§ 857 Abs. 1, 844 Abs. 1 ZPO wird der Gläubiger mithin neuer Inhaber des Markenrechts.[542] Raum für Verhandlungen, wie es bei einer privatautonomen

---

533 *Volkmer*, Das Markenrecht im Zwangsvollstreckungsverfahren, S. 167. Vgl. auch *Kindl*, in: Kindl/Meller-Hannich, Gesamtes Recht der Zwangsvollstreckung, § 825, Rn. 10 zur Verwertung einer gepfändeten Sache im Wege der Versteigerung durch eine andere Person.

534 BGH, Urt. v. 03.07.1964, JZ 1964, 772 (Ls.) zur Hypothek; *Busche*, in: MünchKomm-BGB, § 156, Rn. 7; *Smid*, in: MünchKomm-ZPO, § 844, Rn. 14.

535 *Volkmer*, Das Markenrecht im Zwangsvollstreckungsverfahren, S. 167.

536 *Würdinger*, in: Stein/Jonas, § 844 ZPO, Rn. 10; *Smid*, in: MünchKomm-ZPO, § 844, Rn. 14.

537 *Volkmer*, Das Markenrecht im Zwangsvollstreckungsverfahren, S. 167.

538 RG, Urt. v. 22.06.1940, RGZ 164, 162, 172; *Stöber/Rellermeyer*, Forderungspfändung, Rn. E.17. Vgl. auch *Kindl*, in: Kindl/Meller-Hannich, Gesamtes Recht der Zwangsvollstreckung, § 825, Rn. 10 zur freihändigen Veräußerung einer körperlichen Sache nach §§ 433 ff. BGB.

539 *Würdinger*, Stein/Jonas, § 844 ZPO, Rn. 12; *Volkmer*, Das Markenrecht im Zwangsvollstreckungsverfahren, S. 169.

540 *Flockenhaus*, in: Musielak/Voit, § 844 ZPO, Rn. 5.

541 Siehe dazu oben § 3 II. 2. b.

542 Siehe dazu oben § 3 II. 3. b.

Veräußerung und Übertragung des Markenrechts durch den ursprünglichen Markeninhaber der Fall ist, besteht nicht.

b. Besonderheiten für das Rechtsverhältnis zwischen neuem Markenrechtsinhaber und Lizenznehmer

Der Ablauf des Übergangs des Markenrechts im Rahmen der Zwangsvollstreckung[543] führt zu Besonderheiten im Rechtsverhältnis zwischen dem neuen Markenrechtsinhaber und dem Lizenznehmer.

aa. Gefahr der Unkenntnis bestehender Lizenzen

Bei einem Rechtsübergang im Rahmen der Zwangsvollstreckung besteht eine höhere Gefahr der Unkenntnis des neuen Markenrechtsinhabers von gegebenenfalls an der Marke bestehenden Lizenzen. Im Gegensatz zu einer privatautonomen Übertragung des lizenzierten Markenrechts durch den ursprünglichen Markeninhaber, stehen dem neuen Markenrechtsinhaber für diesen Fall in der Regel keine Ansprüche aus Gewährleistung oder auf Schadensersatz gegen den ursprünglichen Markenrechtsinhaber zu:

Da die Lizenz in Deutschland derzeit nicht in das vom DPMA geführte Markenregister eingetragen werden muss,[544] besteht grundsätzlich sowohl bei einer privatautonomen Veräußerung und Übertragung des Markenrechts durch den ursprünglichen Markeninhaber als auch bei einem Übergang des Markenrechts im Rahmen der Zwangsvollstreckung das Risiko, dass der neue Markenrechtsinhaber keine Kenntnis von gegebenenfalls bestehenden Lizenzen erlangt.

Bei einer privatautonomen Übertragung des Markenrechts durch den ursprünglichen Markeninhaber ist jedoch – im Unterschied zu einem Rechtsübergang im Rahmen der Zwangsvollstreckung – aufgrund der vertraglichen Beziehung von einem größeren Interesse des ursprünglichen Markenrechtsinhabers auszugehen, den neuen Markenrechtsinhaber als seinen Vertragspartner über gegebenenfalls bestehende Lizenzen aufzuklären. Markenrechtsübertragungsverträge enthalten üblicherweise eine Klausel, durch welche der Inhaber als Verkäufer gewährleistet, dass an der Marke keine Nutzungsrechte oder sonstige (dingliche) Rechte eingeräumt wurden.[545] Verschweigt der ursprüngliche

543 Siehe oben § 8 II. 1. a.

544 Zu der Möglichkeit, Lizenzen in das Markenregister eintragen zu lassen, siehe ausführlich unten § 9 II. 2.

545 Vgl. *Loew*, in: Beck'sche Online-Formulare Vertrag, 14.1 Markenübertragungsvertrag, § 3 Abs. 3.

Markenrechtsinhaber das Bestehen einer Lizenz an dem Schutzrecht, setzt er sich gegenüber dem neuen Markenrechtsinhaber Schadensersatzansprüchen und/oder Gewährleistungsansprüchen aus.

Bei einem Rechtsübergang in der Zwangsvollstreckung stellt sich dies anders dar: Es ergibt sich eine höhere Gefahr der Unkenntnis gegebenenfalls bestehender Lizenzen daraus, dass mit einem mangelnden Interesse an der Mitwirkung bei dem Übergang der Marke gerechnet werden muss, da der ursprüngliche Markenrechtsinhaber sein Recht zwangsweise verloren hat und im Gegensatz zu einer privatautonomen Übertragung durch den ursprünglichen Markeninhaber keine Vertragsbeziehung zum Erwerber hat. Der neue Markenrechtsinhaber kann sich in der Zwangsvollstreckung daher nicht darauf verlassen, dass die Angaben des ursprünglichen Markenrechtsinhabers richtig und vollständig sind.[546]

Überdies besteht im Regelfall keine aussichtsreiche Absicherung des neuen Markenrechtsinhabers für den Fall, dass gegebenenfalls bestehende Lizenzen verschwiegen werden: Der ursprüngliche Markenrechtsinhaber kann zwar bei der Nichtangabe oder Falschangabe in Bezug auf das Markenrecht im Falle der eidesstattlichen Versicherung der Richtigkeit gemäß § 156 StGB in Anspruch genommen werden.[547] Dies bringt aber keinen Vorteil für den neuen Schutzrechtsinhaber, da er durch die Vorschrift nicht geschützt wird[548] und damit eine Haftung aus § 823 Abs. 2 BGB ausscheidet[549] und auch sonst regelmäßig nicht mit einem Schutz gerechnet werden kann: In der Zwangsvollstreckung stehen dem neuen Markenrechtsinhaber in der Regel keine Gewährleistungsansprüche offen.[550] Bei einem hoheitlichen Erwerb des Markenrechts ist die Gewährleistung gemäß § 806 ZPO ausgeschlossen. Ein Amtshaftungsanspruch ist zwar möglich, der Gerichtsvollzieher hat aber grundsätzlich keine vorherige Untersuchungspflicht.[551] Erfolgt der Erwerb des Markenrechts im Rahmen der Zwangsvollstreckung privatrechtlich, haftet die Vollstreckungsperson (und nicht der Vollstreckungsgläubiger), es sei denn die Gewährleistung wird ausgeschlossen.[552] Von einem Gewährleistungsausschluss dürfte im Regelfall aber

546 Vgl. *Volkmer*, Das Markenrecht im Zwangsvollstreckungsverfahren, S. 263, Fn. 902.
547 *Volkmer*, Das Markenrecht im Zwangsvollstreckungsverfahren, S. 78.
548 Vgl. *Kudlich*, in: BeckOK-StGB, § 156 StGB, Rn. 1, § 153 StGB, Rn. 1.
549 *Fleck*, in: BeckOK-ZPO, § 802c ZPO, Rn. 44.
550 *Volkmer*, Das Markenrecht im Zwangsvollstreckungsverfahren, S. 235.
551 OLG München, Urteil v. 24.04.1980, DGVZ 1908, 122, 123.
552 *Gruber*, in MünchKomm-ZPO, § 806, Rn. 3; *Volkmer*, Das Markenrecht im Zwangsvollstreckungsverfahren, S. 234 f.

auszugehen sein. Dass der neue Markenrechtsinhaber in der zwangsvollstreckungsrechtlichen Versteigerung durch eine Privatperson einen selbstständigen Garantievertrag mit dem Vollstreckungsschuldner oder -gläubiger für die Zusicherung der Lastenfreiheit in Bezug auf Lizenzen abschließt,[553] ist unrealistisch: Bei einer Verwertung des Markenrechts durch öffentliche Versteigerung sind beispielsweise mehrere Bieter vorhanden und es dürfte daher kein Spielraum für individuelle Verhandlungen im Vorfeld der Versteigerung bestehen.[554] Auch für eine Verschuldenshaftung ist im Regelfall kein Raum.[555] Unrichtige Angaben durch den Vollstreckungsschuldner (ehemalige Markenrechtsinhaber) können auch versehentlich oder aufgrund einer Lizenzerteilung durch einen Rechtsvorgänger mangels Kenntnis erfolgen.[556] Ein Anspruch gem. § 826 BGB gegenüber dem Vollstreckungsschuldner oder -gläubiger dürfte daher selten verwirklicht sein.[557] Die Realisierung eines etwaigen Haftungsanspruchs des neuen Markenrechtsinhabers ist insgesamt also erheblich erschwert.

bb. Mangelnde Mitwirkung des ursprünglichen Markenrechtsinhabers

Nach der Anordnung des Sukzessionsschutzes *de lege lata* ist der ursprüngliche Markenrechtsinhaber nicht dazu verpflichtet, gegen Verletzungen von lizenzvertraglichen Pflichten des Lizenznehmers vorzugehen und auch eine freiwillige Mitwirkung des ursprünglichen Markenrechtsinhabers kann im Regelfall nicht angenommen werden.[558]

Bei einer privatautonomen Übertragung des Markenrechts durch den ursprünglichen Markeninhaber ist für den neuen Markenrechtsinhaber die Möglichkeit gegeben, die Folgen des Sukzessionsschutzes abzumildern. Er kann nämlich für den Fall von Verletzungen der aus dem Lizenzvertrag folgenden Pflichten durch den Lizenznehmer seinen Vertragspartner, also den ursprünglichen Markenrechtsinhaber, zur Mitwirkung gegen solche Pflichtverletzungen verpflichten.[559] Da sich der ursprüngliche Markenrechtsinhaber dann im Falle

553 So *Volkmer*, Das Markenrecht im Zwangsvollstreckungsverfahren, S. 236.
554 Siehe zum Ablauf der Versteigerung oben § 8 II. 1. a.
555 *Volkmer*, Das Markenrecht im Zwangsvollstreckungsverfahren, S. 235.
556 Vgl. *Volkmer*, Das Markenrecht im Zwangsvollstreckungsverfahren, S. 262, 264.
557 Vgl. *Volkmer*, Das Markenrecht im Zwangsvollstreckungsverfahren, S. 235.
558 Vgl. *Tochtermann*, Sukzessionsschutz im Recht des Geistigen Eigentums, S. 79. Siehe auch *Semrau-Brandt*, EWiR 2020, 381, 38, welche diese Schwierigkeit im Zusammenhang mit dem Fall nennt, dass Veräußerer und Lizenznehmer verbundene Unternehmen sind.
559 Vgl. *McGuire*, Die Lizenz, S. 443 f.

einer Verweigerung zur Mitwirkung Schadensersatzansprüchen ausgesetzt sieht, hat dieser ein Interesse daran, mitzuwirken.

Anders stellt sich diese Situation allerdings bei einem Rechtsübergang im Rahmen der Zwangsvollstreckung dar: Zum einen besteht die Möglichkeit, dass aufgrund des Ablaufs des Rechtsübergangs in der Zwangsvollstreckung, zum Beispiel bei einer hoheitlichen Übertragungserklärung durch den Gerichtsvollzieher,[560] kein Raum für derartige Abreden zwischen dem neuen und dem ehemaligen Markenrechtsinhaber gegeben ist. Zudem wird der ehemalige Markenrechtsinhaber aufgrund des unfreiwilligen Verlusts seiner Markenrechtsinhaberschaft wohl kein Interesse daran haben, dem neuen Inhaber in Bezug auf die Lizenz freiwillig zu seinem Recht zu verhelfen. Dem neuen Markenrechtsinhaber steht mithin – anders als bei einer privatautonomen Übertragung des Markenrechts durch den ursprünglichen Markeninhaber – kein Vertragspartner zur Seite, der als verlängerter Arm seine Rechtsposition gegenüber dem Lizenznehmer stärken könnte.

cc. Fazit

Die Untersuchung hat ergeben, dass bei einem Rechtsübergang in der Zwangsvollstreckung zum einen ein hohes Risiko der Unkenntnis des neuen Markenrechtsinhabers von gegebenenfalls bestehenden Lizenzen gegeben ist.[561] Zum anderen kann der neue Markenrechtsinhaber bei Verstößen des Lizenznehmers gegen Pflichten aus dem Lizenzvertrag nicht mit einer Mitwirkung des ehemaligen Markeninhabers gegen den Lizenznehmer rechnen.[562]

2. Kaum Berücksichtigung dieser Besonderheiten im aktuellen Meinungsstand

Literatur und Rechtsprechung konzentrieren sich bei der Herausarbeitung der Rechtsfolgen des Sukzessionsschutzes hauptsächlich auf eine privatautonome Übertragung des Markenrechts durch den ursprünglichen Markeninhaber[563] und lassen die Besonderheiten eines Rechtsübergangs im Rahmen der Zwangsvollstreckung überwiegend unberücksichtigt. Eine Ausnahme davon stellt *Tochtermann* dar, welche einige besonders drastische Folgen der wohl

---

560 Siehe oben § 8 II. 1. a. aa.
561 Siehe oben § 8 II. 1. b. aa.
562 Siehe oben § 8 II. 1. b. bb.
563 Siehe dazu oben § 5 III. 2. b.

(noch) überwiegend vertretenen Literaturansicht erläutert.[564] Im Folgenden werden daher umfassend die Auswirkungen der Besonderheiten in der Zwangsvollstreckung auf die Rechtsposition des neuen Markenrechtsinhabers sowie des Lizenznehmers unter Berücksichtigung des aktuellen Meinungsstandes herausgearbeitet.

a. Erste Strömung in der Literatur: Lediglich Fortbestand des Nutzungsrechts

Die Untersuchung im zweiten Teil dieser Arbeit hat ergeben, dass die wohl (noch) überwiegend vertretene Literaturansicht die konkreten Rechtsfolgen des markenrechtlichen Sukzessionsschutzes – wenn sie überhaupt diskutiert werden – dogmatisch nicht sauber herausarbeitet und diese Rechtsfolgen zu einer ungünstigen Rechtsposition der beteiligten Personen führen.[565] Die Rechtsfolgen bei Übergang eines lizensierten Markenrechts in der Zwangsvollstreckung finden keine Erwähnung. Diese werden daher im Folgenden untersucht.

aa. Ungünstige Rechtsposition des neuen Markenrechtsinhabers nach Rechtsübergang im Rahmen der Zwangsvollstreckung

Aus den zuvor festgestellten Besonderheiten bei dem Übergang eines lizenzierten Markenrechts im Rahmen der Zwangsvollstreckung können sich Nachteile für den neuen Markenrechtsinhaber in Bezug auf die Rechtsfolgen des Sukzessionsschutzes ergeben.

(1) Rechte des neuen Markenrechtsinhabers gemäß §§ 14 ff. MarkenG

Das Lizenzverhältnis wird in erster Linie durch den Lizenzvertrag zwischen dem ursprünglichen Markeninhaber als Lizenzgeber und dem Lizenznehmer geregelt,[566] der nach der wohl (noch) überwiegenden Literaturansicht gerade nicht auf den neuen Markeninhaber übergeht.[567] Daneben regelt § 30 Abs. 2 MarkenG

---

564 *Tochtermann*, Sukzessionsschutz im Recht des Geistigen Eigentums, S. 79 f. Siehe zu den dort aufgegriffenen Beispielen auch unten § 8 II. 2. a. aa. (2) (b) sowie (3).

565 Siehe oben § 5 III. 2. b. aa. und § 5 III. 2. b. dd. (1).

566 Bspw. *Müller*, in: Spindler/Schuster, § 30 MarkenG, Rn. 13.

567 A.A. *McGuire*, *McGuire/Kunzmann* und *Tochtermann*, die den gesetzlichen Sukzessionsschutz als gesetzlich angeordnete Vertragsübernahme *de lege lata* verstehen (siehe oben § 5 III. 2. b. bb. (1)). Siehe zur Kritik daran oben § 5 III. 2. b. dd. (2) (a) und insgesamt zum Meinungsstand der Rechtsfolgenseite des Sukzessionsschutzes ausführlich oben § 5 III. 2. b.

ausdrücklich, dass der Markeninhaber Rechte aus der Marke gegen den Lizenznehmer geltend machen kann, wenn dieser gegen die im abschließenden Katalog des § 30 Abs. 2 MarkenG genannten Bestimmungen des Lizenzvertrags verstößt. Aufgezählt werden Verstöße gegen die Dauer der Lizenz (Nr. 1), die von der Eintragung erfasste Form, in der die Marke benutzt werden darf (Nr. 2), die Waren- oder Dienstleistungsart, für welche die Lizenz erteilt wurde (Nr. 3), das Gebiet, in dem die Marke angebracht werden darf (Nr. 4) und die Qualität der entsprechenden Waren oder Dienstleistungen (Nr. 5). Die aus diesen Verstößen resultierenden markenrechtlichen Ansprüche gem. § 30 Abs. 2 MarkenG sind in erster Linie Ansprüche gem. §§ 14 ff. MarkenG.[568] Im Falle einer Markenverletzung stehen diese Ansprüche dem neuen Markenrechtsinhaber zu, der mithin bei Verstößen gemäß § 30 Abs. 2 MarkenG nicht schutzlos gestellt ist.

(2) Keine darüberhinausgehenden Rechte des neuen Markenrechtsinhabers bei Verstoß des Lizenznehmers gegen den Lizenzvertrag

Über den Katalog des § 30 Abs. 2 MarkenG hinaus gibt es jedoch auch Verstöße des Lizenznehmers, die zwar keine Markenrechtsverletzung darstellen, aber einen vertraglichen Anspruch des Markeninhabers gegen den Lizenznehmer auf Schadensersatz, Unterlassung, Leistung oder Kündigung begründen.[569] Da der neue Markenrechtsinhaber nach wohl (noch) überwiegender Literaturansicht nicht Partei des Lizenzvertrags wird,[570] kann er gegen solche Verstöße des Lizenznehmers nicht vorgehen. Dies kann zu einem Ungleichgewicht der Rechtsposition des neuen Markenrechtsinhabers gegenüber dem Lizenznehmer führen.

---

568 Vgl. *Müller*, in: Spindler/Schuster, § 30 MarkenG, Rn. 13; *Taxhet*, in: BeckOK-MarkenR, § 30 MarkenG, Rn. 66.

569 *Ingerl/Rohnke*, § 30 MarkenG, Rn. 29; *Taxhet*, in: BeckOK-MarkenR, § 30 MarkenG, Rn. 83.

570 A.A. *McGuire*, *McGuire/Kunzmann* und *Tochtermann*, die den gesetzlichen Sukzessionsschutz als gesetzlich angeordnete Vertragsübernahme *de lege lata* verstehen (siehe oben § 5 III. 2. b. bb. (1)). Siehe zur Kritik daran oben § 5 III. 2. b. dd. (2) (a) und insgesamt zum Meinungsstand der Rechtsfolgenseite des Sukzessionsschutzes ausführlich oben § 5 III. 2. b.

(a) Kein Auskunftsanspruch gegenüber dem Lizenznehmer

Zunächst steht dem neuen Markenrechtsinhaber gegenüber dem Lizenznehmer kein Anspruch auf Auskunft zu.

Der Lizenznehmer kann dem neuen Markenrechtsinhaber nach dieser Literaturansicht die Lizenz gemäß § 30 Abs. 5 MarkenG entgegenhalten. Er darf die Marke aufgrund seiner Lizenz also auch nach einem Rechtsübergang nutzen. Der neue Markenrechtsinhaber muss die Nutzung seiner Marke dulden.[571] Wenn er überprüfen möchte, ob der Lizenznehmer seine Pflichten aus dem Lizenzvertrag erfüllt, muss er den Umweg über den ursprünglichen Markenrechtsinhaber nehmen. Gegen den Lizenznehmer steht ihm nämlich kein vertraglicher Auskunftsanspruch zu, da er nicht Vertragspartei des Lizenzvertrags ist. Ein Auskunftsanspruch wegen Markenverletzung gemäß § 19 MarkenG ist nicht gegeben, wenn der Lizenznehmer lediglich gegen lizenzvertragliche Pflichten verstößt, die nicht den Katalog des § 30 Abs. 2 MarkenG betreffen und die Marke durch die Nutzung nicht verletzt. Der neue Markeninhaber ist mithin darauf verwiesen den Umweg über den ursprünglichen Markeninhaber zu gehen.

(b) Keine lizenzvertraglichen Pflichten des Lizenznehmers gegenüber dem neuen Markenrechtsinhaber

Der neue Markenrechtsinhaber ist im Falle der Verletzung lizenzvertraglicher Pflichten durch den Lizenznehmer in der Regel schutzlos gestellt.

Dies zeigt sich zunächst am Beispiel einer Verletzung der Pflicht zur Zahlung der Lizenzgebühr durch den Lizenznehmer: *Fezer*, ein Vertreter der wohl (noch) überwiegend vertretenen Literaturansicht zu den Rechtsfolgen des Sukzessionsschutzes, geht offenbar davon aus, dass der Anspruch auf künftige Lizenzgebühren auf den neuen Markenrechtsinhaber übergeleitet wird.[572] Er diskutiert jedoch nicht den hoheitlichen Markenrechtsübergang im Rahmen der Zwangsvollstreckung. Ein solcher erfolgt jedoch nicht nach den privatrechtlichen Vorschriften zur Abtretung.[573] Daher geht der Anspruch auf die Lizenzgebühr in diesem Fall auch nicht auf den neuen Markeninhaber über, sondern verbleibt bei dem ursprünglichen Markeninhaber. Dies erscheint aber unbillig, da der Anspruch auf Zahlung der Lizenzgebühr einen finanziellen Ausgleich für die Einschränkungen in Bezug auf das Markenrecht, bei einer ausschließlichen Lizenz nämlich, dass er die Marke selbst nicht nutzen und verwerten

---

571 Siehe dazu oben § 5 III. 2. b. aa.

572 *Fezer*, § 30 MarkenG, Rn. 39. Siehe dazu ausführlich oben § 5 III. 2. b. aa.

573 Siehe oben § 8 II. 1. a. aa.

darf, darstellt.[574] Man könnte diesem Argument zwar entgegenhalten, dass der neue Markeninhaber dadurch keinem Nachteil unterliegt, da er sich vor dem Erwerb über gegebenenfalls bestehende Belastungen durch die Lizenz informieren und diese durch einen geminderten Kaufpreis berücksichtigen kann.[575] Dies ist grundsätzlich auch bei einem Rechtsübergang im Rahmen der Zwangsvollstreckung möglich, setzt jedoch die Kenntnis bestehender Lizenzen voraus. Wie im vorherigen Abschnitt festgestellt, besteht allerdings eine gegenüber der privatautonomen Übertragung durch den ursprünglichen Markeninhaber erhöhte Gefahr der Unkenntnis gegebenenfalls bestehender Lizenzen.[576] Daher kann grundsätzlich nicht davon ausgegangen werden, dass eine bestehende Lizenz durch die Minderung des Kaufpreises berücksichtigt wird. Dem neuen Inhaber steht damit weder ein Anspruch auf Lizenzgebühren zu, noch kann er sich nach der wohl (noch) überwiegend vertretenen Literaturansicht bei einer Schlecht- oder gar Nichtleistung des Lizenznehmers zur Wehr setzen, da ihm eine Kündigung verwehrt bleibt.[577] Damit steht es dem Lizenznehmer jedenfalls gegenüber dem neuen Markeninhaber frei, rein lizenzvertragsrechtliche Pflichten, die nicht zu einer Markenrechtsverletzung führen, zu erfüllen. Gleichzeitig ist der neue Markeninhaber aber verpflichtet, die Nutzung des sich vertragswidrig verhaltenden Lizenznehmers – ohne die Möglichkeit gegen die Pflichtverletzung vorzugehen – zu dulden, da er nicht Vertragspartei ist. Auch der Weg über den ursprünglichen Markeninhaber ist verwehrt, da dieser in der Zwangsvollstreckung nicht verpflichtet wird, bei Verstößen des Lizenznehmers mitzuwirken. Mit seiner freiwilligen Mitwirkung ist aufgrund des zwangsweisen Verlusts des Markenrechts nicht zu rechnen.[578] Aufgrund der hohen Gefahr

---

574 *McGuire*, Die Lizenz, S. 443 unter Verweis auf Ausführungen von *Häublein*, in: MünchKomm-BGB, § 566, Rn. 11 in Bezug auf Mietzahlungen als Entschädigung des zur Duldung verpflichteten Erwerbers.

575 *McGuire/Kunzmann*, GRUR 2014, 28, 33.

576 Siehe oben § 8 II. 1. b. aa.

577 Zutreffend kritisiert *McGuire*, Die Lizenz, S. 443, diese Lage unter Betonung der daraus resultierenden Erweiterung der berechtigten Interessen des Lizenznehmers dahingehend, dass der Lizenznehmer so mehr vor der vorzeitigen Beendigung geschützt wird als vor Erwerb des Schutzrechts durch einen Dritten. Zu der jüngsten Rechtsprechung des BGH, nach welcher im Einzelfall das Recht zur außerordentlichen Kündigung isoliert auf den neuen Markenrechtsinhaber übergeleitet wird, siehe oben § 5 III. 2. b. cc und dd. (3) sowie unten § 8 II. 2. c.

578 Siehe oben § 8 II. 1. b. bb.

einer Unkenntnis gegebenenfalls bestehender Lizenzen für den Erwerber[579] erscheint dies besonders unbillig.

Deutlich wird das Ungleichgewicht der Rechtsposition zum Nachteil des neuen Markeninhabers auch anhand des folgenden Beispiels: Geht der neue Markeninhaber davon aus, dass der Lizenznehmer die Marke nach Vertragsende unberechtigt nutzt, kann er gemäß § 30 Abs. 2 Nr. 1 i.V.m. § 14 MarkenG gegen diesen vorgehen. Wenn der Lizenznehmer nun vorträgt, er habe von der vertraglich gegebenen Option zur Verlängerung des Lizenzvertrags Gebrauch gemacht, darf der neue Inhaber im Falle des Vorliegens einer ausschließlichen Lizenz die Marke auch weiterhin nicht nutzen. Dem Lizenznehmer steht es aber dem neuen Inhaber gegenüber frei, der lizenzvertraglichen Pflicht zur Zahlung der Lizenzgebühr nachzukommen. Gleiches gilt wenn der Lizenzvertrag die automatische Vertragsverlängerung vorsieht für den Fall, dass keine Vertragspartei widerspricht.[580] Der neue Markeninhaber kann der Verlängerung nicht widersprechen, da er nicht Vertragspartei ist. Im Falle der vertraglichen Verletzung der Zahlungspflicht wird der neue Inhaber den ursprünglichen Markenrechtsinhaber nicht zur Mitwirkung gegen den Lizenznehmer zwingen können. Dieses Ergebnis ist unbillig, da der Lizenznehmer die Marke nutzen und die Lizenz dem neuen Markenrechtsinhaber entgegenhalten darf, während es ihm freisteht, seine lizenzvertraglichen Pflichten zu erfüllen.

Auch ein weiteres Beispiel zeigt die Schlechterstellung des neuen Markeninhabers: Wurde dem Lizenznehmer eine ausschließliche Lizenz eingeräumt, kann allein der Lizenznehmer eine Löschung der Marke aufgrund mangelnder rechtserhaltender Benutzung verhindern, indem er die Marke rechtserhaltend benutzt.[581] Erfolgt eine solche rechtserhaltende Benutzung nicht, kann sich der neue Markenrechtsinhaber wenn überhaupt nur über den Umweg der Mitwirkung des ursprünglichen Markeninhabers/Lizenzgebers zur Wehr setzen.[582] Schon im Falle einer privatautonomen Übertragung des Schutzrechts durch den ursprünglichen Markeninhaber stellt dies ein großes Hindernis dar.[583] Immerhin kann dann jedoch davon ausgegangen werden, dass der ursprüngliche Markeninhaber als Vertragspartner des neuen Markeninhabers durch den Veräußerungsvertrag zu einer Mitwirkung gegen den Lizenznehmer verpflichtet

579 Siehe oben § 8 II. 1. b. aa.

580 *Ingerl/Rohnke*, § 30 MarkenG, Rn. 81.

581 *McGuire*, Die Lizenz, S. 443 f.

582 Vgl. *McGuire*, Die Lizenz, S. 443 f.

583 Vgl. *McGuire*, Die Lizenz, S. 444.

wurde.[584] Bei einem Übergang des Markenrechts im Rahmen der Zwangsvollstreckung wird eine Pflicht des ursprünglichen Markeninhabers zur Mitwirkung hingegen nicht gegeben sein. Der neue Markenrechtsinhaber hat keinen Einfluss auf das zwangsvollstreckungsrechtliche Verfahren und kann daher den Lizenzgeber vertraglich nicht verpflichten im Falle von rein vertraglichen Verstößen des Lizenznehmers mitzuwirken. Der Lizenzgeber wird auch kein freiwilliges Interesse an einer Mitwirkung haben, da er nicht mehr Inhaber der Marke ist und die Übertragung nicht privatautonom durch den ursprünglichen Markeninhaber, sondern zwangsweise im Rahmen der Vollstreckung erfolgt ist.[585] Wird die Marke nach Ablauf der Benutzungsschonfrist nicht benutzt, droht dem Markenrechtsinhaber der sog. Nichtbenutzungseinwand, §§ 25, 26 MarkenG, sowie der Rechtsverlust wegen Nichtbenutzung, §§ 53, 49 MarkenG. Vor dem Hintergrund, dass der neue Inhaber bei Erwerb der Marke einem hohen Risiko der Unkenntnis in Bezug auf gegebenenfalls bestehende Lizenzen ausgesetzt ist,[586] erscheint dies besonders unbillig.

(3) Verbesserung der Rechtsposition des neuen Markenrechtsinhabers durch zusätzliche Maßnahmen der Zwangsvollstreckung?

Es ist fraglich, ob die zuvor dargestellte nachteilige Rechtsposition des neuen Markenrechtsinhabers nach einem Rechtsübergang der Marke im Rahmen der Zwangsvollstreckung durch weitere Maßnahmen der Zwangsvollstreckung verhindert werden kann.

Für den Vollstreckungsgläubiger besteht die Möglichkeit, zusätzlich in den Lizenzgebührenanspruch des ursprünglichen Markeninhabers aus dem Lizenzvertrag gemäß §§ 828 ff. ZPO zu vollstrecken.[587] Dies setzt jedoch die Kenntnis des Vollstreckungsgläubigers von der Lizenz voraus,[588] die in der Zwangsvollstreckung zunächst nicht immer gewährleistet ist.[589] Hat der Vollstreckungsgläubiger keine Kenntnis von der Lizenz, kann er diese auch nicht in seine Vollstreckungsüberlegungen einbeziehen.[590] Zudem hilft eine solche Vollstreckung zum einen

---

584 Vgl. *McGuire*, Die Lizenz, S. 444.

585 Siehe dazu oben § 8 II. 1. b. bb. Vgl. auch *Tochtermann*, Sukzessionsschutz im Recht des Geistigen Eigentums, S. 79 f.

586 Siehe oben § 8 II. 1. b. aa.

587 *Tochtermann*, Sukzessionsschutz im Recht des Geistigen Eigentums, S. 80. Siehe dazu auch oben § 3 I. 1. d.

588 So auch *Brämer*, Die Sicherungsabtretung von Markenrechten, S. 340.

589 Siehe dazu oben § 8 II. 1. b. aa.

590 *Volkmer*, Das Markenrecht im Zwangsvollstreckungsverfahren, S. 263.

nicht weiter, da der Anspruch auf die Lizenzgebühren nur einen Aspekt der Rechtsposition des neuen Inhabers gegenüber dem Lizenznehmer betrifft und eine solche Pfändung damit die zuvor dargestellte nachteilige Position des neuen Markeninhabers nicht vollumfänglich zu lösen vermag. Zum anderen hilft eine solche Vollstreckung nicht weiter, wenn der neue Markenrechtsinhaber nicht zugleich der Vollstreckungsgläubiger, sondern ein Dritter ist. Die Vollstreckung in den Anspruch auf Lizenzgebühren kommt zwar für den Vollstreckungsgläubiger in Frage, nicht jedoch für einen neuen Markeninhaber, der nicht zugleich Vollstreckungsgläubiger ist.

Auch die grundsätzliche Zulässigkeit einer Vollstreckung in die ausschließliche und übertragbare Markenlizenz[591] hilft nicht weiter, da diese eine Vollstreckung in ein Recht des Lizenznehmers darstellt[592] und Untersuchungsgegenstand dieser Arbeit die Vollstreckung in das Recht des ursprünglichen Markenrechtsinhabers/Lizenzgebers und gerade nicht in ein Recht des Lizenznehmers ist.

bb. Ungünstige Rechtsposition des Lizenznehmers nach Rechtsübergang im Rahmen der Zwangsvollstreckung

Auch die Rechtsposition des Lizenznehmers kann sich, folgt man der wohl (noch) überwiegenden Literaturansicht, nach Markenrechtsübergang im Rahmen der Zwangsvollstreckung als besonders nachteilig darstellen: Der ursprüngliche Markenrechtsinhaber, gegen den der Lizenznehmer Rechte aus dem Lizenzvertrag geltend macht, kann seine Vertragspflichten nicht erfüllen, da er nach Übergang auf den neuen Markenrechtsinhaber keinerlei Einfluss auf das Markenrecht hat.[593] Auch hier kann aufgrund des zwangsweise erfolgten Entzugs des Markenrechts nicht mit einvernehmlichen Lösungen zwischen allen drei beteiligten Personen gerechnet werden.[594]

b. Zweite Strömung in der Literatur: Vertragsübernahme oder Eintritt des neuen Markenrechtsinhabers in einzelne Vertragspflichten de lege lata

Die Ausgestaltung des Sukzessionsschutzes als gesetzlich angeordnete Vertragsübernahme trägt den zuvor herausgearbeiteten, sich aus einem Übergang des

591 Siehe dazu oben § 3 I. 1. d.

592 Zur Pfändung einer Markenlizenz siehe *Fezer*, § 29 MarkenG, Rn. 26; *Grüger*, in: BeckOK-MarkenR, § 29 MarkenG, Rn. 36 f.

593 *Tochtermann*, Sukzessionsschutz im Recht des Geistigen Eigentums, S. 79.

594 *Tochtermann*, Sukzessionsschutz im Recht des Geistigen Eigentums, S. 79.

Markenrechts im Rahmen der Zwangsvollstreckung ergebenden Besonderheiten hingegen Rechnung.

Die herausgearbeitete nachteilhafte Rechtsposition des neuen Markenrechtsinhabers sowie des Lizenznehmers würde durch eine Ausgestaltung des Sukzessionsschutzes als gesetzlich angeordnete Vertragsübernahme beseitigt: Der neue Markeninhaber wäre Vertragspartei des Lizenzvertrags und könnte im Falle von Verletzungen der lizenzvertraglichen Pflichten direkt gegen den Lizenznehmer vorgehen. Er wäre nicht auf die freiwillige Mitwirkung des ursprünglichen Markeninhabers angewiesen, mit welcher nämlich bei einem Rechtsübergang im Rahmen der Zwangsvollstreckung in der Regel nicht zu rechnen ist, da der ursprüngliche Markeninhaber sein Markenrecht zwangsweise verloren hat und der neue Markeninhaber nicht sein Vertragspartner ist. Dem Lizenznehmer würde gegenüber dem neuen Markenrechtsinhaber nicht mehr freistehen, die lizenzvertraglichen Pflichten zu erfüllen.[595]

Auch die aus der wohl (noch) überwiegend vertretenen Literaturansicht folgende nachteilige Situation für den neuen Markeninhaber, nach welcher er auf einen Lizenznehmer, dem eine ausschließliche Lizenz eingeräumt wurde, angewiesen ist, da er allein durch rechtserhaltende Benutzung der Marke eine Löschung der Marke aufgrund mangelnder rechtserhaltender Benutzung verhindern kann,[596] stellt nun kein Problem mehr dar: Der neue Markeninhaber ist Partei des Lizenzvertrags und kann aus diesem gegen den Lizenznehmer vorgehen.

Schließlich würde auch die aus der wohl (noch) überwiegend in der Literatur vertretenen Ansicht folgende ungünstige Rechtsposition des Lizenznehmers nach Markenrechtsübergang im Rahmen der Zwangsvollstreckung[597] gelöst: Macht der Lizenznehmer Rechte aus dem Lizenzvertrag geltend, geschieht dies nun nicht gegenüber dem alten Markeninhaber, der keinerlei Einfluss mehr auf das Markenrecht hat, sondern gegenüber dem neuen Markeninhaber, der nun Vertragspartei ist und die Vertragspflichten erfüllen kann.

In Bezug auf die weitere Literaturansicht, der neue Schutzrechtsinhaber trete lediglich in einzelne Pflichten des Lizenzvertrags neben dem Bestehenbleiben des ursprünglichen Markenrechtsinhabers als Vertragspartei,[598] ist festzuhalten, dass bei einem hoheitlichem Markenrechtsübergang im Rahmen der

595 Siehe oben § 8 II. 2. a. aa. (2) (b).
596 Siehe oben § 8 II. 2. a. aa. (2) (b).
597 Siehe oben § 8 II. 2. a. bb.
598 Siehe oben § 5 III. 2. b. bb. (2).

Zwangsvollstreckung eine solche Überleitung einzelner Vertragspflichten mangels privatautonomer Vereinbarung nicht stattfinden wird.

c. Jüngste Rechtsprechung des BGH

Zu begrüßen ist zwar grundsätzlich die jüngste Rechtsprechung des BGH, nach welcher im Einzelfall das außerordentliche Kündigungsrecht des ehemaligen Markenrechtsinhabers durch eine dem Markenkauf- und Übertragungsvertrag im Wege der ergänzenden Vertragsauslegung entnommene Abtretung isoliert auf den neuen Markenrechtsinhaber übergehen kann,[599] da dies die Rechtsposition des neuen Markenrechtsinhabers stärken kann. Festzuhalten ist jedoch, dass dies keine umfassende, Rechtssicherheit bringende Lösung in Bezug auf das Dreiecksverhältnis zwischen ehemaligem Markenrechtsinhaber/Lizenzgeber, neuem Markenrechtsinhaber und Lizenznehmer darstellt.[600] Zweifelhaft ist zudem, ob sich die der Entscheidung zugrunde liegende Abtretung des Kündigungsrechts durch ergänzende Auslegung des Markenkauf- und Übertragungsvertrags zwischen ehemaligem und neuem Markenrechtsinhaber auf eine Markenrechtsübertragung im Rahmen der Zwangsvollstreckung übertragen lässt. Ein privatautonomer Kauf- und Übertragungsvertrag liegt bei einer hoheitlichen Übertragung im Rahmen der Zwangsvollstreckung nämlich gerade nicht vor.[601]

3. Fazit

Die vorstehende Untersuchung im dritten Teil dieser Arbeit hat ergeben, dass sich aus der Übertragung eines lizenzierten Markenrechts im Rahmen der Zwangsvollstreckung einige Besonderheiten ergeben,[602] die im aktuellen Meinungsstand zu den Rechtsfolgen des Sukzessionsschutzes kaum Berücksichtigung finden.[603] Bei einer genauen Betrachtung dieser Besonderheiten unter jeweiliger Anwendung der einzelnen zu den Rechtsfolgen des markenrechtlichen Sukzessionsschutzes vertretenen Ansichten in Literatur und Rechtsprechung ergibt sich bis auf eine Ausnahme aus allen Ansichten, dass diese Besonderheiten eines Markenrechtsübergangs im Rahmen der Zwangsvollstreckung zu

---

599 BGH, Urt. v. 17.10.2019, GRUR 2020, 57 – Valentins. Siehe dazu oben § 5 III. 2. b. cc.
600 Siehe oben § 5 III. 2. b. dd. (3).
601 Siehe oben § 8 II. 1. a. aa.
602 Siehe oben § 8 II. 1.
603 Siehe oben § 8 II. 2.

einer äußerst ungünstigen Rechtsposition aller Beteiligten führen können.[604] Einzig eine Interpretation des Sukzessionsschutzes als gesetzlich angeordnete Vertragsübernahme verhindert eine solche ungünstige Lage und bringt – wie auch bei einer privatautonomen Rechtsübertragung durch den ursprünglichen Markeninhaber – die Interessen der beteiligten Personen zu einem angemessenen Ausgleich.[605] Diese kommt jedoch, wie im zweiten Teil der Arbeit bereits herausgearbeitet, lediglich *de lege ferenda* in Betracht.[606]

604 Siehe oben § 8 II. 2. a., b. letzter Absatz sowie c.

605 Siehe oben § 8 II. 2. b.

606 Siehe oben § 6 sowie § 7.

§ 9 Alternative Lösungsmodelle für die Rechtsfolgenseite des Sukzessionsschutzes bei Rechtsübergang im Rahmen der Zwangsvollstreckung

Wie zuvor herausgearbeitet finden die Rechtsfolgen des Übergangs eines Markenrechts im Rahmen der Zwangsvollstreckung nur vereinzelt Beachtung in der Literatur. Daher ist Gegenstand der weiteren Untersuchung dieser Arbeit die Frage, ob alternative, bisher in Bezug auf den Rechtsübergang im Rahmen der Zwangsvollstreckung noch nicht untersuchte Regelungsmodelle *de lege ferenda* in Betracht kommen, die speziell auf die Belange der Zwangsvollstreckung oder der Lizenz ausgelegt sind und somit zu einem bestmöglichen Ausgleich der berechtigten Interessen aller Parteien führen.

Die folgenden Ausführungen widmen sich daher der Frage, ob eine Orientierung an Vorschriften oder Regelungsmodellen, welche die Zwangsvollstreckung (siehe unten I.) oder die Lizenz (siehe unten II.) betreffen, eine geeignete Lösung *de lege ferenda* für die Ausgestaltung der Rechtsfolgenseite des Sukzessionsschutzes nach Übergang eines lizenzierten Markenrechts im Rahmen der Zwangsvollstreckung darstellen.

Ein Rückgriff auf die Vorschriften des Sukzessionsschutzes im Patentgesetz, Designgesetz und Gebrauchsmustergesetz scheidet hingegen aus, da die Vorschriften eine identische oder sehr ähnliche Formulierung wie die des markenrechtlichen Sukzessionsschutzes gemäß § 30 Abs. 5 MarkenG aufweisen.[607]

---

607 Vgl. § 15 Abs. 3 PatG: „Ein Rechtsübergang oder die Erteilung einer Lizenz berührt nicht Lizenzen, die Dritten vorher erteilt worden sind."; § 31 Abs. 5 DesignG: „Die Rechtsnachfolge nach § 29 oder die Erteilung einer Lizenz im Sinne des Absatzes 1 berührt nicht Lizenzen, die Dritten vorher erteilt worden sind." sowie § 22 Abs. 3 GebrMG: „Ein Rechtsübergang oder die Erteilung einer Lizenz berührt nicht Lizenzen, die Dritten vorher erteilt worden sind.".

I. Übertragung die Zwangsvollstreckung betreffender Vorschriften?

Bei der Ausgestaltung des Rechtsverhältnisses zwischen dem neuen Markenrechtsinhaber und dem Lizenznehmer nach dem Übergang eines lizenzierten Markenrechts im Rahmen der Zwangsvollstreckung sind die sich aus der Zwangsvollstreckung ergebenden Besonderheiten zu beachten.[608] Dabei drängt sich die Frage auf, ob besondere zwangsvollstreckungsrechtliche Vorschriften existieren, die für die Bestimmung der Rechtsfolgen nach Übergang des lizenzierten Markenrechts im Rahmen der Zwangsvollstreckung herangezogen werden können. Solche Besonderheiten berücksichtigen beispielsweise die Vorschriften des ZVG. Die Anwendbarkeit des ZVG beschränkt sich jedoch auf die Zwangsversteigerung sowie Zwangsverwaltung von Grundstücken (Erster Abschnitt des ZVG), die Zwangsvollstreckung von Schiffen, Schiffsbauwerken und Luftfahrzeugen (Zweiter Abschnitt des ZVG) sowie die Zwangsversteigerung und Zwangsverwaltung in besonderen Fällen, wie zum Beispiel die Zwangsversteigerung in Insolvenzverfahren (Dritter Abschnitt des ZVG).

Die Zwangsversteigerung einer Marke oder anderer Immaterialgüterechte fällt nicht in den Anwendungsbereich des ZVG. Daher existieren im ZVG auch keine Vorschriften zu der von der Marke abgeleiteten Markenlizenz. Es stellt sich damit vorliegend die Frage, ob die Regelungen des ZVG ein Vorbild für die Ausgestaltung der Rechtsfolgenseite des Sukzessionsschutzes bei Rechtsübergang im Rahmen der Zwangsvollstreckung *de lege ferenda* sind. Nachfolgend werden die aus einer Grundstücksverwertung entstehenden Rechtsbeziehungen zwischen dem Ersteher eines Grundstücks zu einem Mieter/Pächter (siehe unter 1.), einem Nießbrauchberechtigtem (siehe unter 2.), einem Hypothekengläubiger (siehe unter 3.) sowie einem Auflassungsvormerkungsberechtigten (siehe unter 4.) untersucht.

1. Rechtsverhältnis zwischen Ersteher und Mieter/Pächter nach Zwangsversteigerung eines Grundstücks

Sowohl Miete und Pacht (vgl. § 566 Abs. 1 BGB, ggf. i.V.m. § 593b BGB) als auch die markenrechtliche Lizenz (vgl. § 30 Abs. 5 MarkenG) sind immun gegenüber der Übertragung des Grundstücks bzw. des Markenrechts, sog. Sukzessionsschutz.

608 Siehe oben § 8 II. 1.

Während das Markengesetz den Sukzessionsschutz nur lückenhaft regelt und die Rechtsfolgen des Sukzessionsschutzes weder bei einer privatautonomen Übertragung durch den ursprünglichen Markeninhaber noch bei einem Übergang eines lizenzierten Markenrechts im Rahmen der Zwangsvollstreckung festlegt,[609] ist das Rechtsverhältnis zwischen dem Ersteher eines vermieteten oder verpachteten Grundstücks und dem Mieter oder Pächter bei einem Rechtsübergang durch Zwangsversteigerung hingegen gesetzlich geregelt: § 566 Abs. 1 BGB bestimmt, dass der Erwerber bei der Veräußerung des vermieteten Wohnraums anstelle des Vermieters in die Rechte und Pflichten des Mietverhältnisses tritt. Die Vorschrift erfasst die Zwangsversteigerung eines vermieteten oder verpachteten Grundstücks zwar nicht ausdrücklich, findet jedoch durch die Verweisung in § 57 ZVG entsprechende Anwendung. Darüber hinaus finden sich in den §§ 57a, 57b ZVG besondere ergänzende Regelungen. § 57b ZVG regelt Verfügungen des Vermieters über den Miet- oder Pachtzins vor Übergang des Eigentums und hat daher für die Untersuchung dieser Arbeit keine Relevanz. § 57a ZVG[610] hingegen normiert ein Sonderkündigungsrecht des Erstehers und ist Gegenstand der nachfolgenden Untersuchung.

Die nachfolgenden Ausführungen widmen sich der Frage, ob eine dem § 57a ZVG entsprechende Regelung *de lege ferenda* im Markengesetz eine interessengerechte Lösung für das Rechtsverhältnis zwischen dem neuen Markenrechtsinhaber und dem Lizenznehmer nach Rechtsübergang im Rahmen der Zwangsvollstreckung darstellt.

a. Das Sonderkündigungsrecht des Erstehers

Geht das an einen Mieter oder Pächter überlassene Grundstück in der Zwangsversteigerung auf den Ersteher über, tritt dieser gemäß § 566 Abs. 1 BGB i.V.m. § 57 ZVG „in die sich während der Dauer seines Eigentums aus dem Mietverhältnis ergebenden Rechte und Pflichten ein".[611] Anders als bei einer privatautonomen Veräußerung des Grundstücks durch den Eigentümer steht dem Ersteher bei einem Grundstücksübergang durch Zwangsversteigerung aber das Recht

---

609 Siehe oben § 5 III. 2. sowie § 8 II.

610 Die vergleichbaren Verweisungsnormen des § 111 InsO, § 1056 Abs. 2 BGB, § 30 ErbbauRG sowie § 37 Abs. 3 S. 2 WEG, welche § 566 BGB für anwendbar erklären und ebenfalls ein Sonderkündigungsrecht des Erwerbers einräumen, werden vorliegend nicht extra behandelt, um Mehrfachausführungen zu verhindern.

611 Zu der umstrittenen Rechtsfolgenseite des § 566 Abs. 1 BGB ausführlich *Mach*, RNotZ 2017, 621, 629.

auf Sonderkündigung des Miet- oder Pachtverhältnisses gemäß § 57a ZVG zu. Danach ist der Ersteher berechtigt, das Miet- oder Pachtverhältnis trotz etwaig vertraglich vereinbarter Kündigungsfristen, zum Beispiel bei einem Mietverhältnis mit Festlaufzeit, unter Einhaltung der gesetzlichen Frist zu kündigen.[612] Das Sonderkündigungsrecht gemäß § 57a ZVG ersetzt mithin lediglich die gegebenenfalls längeren vertraglichen durch die gesetzlichen Kündigungsfristen.[613] Bei einem Gewerbemietverhältnis sieht das Gesetz beispielsweise eine Kündigungsfrist von sechs Monaten vor, § 580a Abs. 2 BGB. Bei Wohnraummietverhältnissen wird neben der Einhaltung der gesetzlichen Kündigungsfrist zusätzlich das Vorliegen eines berechtigten Interesses auch für das Sonderkündigungsrecht gemäß § 57a ZVG vorausgesetzt, vgl. §§ 573 Abs. 1, 573d Abs. 1, 575a Abs. 1 BGB.[614] Ein berechtigtes Interesse ist zum Beispiel bei Eigenbedarf gegeben, § 573 Abs. 2 Nr. 2 BGB. Das bereits bestehende Miet- oder Pachtverhältnis ist also mit den sich daraus ergebenden Rechten und Pflichten dem Ersteher gegenüber wirksam.

Macht der Ersteher Gebrauch von dem Sonderkündigungsrecht gemäß § 57a ZVG, steht dem Mieter oder Pächter ein Schadensersatzanspruch gemäß §§ 283, 281 BGB gegen den ursprünglichen Vermieter zu.[615] Auch kommt unter bestimmten Voraussetzungen ein Bereicherungsanspruch des Mieters oder Pächters gegen den Ersteher in Betracht.[616]

Der Zweck der Gewährung eines Sonderkündigungsrechts liegt darin, dem Interesse des Gesetzes über die Zwangsversteigerung und die Zwangsverwaltung, nämlich höchstmögliche Gebote für das der Zwangsversteigerung unterliegende Grundstück zu erlangen, zu dienen.[617] Eine Bindung an bestehende Mietverhältnisse ohne das Sonderkündigungsrecht gemäß § 57a ZVG würde aber die Gefahr bergen, dass weniger oder niedrigere Gebote abgegeben werden.[618]

---

612 *Böttcher*, ZVG, § 57c und § 57d [aufgehoben], Rn. 13.

613 *Böttcher*, ZVG, § 57c und § 57d [aufgehoben], Rn. 13.

614 Siehe dazu *Häublein*, in: MünchKomm-BGB, § 566, Rn. 8; *Streyl*, in: Schmidt-Futterer BGB, § 566, Rn. 23; *Böttcher*, ZVG, § 57c und § 57d [aufgehoben], Rn. 15.

615 RG, Urt. v. 16.03.1906, RGZ 63, 66, 68; *Weidenkaff*, in: Palandt, § 566, Rn. 23; *Hörndler*, in: Lindner-Figura/Oprée/Stellmann, Geschäftsraummiete, Kapitel 19, Rn. 43; a.A. *Streyl*, in: Schmidt-Futterer BGB, § 566, Rn. 145.

616 *Hörndler*, in: Lindner-Figura/Oprée/Stellmann, Geschäftsraummiete, Kapitel 19, Rn. 35, 43.

617 *Hörndler*, in: Lindner-Figura/Oprée/Stellmann, Geschäftsraummiete, Kapitel 19, Rn. 34.

618 *Hörndler*, in: Lindner-Figura/Oprée/Stellmann, Geschäftsraummiete, Kapitel 19, Rn. 34.

b. *Übertragbarkeit auf den Übergang eines lizenzierten Markenrechts im Rahmen der Zwangsvollstreckung?*

Fraglich ist, ob eine entsprechende Regelung *de lege ferenda* im Markengesetz für den Übergang eines lizenzierten Markenrechts im Rahmen der Zwangsvollstreckung eine geeignete Lösung für die lückenhafte Rechtsfolgenseite des Sukzessionsschutzes darstellen würde.

Zunächst ist zu beachten, dass der BGH vor der gesetzlichen Verankerung des Sukzessionsschutzes die analoge Anwendung des über § 57 ZVG zu § 57a ZVG führenden Vorschrift des § 571 BGB a.F. (§ 566 BGB n.F.) auf die Patentlizenz in seiner Entscheidung „Verankerungsteil"[619] ablehnte. Der BGH begründete dies damals damit, dass eine einfache Nutzungserlaubnis an einem Patent in der Regel schuldrechtlicher Natur sei und den Erwerber eines Patents daher nicht verpflichte.[620] Der Gesetzgeber hat im Nachgang dieses Urteils und damit in Kenntnis dieser Entscheidung mit der Schaffung des nicht der Regelung des § 566 Abs. 1 BGB entsprechenden § 30 Abs. 5 MarkenG zum Ausdruck gebracht, dass eine Regelung wie die des § 566 Abs. 1 BGB nicht gewollt war.[621]

Darüber hinaus steht der Einführung eines Sonderkündigungsrechts wie das des § 57a ZVG dessen von § 30 Abs. 5 MarkenG abweichende Gewichtung der Interessenlage durch den Gesetzgeber entgegen. Bei einem Miet- oder Pachtverhältnis und dem – teilweise mit dem Miet- oder Pachtverhältnis verglichenen[622] – Lizenzverhältnis könnte eine vergleichbare Interessenlage zunächst zwar darin zu sehen sein, dass der Ersteher eines Grundstücks genau wie der neue Markenrechtsinhaber nach einem Grundstücks- oder Markenrechtsübergang aufgrund des Sukzessionsschutzes in einem Rechtsverhältnis zu einem Mieter oder Pächter bzw. Lizenznehmer steht und in der Zwangsvollstreckung Besonderheiten

---

619 BGH, Urt. v. 23.03.1982, BGHZ 83, 251, 256 = GRUR 1982, 411 – Verankerungsteil (zum Patentrecht).

620 BGH, Urt. v. 23.03.1982, BGHZ 83, 251, 256 = GRUR 1982, 411, Ls. – Verankerungsteil.

621 Siehe oben § 6 III. 1.

622 Zur Ähnlichkeit der Lizenz mit der Pacht bspw. *Pahlow*, Lizenz und Lizenzvertrag, S. 292 ff., 383 ff.; *Marotzke*, ZGE 2010, 233, 234. Zur Einordnung der Lizenzvereinbarung als gemischtem Vertrag eigener Art unter (entsprechender) Anwendung der Vorschriften zur Rechtspacht, Miete, zum Kauf oder Dienstvertrag vgl. *Straßer*, in: Hasselblatt, MAH GewRS, § 48, Rn. 8 f.; *Koós*, MMR 2017, 13. Vgl. zu der Behandlung der Lizenz in der Insolvenz auch BGH, Urt. v. 21.10.2015, GRUR 2016, 201, 204 (Tz. 43): „Ein Lizenzvertrag wird entsprechend der Rechtspacht als Dauernutzungsvertrag i.S.d. §§ 108, 112 InsO eingeordnet".

gegenüber einer privatautonomen Veräußerung festzustellen sind.[623] Die Einräumung eines Sonderkündigungsrechts des neuen Markenrechtsinhabers wie das des § 57a ZVG würde jedoch der *ratio legis* des § 30 Abs. 5 MarkenG, nämlich dem Schutz des Lizenznehmers vor dem Verlust seines Nutzungsrechts, widersprechen.[624] Denn bei Ausübung des Sonderkündigungsrechts durch den neuen Markenrechtsinhaber würde das Nutzungsrecht des Lizenznehmers verfrüht entfallen. Mit der Schaffung des § 57a ZVG hat der Gesetzgeber offenbar hingenommen, dass sich gegebenenfalls erfolgte Investitionen des Mieters oder Pächters, anders als noch zum Zeitpunkt der Vereinbarung der Miete oder Pacht erhofft, im Falle der Sonderkündigung nicht amortisieren und der Mieter oder Pächter als Ersatz höchstens auf Sekundäransprüche, also einen Schadensersatzanspruch gegen den ehemaligen Vermieter und/oder einen Bereicherungsanspruch gegen den Erwerber, verwiesen wird.[625] Anders ist die Rechtslage im Markengesetz: Der Gesetzgeber wollte den Lizenznehmer durch die Schaffung des § 30 Abs. 5 MarkenG gerade davor schützen, dass eine Amortisierung seiner Investition verhindert wird.[626] Ein solches Sonderkündigungsrecht in Bezug auf das Lizenzverhältnis würde also lediglich die Frage des „Ob"[627] des Sukzessionsschutzes modifizieren, indem es den nachträglichen Wegfall des Nutzungsrechts ermöglichen würde. Dies hat der Gesetzgeber aber gerade mit der Schaffung des § 30 Abs. 5 MarkenG, welcher auch für den Übergang der Marke im Rahmen der Zwangsvollstreckung gilt, verhindern wollen. Die Frage der Ausgestaltung des Rechtsverhältnisses zwischen neuem Schutzrechtsinhaber und Lizenznehmer wird mithin nicht gelöst.

Überdies wäre die Gewährung eines Sonderkündigungsrechts wie das des § 57a ZVG bei einem Übergang eines lizenzierten Markenrechts nicht umsetzbar. Gemäß § 57a ZVG ist der Ersteher nämlich berechtigt, das Miet- oder Pachtverhältnis unter Einhaltung der gesetzlichen Fristen zu kündigen. Da das Markengesetz jedoch keine gesetzlichen Kündigungsfristen für den Lizenzvertrag festlegt,[628] ist eine solche Regelung für die lizenzierte Marke nicht möglich.

---

623 Siehe zu diesen Besonderheiten bei dem Übergang eines lizenzierten Markenrechts oben § 8 II. 1. b., 2.

624 Siehe oben § 6 III 2. sowie § 7 II.

625 Vgl. *Streyl*, in: Schmidt-Futterer BGB, § 566, Rn. 145, welcher sich allerdings gegen Schadensersatzansprüche des Mieters gegen den ehemaligen Vermieter ausspricht.

626 Siehe oben § 6 III. sowie § 7 II.

627 Die Begriffe „Ob" und „Wie" des Sukzessionsschutzes verwendend *McGuire*, Die Lizenz, S. 439.

628 Zu der rudimentären Regelung der Lizenz in § 30 MarkenG siehe oben § 5 I. 1. a.

An dieser Beurteilung ändert auch die neuste Rechtsprechung des BGH nichts. In seinem Urteil „Valentins" hat der BGH in Bezug auf den markenrechtlichen Sukzessionsschutz Stellung zu dem Recht des neuen Markeninhabers zur außerordentlichen Kündigung des Lizenzvertrags genommen: Ein solches Kündigungsrecht könne isoliert im Wege der ergänzenden Vertragsauslegung der Kauf- und Erwerbsvereinbarung auf den Markenerwerber abgetreten werden, wenn das Markenrecht gemäß § 27 Abs. 1 MarkenG übertragen werde und der Lizenznehmer, dem vor einer solchen Übertragung eine Lizenz erteilt worden ist, sich auf den Sukzessionsschutz berufen könne.[629] Es handelt sich dabei um eine Übertragung des außerordentlichen Kündigungsrechts im Einzelfall. Die dem Recht zur Kündigung aus wichtigem Grund (§ 314 BGB) zugrunde liegende Situation, beispielsweise wenn sich der Lizenznehmer vertragswidrig verhält, führt zu einer abweichenden Bewertung der Interessenlage und der dem § 30 Abs. 5 MarkenG zugrunde liegenden Intention, nämlich den Schutz des Lizenznehmers vor Verlust seiner Benutzungsberechtigung zu gewährleisten.[630] § 57a ZVG berechtigt hingegen bereits allein aufgrund des Eigentumsübergangs zur Kündigung. § 57a ZVG stellt ein Sonderkündigungsrecht dar, welches unabhängig von einem zu einer anderen Bewertung der Interessenlage führenden Verhalten des Lizenznehmers greift. Die dem BGH-Urteil „Valentins" zugrunde liegende Konstellation ist demnach eine Situation, die nicht schon allein durch Übergang des Markenrechts im Rahmen der Zwangsvollstreckung eintritt.

2. Rechtsverhältnis zwischen Ersteher und Nießbrauchberechtigtem nach Zwangsversteigerung eines Grundstücks

Eine Parallele zwischen dem in dieser Arbeit untersuchten Rechtsverhältnis und dem Rechtsverhältnis des Erstehers eines mit einem Nießbrauch belasteten Grundstücks zu dem Nießbrauchberechtigten besteht neben einer zum Teil grundsätzlich zwischen der Lizenz und dem Nießbrauch angenommenen Parallele[631] in dem Sukzessionsschutz, mit dem sowohl der Nießbrauch als auch die Markenlizenz ausgestattet ist: Bei dem Nießbrauch resultiert der Sukzessionsschutz aus der Dinglichkeit des Nutzungsrechts, welches auf dem Eigentum

629 BGH, Urt. v. 17.10.2019, GRUR 2020, 57 – Valentins. Siehe dazu oben § 5 III. 2. b. cc. sowie dd. (3).

630 Siehe dazu oben § 7 II.

631 Siehe bspw. zu der Rolle des Nießbrauchs bei der Frage nach der Rechtsnatur der Patentlizenz in der historischen Entwicklung *McGuire*, Die Lizenz, S. 173, 202.

lastet und von dessen Rechtsinhaber unabhängig ist.[632] Bei der Lizenz ist der Sukzessionsschutz gemäß § 30 Abs. 5 MarkenG angeordnet.

a. Das Rechtsverhältnis zwischen Ersteher des Grundstücks und Nießbrauchberechtigtem nach der Zwangsversteigerung

Wird ein mit einem Nießbrauch belastetes Grundstück zwangsversteigert, so ist für die Bestimmung des Schicksals des Nießbrauchs als Recht am Grundstück nach dessen Rang zu unterscheiden:[633] Geht das Recht des Gläubigers, aus welchem die Zwangsversteigerung betrieben wird, dem Nießbrauch im Rang vor, erlischt der Nießbrauch mit dem Zuschlag gemäß §§ 52 Abs. 1 S. 2, 91 Abs. 1 ZVG.[634] Dem Nießbrauchberechtigten bleibt dann nur die Geltendmachung des Anspruchs auf Wertersatz in Form einer Rente aus dem Versteigerungserlös.[635] Der Nießbrauch wird hingegen nicht durch die Zwangsversteigerung eines Grundstücks beeinträchtigt, wenn er dem Recht, aus welchem die Zwangsversteigerung betrieben wird, im Rang vorgeht, da der vorrangige Nießbrauch gemäß §§ 44, 52 Abs. 1 ZVG in das sog. „geringste Gebot" aufzunehmen ist und gemäß §§ 52 Abs. 1, 91 Abs. 1 ZVG nach Zuschlag bestehen bleibt.[636]

Das Schicksal des Nießbrauchs im Falle der Zwangsversteigerung des zugrunde liegenden Grundstücks wird mithin von dessen Rang im Verhältnis zu dem Rang des Rechts, aus welchem die Zwangsvollstreckung betrieben wird, abhängig gemacht.

b. Übertragbarkeit auf den Übergang eines lizenzierten Markenrechts im Rahmen der Zwangsvollstreckung?

Eine Vergleichbarkeit des Übergangs eines mit einem Nießbrauch belasteten Grundstücks im Wege der Zwangsversteigerung mit dem markenrechtlichen Sukzessionsschutz ergibt sich zunächst daraus, dass das abgeleitete Nutzungsrecht (Lizenz/Nießbrauch) nach Übergang des diesem zugrunde liegenden Mutterrechts (Marke/Grundstück) in beiden Fällen bestehen bleibt, wenn es zu einem bestimmten Zeitpunkt bereits entstanden war. Der Zeitpunkt, auf den für die Frage der Gewährung des Sukzessionsschutzes abgestellt wird, unterscheidet

632 *McGuire*, Die Lizenz, S. 146.

633 *Reischl*, in: BeckOK-BGB, § 1030 BGB, Rn. 48.

634 Siehe dazu *Reischl*, in: BeckOK-BGB, § 1030 BGB, Rn. 48.

635 *Reischl*, in: BeckOK-BGB, § 1030 BGB, Rn. 48.

636 Siehe dazu *Reischl*, in: BeckOK-BGB, § 1030 BGB, Rn. 48.

sich jedoch: Wie zuvor ausgeführt, ist bei Vorliegen eines Nießbrauchs und eines Rechts, aus welchem die Vollstreckung betrieben wird, das Bestehenbleiben des Nießbrauchs abhängig von dessen Rang. Es wird auf den Eintragungszeitpunkt im Grundbuch, sog. Prioritätsprinzip, abgestellt.[637] Die Lizenz hingegen bleibt bestehen, wenn diese bereits vor Markenrechtsübergang erteilt worden ist, § 30 Abs. 5 MarkenG.

Der Schaffung einer dieser Regelung des Gesetzes über die Zwangsversteigerung und die Zwangsverwaltung entsprechenden Lösung im Markengesetz bereitet schon die Tatsache Schwierigkeiten, dass die Lizenz nicht in das Markenregister eingetragen werden muss.[638] Es könnte – wie auch bei nicht im Grundbuch eingetragenen Rechten[639] – auf den Zeitpunkt der Entstehung der Lizenz einerseits und der Entstehung der Forderung, aus welcher vollstreckt wird, andererseits abgestellt werden. Die genaue Ermittlung des Entstehungszeitpunkts würde aber in einigen Fällen, beispielsweise mangels schriftlichen Lizenzvertrags, zu Problemen führen.

Eine dem § 52 Abs. 1 ZVG entsprechende Regelung *de lege ferenda* für den dieser Arbeit zugrunde liegenden Fall scheitert aber vor allem daran, dass eine Übertragung des für das Bestehenbleiben des Nießbrauchs maßgeblichen Zeitpunkts auf den markenrechtlichen Sukzessionsschutz keine Lösung für die lückenhafte konkrete Ausgestaltung des Rechtsverhältnisses zwischen dem neuen Inhaber und dem Lizenznehmer darstellt: Bei der Frage des Bestehenbleibens des Nießbrauchs erfolgt eine Unterscheidung nach dem Zeitpunkt der Entstehung einerseits der Forderung des Gläubigers, aufgrund derer die Zwangsvollstreckung betrieben wird, und der Begründung des dinglichen Rechts andererseits. Bei der Anwendung dieser Systematik auf den markenrechtlichen Sukzessionsschutz müsste eine Unterscheidung zwischen der Begründung der Lizenz vor der Entstehung der Forderung des die Zwangsvollstreckung betreibenden Gläubigers des Lizenzgebers einerseits und der Begründung der Lizenz nach der Entstehung einer solchen Forderung erfolgen. Dies ist jedoch mit der *ratio legis* des § 30 Abs. 5 MarkenG nicht vereinbar. Der Gesetzgeber hat nämlich mit § 30 Abs. 5 MarkenG, welcher auch auf einen Schutzrechtsübergang im Rahmen der Zwangsvollstreckung anwendbar ist,[640] die Grundentscheidung getroffen,

---

637 *Böttcher*, ZVG, § 11, Rn. 6.

638 Siehe zu der Möglichkeit, die Lizenz in das Markenregister einzutragen, ausführlich unten § 9 II. 2.

639 Vgl. dazu *Böttcher*, ZVG, § 11, Rn. 3.

640 Siehe oben § 8 I.

dass ein Schutzrechtsübergang Lizenzen nicht berührt, die vor diesem Übergang erteilt worden sind und zwar unabhängig von der Frage, ob der Anspruch, aufgrund dessen die Zwangsvollstreckung betrieben wird, bereits vor Erteilung der Lizenz entstanden ist oder danach.[641] Würde man für den Fall des Übergangs des Markenrechts im Rahmen der Zwangsvollstreckung die Systematik der Vorschriften zum Nießbrauch in der Zwangsversteigerung des zugrunde liegenden Grundstücks anwenden, unterliefe dies die *ratio legis* der Vorschrift des § 30 Abs. 5 MarkenG, welche eindeutig auf den Zeitpunkt des Rechtsübergangs abstellt und gerade nicht auf den Rang des Rechts, aus welchem die Zwangsvollstreckung betrieben wird, einerseits und der Lizenzerteilung andererseits. Auch wenn der Gesetzgeber die konkrete Ausgestaltung des Rechtsverhältnisses zwischen neuem Markeninhaber und Lizenznehmer nach Übergang des lizenzierten Schutzrechts in der Zwangsvollstreckung nicht geregelt hat, hat er zu der Frage des „Ob"[642] des Sukzessionsschutzes richtigerweise eine eindeutige Regelung getroffen, welche auch *de lege ferenda* nicht konterkariert werden darf.

Eine Ausgestaltung der Rechtsfolgenseite des markenrechtlichen Sukzessionsschutzes *de lege ferenda* entsprechend der Regelung in § 52 Abs. 1 ZVG vermag das dieser Arbeit zugrunde liegende Problem nicht zu lösen, da die Regelung in § 52 Abs. 1 ZVG lediglich das die im Markenrecht ohnehin geklärte Frage nach dem grundsätzlichen Fortbestehen des Rechts betrifft.

3. Rechtsverhältnis zwischen Ersteher und Hypothekengläubiger nach Zwangsversteigerung eines Grundstücks

Die nachfolgende Betrachtung der Vorschriften des Gesetzes über die Zwangsversteigerung und die Zwangsverwaltung, die das Rechtsverhältnis zwischen dem Ersteher eines mit einer Hypothek belasteten Grundstücks durch Zwangsversteigerung und dem Hypothekengläubiger regeln, gründet auf der Überlegung, dass die Hypothek aufgrund ihrer Dinglichkeit grundsätzlich gegenüber Dritten Bestand hat, und damit der Markenlizenz ähnelt, welche gemäß § 30 Abs. 5 MarkenG nicht von einem Rechtsübergang gemäß § 27 MarkenG „berührt" wird, sofern sie vorher erteilt worden ist.

---

641 Siehe zu den Überlegungen des Gesetzgebers oben § 6 III. und § 7 II.

642 Die Begriffe „Ob" und „Wie" des Sukzessionsschutzes verwendend *McGuire*, Die Lizenz, S. 439.

a. *Schuldübernahme durch den Ersteher*

Die Frage, ob die Hypothek trotz Zwangsversteigerung des mit der Hypothek belasteten Grundstücks bestehen bleibt, richtet sich nach der folgenden Systematik: Die Hypothek bleibt dem Gläubiger erhalten, wenn sie dem Recht des die Zwangsvollstreckung betreibenden Gläubigers (Vollstreckungsgläubiger) vorgeht, anderenfalls erlischt die Hypothek, §§ 52 Abs. 1, 91 Abs. 1 ZVG.[643]

Für den Fall, dass die Hypothek bestehen bleibt, ergibt sich für das Rechtsverhältnis zwischen Ersteher und Gläubiger Folgendes: Der neue Eigentümer ist zwar nicht der Rechtsnachfolger des vorherigen Eigentümers. § 53 Abs. 1 ZVG trifft jedoch eine ergänzende Regelung für den Fall, dass bei der bestehenbleibenden Hypothek der Schuldner zugleich persönlich für die Forderung des Gläubigers haftet und verfolgt den Zweck, den Schuldner, welcher sein Grundstück zwangsweise verloren hat, aus Billigkeitsgründen vor einer zusätzlichen Inanspruchnahme wegen seiner persönlichen Schuld zu schützen.[644] § 53 Abs. 1 Hs. 1 ZVG ordnet daher an, dass der Ersteher die zugrunde liegende persönliche Schuldverpflichtung anstelle des ehemals persönlich haftenden Schuldners in Höhe der Hypothek übernimmt. § 53 Abs. 1 Hs. 2 ZVG bestimmt, dass die Vorschriften des § 416 BGB entsprechend Anwendung findet mit der Maßgabe, dass der Schuldner als Veräußerer im Sinne dieser Vorschrift anzusehen ist. Da nach § 53 ZVG – wenn auch nicht ausdrücklich – insgesamt auf die Vorschriften der §§ 414 ff. BGB über die vertragliche Schuldübernahme verwiesen wird,[645] wird bzgl. der Rechtsfolgen danach differenziert, ob der Gläubiger den Übernahmevertrag, den das Gesetz anordnet, genehmigt (§ 415 Abs. 1 S. 1 BGB) bzw. dieser als genehmigt gilt (§ 416 Abs. 1 BGB) oder, ob dieser schweigt (§ 415 Abs. 3 S. 1 BGB) bzw. die Genehmigung des Übernahmevertrags verweigert (§ 415 Abs. 3 S. 2 BGB). Im ersten Fall, also bei der Genehmigung durch den Gläubiger bzw. wenn die Übernahme als genehmigt gilt, wird der persönlich haftende Schuldner von seiner Schuld befreit, während der Ersteher des Grundstücks nun alleine persönlich haftet.[646] Es kommt gemäß § 53 Abs. 1 Hs. 1 ZVG i.V.m. § 415 Abs. 1 BGB *ex lege* ein Übernahmevertrag zwischen dem Ersteher und dem bisherigen persönlichen Schuldner zustande, der auf die Übernahme

643 Siehe zu dem Vorstehenden *Böttcher*, ZVG, § 114, Rn. 28.

644 BGH, Urt. v. 21.03.1975, BGHZ 64, 170, 171 f. = NJW 1975, 1126; *Böttcher*, ZVG, § 53, Rn. 1.

645 So bspw. BGH, Urt. v. 04.06.1996, BGHZ 133, 51, 52 f. = NJW 1996, 2310; *Böttcher*, ZVG, § 53, Rn. 4.

646 Bspw. BGH, Urt. v. 04.06.1996, BGHZ 133, 51, 52 f.; *Böttcher*, ZVG, § 53, Rn. 6 m.w.N.

der persönlichen Forderung des Gläubigers gerichtet ist.[647] Im zweitgenannten Fall, also bei einem Schweigen oder einer ausdrücklichen Verweigerung des gesetzlich erzwungenen Übernahmevertrags, ist der Ersteher des Grundstücks zwar dem persönlich haftenden Schuldner gegenüber verpflichtet, den Gläubiger zu befriedigen.[648] Der Vollstreckungsschuldner bleibt aber weiterhin persönlich haftender Schuldner.[649] Im Unterschied zur Vertragsübernahme, bei der eine Auswechslung der Person auf einer Vertragsseite stattfindet, wird bei der befreienden Schuldübernahme lediglich eine isolierte Verpflichtung aus dem Schuldverhältnis auf einen neuen Verpflichteten übertragen.[650] Dies hat vor allem auf die Geltendmachung von Gestaltungsrechten, zum Beispiel Anfechtung, Kündigung und Rücktritt, Auswirkung, da die Schuldrechtsbeziehung zwischen Gläubiger und Altschuldner trotz Schuldübernahme bestehen bleibt.[651]

b. Übertragbarkeit auf den Übergang eines lizenzierten Markenrechts im Rahmen der Zwangsvollstreckung?

Fraglich ist, ob eine dem § 53 Abs. 1 ZVG entsprechende Regelung auch für die Ausgestaltung der Rechtsfolgenseite des Sukzessionsschutzes nach Übergang eines lizenzierten Markenrechts im Rahmen der Zwangsvollstreckung in Frage kommt.

Eine solche Ausgestaltung scheitert jedoch daran, dass sie die Rechtsfolgenseite des Sukzessionsschutzes, insbesondere die Ausgestaltung des Verhältnisses zwischen dem neuen Markenrechtsinhaber und dem Lizenznehmer, nicht regeln würde. Denn aus der übergeleiteten Verpflichtung des Erstehers, den Gläubiger zu befriedigen, folgt keine über die Regelung des § 30 Abs. 5 MarkenG hinausgehende Lösung, die zur eindeutigen Ausgestaltung des Rechtsverhältnisses führen würde.

---

647 Bspw. *Böttcher*, ZVG, § 53, Rn. 4 m.w.N.

648 BGH, Urt. v. 04.06.1996, BGHZ 133, 51, 52 f. = NJW 1996, 2310; *Böttcher*, ZVG, § 53, Rn. 5 m.w.N.

649 *Böttcher*, ZVG, § 53, Rn. 5 m.w.N.

650 *Heinemeyer*, in: MünchKomm-BGB, Vorb. § 414, Rn. 7.

651 Siehe nur *Heinemeyer*, in: MünchKomm-BGB, Vorb. § 414, Rn. 7.

4. Rechtsverhältnis zwischen Ersteher und Vormerkungsberechtigtem nach Zwangsversteigerung eines Grundstücks

Eine gewisse Vergleichbarkeit der Vormerkung mit dem markenrechtlichen Sukzessionsschutz folgt aus der dinglichen Wirkung der Vormerkung, nämlich dem Schutz vor nachfolgenden Verfügungen gemäß §§ 883 Abs. 2, 888 BGB. Daher wird nachfolgend untersucht, welche Rechtsfolgen sich aus dem Übergang eines mit einer Auflassungsvormerkung belasteten Grundstücks in Bezug auf das Rechtsverhältnis zwischen dem Ersteher und einem Vormerkungsberechtigten ergeben.

a. Partielle Unwirksamkeit von Verfügungen

Für das Rechtsverhältnis zwischen dem Ersteher eines Grundstücks und einem dieses Grundstück betreffenden Vormerkungsberechtigten ergibt sich Folgendes: Gemäß § 883 Abs. 2 S. 2 i.V.m. S. 1 BGB sind Verfügungen im Rahmen der Zwangsvollstreckung, welche nach Eintragung einer Auflassungsvormerkung getroffen werden, insoweit unwirksam, als sie den aus der Vormerkung folgenden Anspruch vereiteln oder beeinträchtigen würden. Gemäß §§ 48, 52 Abs. 1 S. 1 ZVG fällt die dem Recht des betreibenden Vollstreckungsgläubigers im Rang vorrangige Auflassungsvormerkung grundsätzlich in das geringste Gebot und bleibt bestehen.[652] Eine dem Recht des die Zwangsvollstreckung betreibenden Gläubigers nachgehende Vormerkung hingegen fällt nicht in das geringste Gebot und erlischt gemäß §§ 52 Abs. 1 S. 2, 91 Abs. 1 ZVG mit dem Zuschlag.[653]

Der neue Grundstückseigentümer wird bei Übergang durch das Bestehenbleiben der Vormerkung – sowohl bei einem Übergang des Grundstücks in Zwangsvollstreckung als auch bei einem privatautonomen Erwerb vom ursprünglichen Eigentümer – mit dem Risiko des Verlustes des Grundstücks belastet, da er gemäß §§ 883 Abs. 2 S. 2 i.V.m. S. 1, 888 Abs. 1 BGB im Falle der Geltendmachung des Eigentumserwerbsanspruchs durch den Vorgemerkten der Eintragung im Grundbuch zustimmen und gegebenenfalls das Grundstück an den Vorgemerkten herausgeben muss.

---

652 Siehe dazu *Kohler*, in: MünchKomm-BGB, § 883, Rn. 61.

653 Siehe dazu *Kohler*, in: MünchKomm-BGB, § 883, Rn. 62.

b. Übertragbarkeit auf den Übergang eines lizenzierten Markenrechts im Rahmen der Zwangsvollstreckung?

Fraglich ist, ob eine dieser Regelung des Rechtsverhältnisses zwischen Vormerkungsberechtigtem und Ersteher eines Grundstücks in der Zwangsvollstreckung entsprechende Lösung auch für die Ausgestaltung der Rechtsfolgenseite des Sukzessionsschutzes nach Übergang eines lizenzierten Markenrechts im Rahmen der Zwangsvollstreckung in Frage kommt.

Eine gewisse Ähnlichkeit der zu vergleichenden Konstellationen ist zwar zunächst darin zu sehen, dass sowohl durch den Übergang eines mit einer Auflassungsvormerkung belasteten Grundstücks durch die Zwangsversteigerung als auch durch den Übergang eines lizenzierten Markenrechts im Rahmen der Zwangsvollstreckung ein Dreipersonenverhältnis entsteht. Eine Orientierung an der Regelung des Rechtsverhältnisses zwischen Vormerkungsberechtigtem und Ersteher eines Grundstücks in der Zwangsvollstreckung scheidet jedoch aus, da die Auflassungsvormerkung auf einen Eigentumserwerbsanspruch (vgl. § 883 Abs. 1 S. 1 BGB) gerichtet ist. Gegenstand der Markenlizenz ist hingegen nicht die Sicherung des Erwerbs des Markenrechts, sondern die Sicherung des Nutzungsrechts an der Marke in unterschiedlicher Form.[654]

5. Fazit

Die Betrachtung ausgewählter Vorschriften des Gesetzes über die Zwangsversteigerung und die Zwangsverwaltung gründete auf folgender Überlegung: Zwischen den dort geregelten und hier untersuchten Rechtsinstituten (Miete, Nießbrauch, Hypothek und Auflassungsvormerkung) und dem markenrechtlichen Sukzessionsschutz des Lizenznehmers ist eine gewisse Ähnlichkeit gegeben. So ordnet das Gesetz sowohl für die Miete (§ 566 Abs. 1 BGB) als auch für die Markenlizenz (§ 30 Abs. 5 MarkenG) einen Sukzessionsschutz an. Auch der Nießbrauch ist mit einem Sukzessionsschutz ausgestattet: Dieser resultiert aus der Dinglichkeit des Nutzungsrechts, welches auf dem Eigentum lastet und von dessen Rechtsinhaber unabhängig ist. Die Hypothek besteht ebenfalls aufgrund ihrer Dinglichkeit grundsätzlich gegenüber Dritten. Eine gewisse Vergleichbarkeit der Vormerkung mit dem markenrechtlichen Sukzessionsschutz folgt aus dem Schutz der Vormerkung vor nachfolgenden Verfügungen gemäß §§ 883 Abs. 2, 888 BGB.

654 *Taxhet*, in: BeckOK-MarkenR, § 30 MarkenG, Rn. 19.

Eine Orientierung an den ausgewählten zwangsvollstreckungsrechtlichen Vorschriften für die Ausgestaltung des Rechtsverhältnisses zwischen dem neuen Markenrechtsinhaber und einem Lizenznehmer scheidet jedoch aus, da sie dem Gesetzeszweck des § 30 Abs. 5 MarkenG widersprechen und/oder, da sie keine Rechtsfolgen enthalten, die zur Ausgestaltung der Rechtsfolgenseite des markenrechtlichen Sukzessionsschutzes passen.

Das dem Ersteher im Falle der Zwangsversteigerung eines vermieteten Grundstücks gewährte Sonderkündigungsrecht gemäß § 57a ZPO ist insbesondere nicht mit der *ratio legis* des § 30 Abs. 5 MarkenG vereinbar. Gleiches gilt in Bezug auf die für das Fortbestehen des Nießbrauchs nach der Zwangsversteigerung des zugrunde liegenden Grundstücks relevante Unterscheidung danach, ob zuerst die Forderung des die Zwangsversteigerung betreibenden Gläubigers oder zuerst der Nießbrauch entstanden ist. Diese Regelungen modifizieren lediglich die Frage des „Ob“[655] des Sukzessionsschutzes und können daher die dieser Arbeit zugrunde liegende Frage der Ausgestaltung des Rechtsverhältnisses zwischen dem neuen Schutzrechtsinhaber und einem Lizenznehmer nicht lösen.[656]

Eine Orientierung an den die Hypothek sowie die Auflassungsvormerkung betreffenden Vorschriften scheitert daran, dass die Vorschriften Rechtsfolgen herbeiführen, die nicht zu dem markenrechtlichen Sukzessionsschutz passen: Die Vorschrift des § 53 Abs. 1 Hs. 1 ZVG i.V.m. § 415 Abs. 1 BGB, aufgrund derer sich die persönliche Forderung des Hypothekengläubigers unter bestimmten Voraussetzungen nicht mehr gegen den ehemaligen Eigentümer als Schuldner, sondern gegen den Ersteher des Grundstücks richtet, würde auf Rechtsfolgenseite des Sukzessionsschutzes zu keiner umfänglichen Ausgestaltung des Verhältnisses zwischen dem neuen Markenrechtsinhaber und einem Lizenznehmer führen. Denn aus der übergeleiteten Verpflichtung des Erstehers, den Gläubiger zu befriedigen, folgt keine über die Regelung des § 30 Abs. 5 MarkenG hinausgehende Regelung.[657] Auch die Vorschriften zur Auflassungsvormerkung passen nicht zum Sukzessionsschutz des Lizenznehmers: Die Auflassungsvormerkung ist nämlich auf einen Eigentumserwerbsanspruch (vgl. § 883 Abs. 1 S. 1 BGB) gerichtet. Gegenstand der Markenlizenz ist hingegen nicht die Sicherung des Erwerbs des Markenrechts, sondern die Gebrauchsüberlassung der Marke in unterschiedlicher Form.[658]

655 Die Begriffe „Ob“ und „Wie“ des Sukzessionsschutzes verwendend *McGuire*, Die Lizenz, S. 439.

656 Siehe zur Miete/Pacht oben § 9 I. 1., zum Nießbrauch oben § 9 I. 2.

657 Siehe oben § 9 I. 3.

658 Siehe oben § 9 I. 4.

II. Übertragung die Lizenz betreffender Regelungsmodelle?

Darüber hinaus könnte bei der Ausgestaltung der Rechtsfolgenseite des Sukzessionsschutzes nach Übergang eines lizenzierten Markenrechts im Rahmen der Zwangsvollstreckung eine Orientierung an Regelungsmodellen, welche die Lizenz betreffen, in Betracht kommen.

Eine solche Untersuchung macht insbesondere Sinn, da in Bezug auf die Lizenz nicht nur die hier untersuchte Vorschrift des Sukzessionsschutzes lückenhaft ist. Die Lizenzkette ist gesetzlich nicht geregelt und Gegenstand vieler Diskussionen. Daher wird ein Lösungsvorschlag zu den Rechtsfolgen des Wegfalls des Hauptlizenznehmers untersucht (siehe unter 1.). Anschließend wird erläutert, ob eine Verknüpfung der kürzlich gesetzlich verankerten Möglichkeit zur Registereintragung der Lizenz mit dem Sukzessionsschutz zur Lösung der Diskussion um die Rechtsfolgen des Sukzessionsschutzes beitragen könnte (siehe unter 2.). Schließlich wird durchleuchtet, ob ein im Zusammenhang mit der umstrittenen Frage des Schicksals der immaterialgüterrechtlichen Lizenz in der Insolvenz des Lizenzgebers ergangener Lösungsvorschlag auf die Ausgestaltung der Rechtsfolgen des Sukzessionsschutzes übertragen werden kann (siehe unter 3.).

1. Fortbestand der Unterlizenz bei Ausfall des Hauptlizenznehmers

Die Lizenzkette ist gesetzlich nicht geregelt und daher Gegenstand vieler Diskussionen. Höchst umstritten ist dabei die Frage des Fortbestands der Unterlizenz bei Wegfall der Hauptlizenz. Wie auch bei dem Übergang eines lizenzierten Markenrechts auf einen neuen Inhaber in Rahmen Zwangsvollstreckung entsteht bei Wegfall der Hauptlizenz ein Dreipersonenverhältnis, wobei nunmehr Personen miteinander verbundenen sind, welche die Beziehung zueinander nicht aufgrund eines privatautonomen Rechtsgeschäfts eingegangen sind: Bei einer Lizenzkette haben nämlich der Schutzrechtsinhaber und der Unterlizenznehmer im Regelfall keinen Vertrag miteinander geschlossen. Ebenso besteht bei dem Rechtsübergang eines lizenzierten Markenrechts zwischen dem neuen Markenrechtsinhaber und dem Lizenznehmer kein Vertrag.[659] Nachfolgend wird daher untersucht, ob die Lösungswege zum Fortbestehen der Unterlizenzen bei Wegfall der Hauptlizenz eine sinnvolle Lückenfüllung der Rechtsfolgenseite des

---

659 Siehe oben § 3 II. 3. b.

Sukzessionsschutzes bei dem Übergang eines lizenzierten Markenrechts in der Zwangsvollstreckung aufzeigen.

a. *Höchstrichterliche Rechtsprechung: Fortbestand des abgeleiteten Nutzungsrechts*

Der BGH entschied in seinem Urteil „Reifen Progressiv" zum Urheberrecht erstmals, das Erlöschen eines ausschließlichen Nutzungsrechts auf Grund wirksamen Rückrufs wegen Nichtausübung gemäß § 41 UrhG führe nicht auch zum Erlöschen eines hiervon abgeleiteten einfachen Nutzungsrechts.[660] In seinen Entscheidungen „M2Trade" sowie „Take Five" führte der BGH diese Rechtsprechung fort und dehnte sie auf weitere Fälle des Erlöschens der Hauptlizenz aus: In dem der Entscheidung „M2Trade" zugrunde liegenden Fall erfolgte das Erlöschen der Hauptlizenz aufgrund der Kündigung des Hauptlizenzvertrages wegen Zahlungsverzuges.[661] Der BGH entschied, dass auch andere Gründe des Wegfalls der Hauptlizenz als der Rückruf der Hauptlizenz wegen Nichtausübung regelmäßig nicht zum Erlöschen der Unterlizenz führen.[662] Er berücksichtigte in seiner Entscheidung den Grundsatz des Sukzessionsschutzes und nahm eine Abwägung der typischerweise betroffenen Interessen des Hauptlizenzgebers und des Unterlizenznehmers der einfachen Unterlizenz vor.[663] Im Ergebnis bestehe eine Unterlizenz grundsätzlich auch nach Wegfall der Hauptlizenz durch Kündigung fort, sofern der Wegfall nicht aus der Sphäre des Unterlizenznehmers stammt.[664] Ein Vertragsverhältnis zwischen Hauptlizenzgeber und Unterlizenznehmer bestehe nicht, der Hauptlizenzgeber könne jedoch – um eine unbillige Benachteiligung des Hauptlizenzgebers zu verhindern – vom Hauptlizenznehmer die Abtretung der Ansprüche auf ausstehende Lizenzzahlungen gegen den Unterlizenznehmer gemäß § 812 Abs. 1 S. 1 Fall 2 BGB verlangen.[665] In der Entscheidung „Take Five" entschied der BGH sodann, dass der Wegfall der Hauptlizenz grundsätzlich auch dann nicht zum Erlöschen eines ausschließlichen, entgeltlichen Nutzungsrechts führe, wenn die Hauptlizenz aufgrund einer einvernehmlichen Aufhebung erlischt.[666]

---

660 BGH, Urt. v. 26.03.2009, BGHZ 180, 344 (Ls.) = GRUR 2009, 947 – Reifen Progressiv.
661 BGH, Urt. v. 19.07.2012, BGHZ 194, 136 (Ls.) = GRUR 2012, 916 – M2Trade.
662 BGH, Urt. v. 19.07.2012, BGHZ 194, 136 (Ls.) = GRUR 2012, 916 – M2Trade.
663 BGH, Urt. v. 19.07.2012, BGHZ 194, 136, Rn. 23 ff. = GRUR 2012, 916 – M2 Trade.
664 BGH, Urt. v. 19.07.2012, BGHZ 194, 136, Rn. 29 f. = GRUR 2012, 916 – M2 Trade.
665 BGH, Urt. v. 19.07.2012, BGHZ 194, 136, Rn. 26 f. = GRUR 2012, 916 – M2 Trade.
666 BGH, Urt. v. 19.07.2012, GRUR 2012, 914 (Ls.) – Take Five.

b. Alternative Lösungsvorschläge

Zu der konkreten Ausgestaltung des Rechtsverhältnisses zwischen dem Schutzrechtsinhaber und dem Unterlizenznehmer haben sich in der Literatur verschiedene Ansichten gebildet. *McGuire/Kunzmann*[667] haben zu der Rechtsprechung des BGH einen alternativen Lösungsvorschlag entwickelt: Anknüpfend an die für den Sukzessionsschutz auf erster Ebene vertretene Ausgestaltung als Vertragsübernahme[668] sei der Sukzessionsschutz des Unterlizenznehmers als Vertragsübernahme gemäß § 565 Abs. 1 BGB zu lesen.[669] § 565 Abs. 1 BGB regelt im Mietrecht die sog. gewerbliche Zwischenvermietung: Der Vermieter vermietet zunächst Wohnraum an den Zwischenmieter, dieser wiederum soll den Wohnraum gewerblich an einen Endmieter zu Wohnzwecken vermieten. Für den Fall der Beendigung des letztgenannten Mietverhältnisses, ordnet die Vorschrift an, dass der Vermieter zum Schutz des Endmieters in den zwischen Endmieter und Zwischenmieter geschlossenen Mietvertrag eintritt.[670] Bei der vorgeschlagenen Übertragung dieses Grundgedankens in das Recht des Geistigen Eigentums müsse beachtet werden, dass der Sukzessionsschutz lediglich im Verhältnis der jeweiligen Vertragsparteien angeordnet sei.[671] Daher müsse für eine solche Lösung ein zusätzlicher Schritt eingebaut werden, es müsse in der Zustimmung zur Erteilung der Unterlizenz gleichzeitig auch eine Zustimmung zur Vertragsübernahme für den Fall des Ausfalls des Hauptlizenznehmers zu sehen sein.[672] Dies führe in den meisten Fällen – mangels ausdrücklicher Regelung – zu einer ergänzenden Vertragsauslegung.[673] Der konkrete Einzelfall müsse mithin dahingehend überprüft werden, was die Parteien nach Treu und Glauben redlicherweise vereinbart hätten.[674]

---

667 *McGuire/Kunzmann*, GRUR 2014, 28.

668 Siehe oben § 5 III. 2. b. bb. (1).

669 *McGuire/Kunzmann*, GRUR 2014, 28, 34.

670 Zum Streit, ob es nach § 565 Abs. 1 S. 1 BGB zu einer vollständigen Vertragsübernahme oder zur Zäsur und Beendigung des Hauptmietvertrages kommt, siehe *Häublein*, in: MünchKomm-BGB, § 565, Rn. 19 ff.

671 *McGuire/Kunzmann*, GRUR 2014, 28, 34.

672 *McGuire/Kunzmann*, GRUR 2014, 28, 34.

673 *McGuire/Kunzmann*, GRUR 2014, 28, 34 unter Verweis auf BGH, Urt. v. 06.10.2006, BGHZ 169, 215 = NJW 2007, 509; BGH, Urt. v. 01.02.1984, BGHZ 90, 69 = NJW 1984, 1177 zur ergänzenden Vertragsauslegung.

674 *McGuire/Kunzmann*, GRUR 2014, 28, 34 unter Verweis auf BGH, Urt. v. 06.10.2006, BGHZ 169, 215 = NJW 2007, 509; BGH, Urt. v. 01.02.1984, BGHZ 90, 69 = NJW 1984, 1177 zur ergänzenden Vertragsauslegung.

Da sich bei der Frage der Übertragbarkeit der BGH-Entscheidungen zum Urheberrecht auf andere Schutzrechte Abweichungen ergeben,[675] modifizieren *Karl/Melullis* diesen Ansatz für das Patentrecht, indem sie sich für eine Vertragsübernahme der Hauptlizenz *de lege ferenda* aussprechen, dem Unterlizenznehmer aber die Wahl lassen, in den Vertrag zwischen Hauptlizenzgeber und Hauptlizenznehmer einzutreten oder die Unterlizenz zu verlieren.[676]

c. *Übertragbarkeit auf den Übergang eines lizenzierten Markenrechts im Rahmen der Zwangsvollstreckung?*

Die Rechtsprechung des BGH zum Fortbestand der Unterlizenz bei Ausfall des Hauptlizenznehmers liefert keine Verbesserung der Rechtslage gemäß § 30 Abs. 5 MarkenG. Nach dieser Rechtsprechung entsteht nämlich eine vertragslose Beziehung zwischen Hauptlizenzgeber und Lizenznehmer, in welcher der Hauptlizenzgeber lediglich über den Umweg der Inanspruchnahme des weggefallenen Unterlizenzgebers an die Lizenzgebühren gelangen kann. Überträgt man dies auf den Übergang eines lizenzierten Markenrechts in der Zwangsvollstreckung, trägt der neue Markenrechtsinhaber, der Ansprüche gegen den ehemaligen Markenrechtsinhaber geltend machen muss, um an die Lizenzgebühren zu gelangen, nach dieser Lösung sogar das Insolvenzrisiko des ehemaligen Markenrechtsinhabers.[677]

Einer wie von einer Literaturansicht für die Lizenzkette vorgeschlagenen Orientierung an der Regelung des § 565 Abs. 1 BGB für die Ausgestaltung der Rechtsfolgenseite des Sukzessionsschutzes nach Übergang eines lizenzierten Markenrechts im Rahmen der Zwangsvollstreckung steht entgegen, dass – obwohl wie eingangs erläutert, in beiden Fällen nunmehr Personen miteinander verbundenen sind, welche keinen Vertrag miteinander geschlossen haben – die Interessenlage der Beteiligten bei Wegfall der Unterlizenz bei genauer Untersuchung nicht vergleichbar ist mit der bei Übergang eines lizenzierten Markenrechts

---

675 Siehe dazu ausführlich *Dammler/Melullis*, GRUR 2013, 781, welche die Übertragbarkeit der Entscheidungen auf das Patentrecht prüfen. Siehe auch den Hinweis auf die Abstimmung mit dem für das Patentrecht zuständigen X. Zivilsenat, BGH, Urt. v. 19.07.2012, BGHZ 194, 136, Rn. 23 = GRUR 2012, 916 – M2Trade; BGH, Urt. v. 19.07.2012, GRUR 2012, 914, 915, Rn. 15 – Take Five. Vgl. hierzu *Cepl*, GRUR-Prax 2012, 393, der sich aufgrund dieses Hinweises für die Geltung der Grundsätze für alle Lizenzverträge unabhängig von der Art des Schutzrechts ausspricht.

676 *Karl/Melullis*, GRUR 2016, 755, 762 f.

677 *Tochtermann*, Sukzessionsschutz im Recht des Geistigen Eigentums, S. 190.

im Rahmen der Zwangsvollstreckung: Während der neue Markenrechtsinhaber vor Übergang des lizenzierten Schutzrechts im Rahmen der Zwangsvollstreckung in keinerlei Verhältnis zu der Lizenz stand, hat der Hauptlizenzgeber, der keine Vertragsbeziehung zu dem Unterlizenznehmer hat, immerhin eine Hauptlizenz an seinem Schutzrecht erteilt. Er hat damit einem Dritten bewusst das Nutzungsrecht an seinem Schutzrecht erteilt. Nach dem alternativen Lösungsvorschlag kommt ein Schutz ebenenübergreifend nur in Betracht, wenn die (konkludente) Zustimmung des Rechtsinhabers zur Erteilung der Unterlizenz auch als Zustimmung zur Vertragsübernahme gesehen würde.[678] Bei dem Übergang eines lizenzierten Markenrechts im Rahmen der Zwangsvollstreckung ist eine solche Auslegung mangels rechtsgeschäftlichen Kontakts in Bezug auf die Lizenz nicht möglich.

Eine Orientierung an dem Modell einer Vertragsübernahme in Bezug auf die Hauptlizenz mit der Wahl des Unterlizenznehmers, entweder in den Vertrag zwischen Hauptlizenzgeber und Hauptlizenznehmer einzutreten oder die Unterlizenz zu verlieren, scheitert daran, dass kein Lizenzverhältnis zwischen neuem Markenrechtsinhaber und ehemaligem Markenrechtsinhaber existiert, welches auf den Lizenznehmer nach Übergang des Markenrechts im Rahmen der Zwangsvollstreckung übergehen könnte.

2. Verknüpfung von Registereintragung der Markenlizenz und Drittwirkung

Fraglich ist, ob die kürzlich gesetzlich verankerte Möglichkeit zur Eintragung der Markenlizenz in das Markenregister des DPMA und insbesondere eine an das Unionsmarkenrecht angelehnte Verknüpfung von Publizität der Markenlizenz und deren Drittwirkung eine interessengerechte Lösung für die Ausgestaltung der Rechtsfolgenseite des Sukzessionsschutzes nach Übergang des lizenzierten Markenrechts im Rahmen der Zwangsvollstreckung darstellt.

a. Möglichkeit zur Registereintragung der Markenlizenzen gemäß § 30 Abs. 6 MarkenG

Lange war es in Deutschland nicht möglich, die Markenlizenz in das Markenregister des DPMA eintragen zu lassen. Dies änderte sich allerdings mit der Umsetzung des Artikel 25 Abs. 5 MRL. Dort heißt es nämlich, die „Mitgliedstaaten sehen Verfahren für die Erfassung von Lizenzen in ihren Registern vor". § 30

678 *McGuire/Kunzmann*, GRUR 2014, 28, 34.

Abs. 6 MarkenG sieht daher nun vor, dass das DPMA auf Antrag des Markeninhabers oder des Lizenznehmers die Erteilung der Lizenz sowie Änderungen einer eingetragenen Lizenz in das Register einträgt, sofern die Zustimmung des jeweils anderen Teils nachgewiesen wird. Zudem wird auf Antrag des Markeninhabers oder des Lizenznehmers die Eintragung der Lizenz gelöscht, wobei es bei einem solchen Antrag des Inhabers des Nachweises der Zustimmung des bei der Eintragung benannten Lizenznehmers oder seines Rechtsnachfolgers bedarf.

Der deutsche Gesetzgeber hat sich für eine optionale Registereintragung entschieden. Diese Möglichkeit zur Eintragung der Lizenz in das Register vermag zur Bestimmung der konkreten Rechtsfolgen des Sukzessionsschutzes jedoch nicht zu verhelfen. Zum einen bringt die Möglichkeit zur Eintragung keine sichere Erkenntnis über das Bestehen von Lizenzen, da eine Lizenz eben nicht eingetragen werden *muss*. Zum anderen bringt die Publizität der Lizenz für sich genommen – selbst bei einer obligatorischen Eintragung und der damit verbundenen, immer vorhandenen Kenntnis über das Bestehen von Lizenzen – keine Lösung für die konkrete Ausgestaltung des Rechtsverhältnisses zwischen dem neuen Markeninhaber und dem Lizenznehmer. Zwar würde dann die in der Zwangsvollstreckung bestehende, gegenüber der privatautonomen Übertragung des Markenrechts durch den ursprünglichen Markeninhaber, erhöhte Gefahr der Unkenntnis von bestehenden Lizenzen für den neuen Markenrechtsinhaber wegfallen.[679] Es würde jedoch trotzdem bei der ungünstigen Dreiecksbeziehung aller Beteiligten bleiben, bei welcher in der Zwangsvollstreckung nicht mit einer Mitwirkung des ehemalige Markenrechtsinhaber zu rechnen ist, da diesem das Markenrecht mit Zwang entzogen wurde.[680]

b. Verknüpfung von Registereintragung und Drittwirkung der Lizenz?

Die Möglichkeit zur Eintragung der Lizenz könnte an Bedeutung für die Rechtsfolgenseite des Sukzessionsschutzes gewinnen, sofern die Publizität und die Drittwirkung der Lizenz miteinander verknüpft werden.

Dies wird anhand folgenden Beispiels deutlich: Die UMV kennt zwar keinen grundsätzlichen Sukzessionsschutz,[681] Art. 27 Abs. 1 UMV regelt aber das Verhältnis zwischen Unionsmarkenerwerber und Dritten: Danach entfalten Rechtshandlungen nach Art. 20, 22 und 25 UMV erst Wirkung gegenüber Dritten, wenn

679 Siehe dazu oben § 8 II. 1. b. aa.

680 Siehe dazu oben § 8 II. 1. b. bb. Vgl. auch *Tochtermann*, Sukzessionsschutz im Recht des Geistigen Eigentums, S. 79.

681 Vgl. *Taxhet*, in: BeckOK-MarkenR, Art. 25 UMV, Rn. 15.

sie eingetragen wurden. Die Erteilung einer Lizenz nach Art. 25 Abs. 1 S. 1 UMV fällt unter diese Rechtshandlungen. Daher kann sich ein Lizenznehmer gemäß Art. 27 Abs. 1 UMV erst ab dem Zeitpunkt der Eintragung der Lizenz auf seine Rechte aus der Lizenz berufen (S. 1), außer der Dritte hat seine Rechte an der Unionsmarke in Kenntnis der bereits bestehenden Lizenz erworben (S. 2).

Die Wirkung der Lizenz gegenüber Dritten von deren Publizität abhängig zu machen wurde bereits mit Einführung des Sukzessionsschutzes im Patentgesetz sowie Gebrauchsmustergesetz, auf deren Gesetzgebungsmaterialien auch für die entsprechende Einführung im Markengesetz zurückzugreifen ist, diskutiert: Die Bundesregierung forderte eine Verknüpfung von Publizität und Drittwirkung der Lizenz aus Gründen der Rechtssicherheit im Geschäftsverkehr.[682] Letztlich ließ der Gesetzgeber eine solche Verknüpfung jedoch u.a. mit der Begründung fallen, die Eintragung der Lizenz in das Register sei mit zu viel Aufwand verbunden.[683] Dieses Argument ist zwar aus heutiger Sicht mit Blick auf die kürzlich eingeführte Möglichkeit zur Registereintragung der Lizenz obsolet.

Die Verknüpfung von Publizität und Drittwirkung der Lizenz hilft jedoch bei der Frage der Ausgestaltung des Sukzessionsschutzes, insbesondere des Rechtsverhältnisses zwischen dem neuen Inhaber und dem Lizenznehmer, nicht weiter. Eine solche Verknüpfung modifiziert nämlich lediglich die Frage des „Ob" des Sukzessionsschutzes und weist für sich genommen keine Berührungspunkte mit der in dieser Arbeit untersuchten Frage des „Wie"[684] auf.

An Relevanz für diese Arbeit könnte eine Verknüpfung der Registereintragung mit dem Sukzessionsschutz nach Klärung des „Wie" des Sukzessionsschutzes gewinnen.[685]

---

682 Gegenäußerung der Bundesregierung zu der Stellungnahme des Bundesrates zu dem von der Bundesregierung eingebrachten Entwurf eines Gesetzes zur Änderung des Gebrauchsmustergesetzes v. 26.09.1985, BT-Drs. 10/3903, Anl. 3, S. 34. Siehe dazu auch oben § 6 III. 2.

683 Gesetzesentwurf der Bundesregierung zur Änderung des Gebrauchsmustergesetzes v. 26.09.1985, BT-Drs. 10/3903, S. 34. Siehe dazu auch oben § 6 III. 2.

684 Die Begriffe „Ob" und „Wie" des Sukzessionsschutzes benutzend *McGuire*, Die Lizenz, S. 439.

685 *Ahrens/McGuire*, Modellgesetz Geistiges Eigentum, § 112, S. 273, Ziff. II. 6 sowie § 143, S. 344, die eine solche Verknüpfung bei Ausgestaltung des Sukzessionsschutzes als gesetzlich angeordnete Vertragsübernahme vorschlagen. Siehe dazu auch unten § 10. I.

3. Die immaterialgüterrechtliche Lizenz in der Insolvenz des Lizenzgebers

Die Vielzahl an umstrittenen Rechtsfragen rund um die Lizenz umfasst auch die Auswirkungen der Insolvenz des Lizenzgebers auf die immaterialgüterrechtliche Lizenz. Enorm wichtig ist dabei die Frage der Insolvenzfestigkeit von Lizenzen.

Eine ausdrückliche gesetzliche Regelung zur Behandlung der Lizenz in der Insolvenz des Lizenzgebers existierte unter Geltung der Konkursordnung (KO)[686] nicht. Daher war die Frage der Insolvenzfestigkeit von Lizenzen Rechtsprechung und Literatur überlassen. Da der Bestand von Lizenzen in der Insolvenz des Lizenzgebers für den Lizenznehmer von großer Bedeutung ist, wurde die Insolvenzfestigkeit nach herrschender Meinung durch eine analoge Anwendung der Vorschrift über Miet- und Pachtverträge, § 21 Abs. 1 KO, erreicht.[687] § 21 Abs. 1 KO regelte die Wirksamkeit von Verträgen über vom Schuldner an den Mieter im Wege der Miete oder Pacht überlassene Gegenstände gegenüber der Konkursmasse.

Mit Inkrafttreten der Insolvenzordnung wurde § 21 KO durch § 108 InsO abgelöst, womit die Grundlage für die Insolvenzfestigkeit der Lizenz entfiel.[688] Da der Anwendungsbereich des § 108 Abs. 1 InsO auf Immobilien beschränkt ist, scheidet eine analoge Anwendung dieser Vorschrift auf Lizenzen nach überwiegender Meinung aus.[689] Seitdem werden in der Literatur verschiedene Lösungsansätze zur Herbeiführung der Insolvenzfestigkeit diskutiert. Ausgangspunkt bildet nach ganz herrschender Meinung die Anwendung von § 103 Abs. 1 InsO.[690] Gemäß § 103 Abs. 1 InsO kann sich der Insolvenzverwalter – sofern der Lizenzvertrag zur Zeit der Eröffnung des Insolvenzverfahrens beiderseits nicht (vollständig) erfüllt ist – entweder für die gegenseitige Vertragserfüllung entscheiden oder die Erfüllung ablehnen. Eine Ablehnung der Erfüllung des Lizenzvertrags führt

686 Konkursordnung v. 10.02.1897, RGBl. 1897 (KO), S. 35 in der Fassung der Bekanntmachung vom 20.05.1898, RGBl. 1898, S. 612, zuletzt geändert durch das Gesetz v. 17.12.1990, BGBl. 1990, S. 2847.

687 Vgl. bspw. BGH, Urt. v. 27.04.1995, NJW-RR 1995, 936, 938. Ausführlich dazu *Fezer*, WRP 2004, 793, 795 ff. m.w.N.

688 *Berberich*, in: BeckOK-InsO, § 108 InsO, Rn. 71.

689 Vgl. bspw. BGH, Urt. v. 17.11.2005, GRUR 2006, 435, 437 (Rn. 21) – Softwarenutzungsrechte; *Berberich*, in: BeckOK-InsO, § 108 InsO, Rn. 71 f.; *v. Westerholt/Joppich*, ZUM 2003, 262, 263. A.a. *Fezer*, WRP 2004, 793, 799 ff.

690 Vgl. bspw. BGH, Urt. v. 21.10.2015, GRUR 2016, 201, 204 – Ecosoil; *Berberich*, in: BeckOK-InsO, § 108 InsO, Rn. 72.

zwar nicht zum Wegfall der Lizenz, aber zur Hemmung der Durchsetzbarkeit der nicht erfüllten Ansprüche.[691] Faktisch kann dies den Verlust der Lizenz für den Lizenznehmer bedeuten. Der Lizenznehmer wird gemäß § 103 Abs. 2 InsO auf einen Schadensersatzanspruch wegen Nichterfüllung verwiesen, welcher zur Insolvenztabelle angemeldet werden kann.

Zur Lösung der dieser Arbeit zugrunde liegenden Frage der konkreten Ausgestaltung des Sukzessionsschutzes könnte eine Gesetzgebungsinitiative zur Insolvenzfestigkeit der Lizenz in der Insolvenz des Lizenzgebers beitragen. Zwei Versuche einer gesetzlichen Verankerung der Insolvenzfestigkeit der Lizenz sind in der Vergangenheit jedoch bereits fehlgeschlagen: Zunächst wurde § 108a InsO RegE 2007[692] vorgeschlagen, wonach der Lizenzvertrag nicht dem Wahlrecht des Insolvenzverwalters unterliegen, sondern mit Wirkung für die Insolvenzmasse fortgelten sollte (sog. Fortbestandslösung). Der in der darauffolgenden Legislaturperiode vorgeschlagene § 108a InsO RefE 2012[693] hingegen unterstellte die Entscheidung über den Fortbestand des Lizenzvertrags grundsätzlich dem Wahlrecht des Insolvenzverwalters. Er gab dem Lizenznehmer jedoch für den Fall der Ablehnung der Erfüllung durch den Insolvenzverwalter das Recht auf Neuabschluss des Lizenzvertrags zu angemessenen Bedingungen.

Der Gesetzgeber scheint zwar von einer gesetzlichen Lösung Abstand genommen zu haben.[694] Für diese Arbeit könnten die vorgeschlagenen Regelungen

---

691 Bspw. BGH, Urt. v. 22.12.1995, NJW 1996, 1056, 1057; *Huber*, in: MünchKomm-InsO, § 103, Rn. 76; *Töbelmann*, in: Hasselblatt, MAH GewRS, § 51, Rn. 36; *McGuire*, GRUR 2012, 657.

692 Regierungsentwurf eines Gesetzes zur Entschuldung mittelloser Personen, zur Stärkung der Gläubigerrechte sowie zur Regelung der Insolvenzfestigkeit von Lizenzen vom 15.12.2007 (InsO RegE 2007), BT-Drs. 16/7416, S. 1, 8.

693 Referentenentwurf des Bundesministeriums für Justiz eines Gesetzes zur Verkürzung des Restschuldbefreiungsverfahrens, zur Stärkung der Gläubigerrechte und zur Insolvenzfestigkeit von Lizenzen vom 18.01.2012 (InsO RefE 2012), S. 6 f., abrufbar unter: http://www.bundesgerichtshof.de/SharedDocs/Downloads/DE/Bibliothek/Gesetzesmaterialien/17_wp/Restschuldverk/refe.pdf;jsessionid=339BB41231DBC46801E526DFCEE598EB.1_cid294?__blob=publicationFile (zuletzt abgerufen am 17.03.2021).

694 Weder die Regelung in § 108a InsO RegE 2007 noch die in § 108a RefE 2012 waren in dem Gesetz zur Verkürzung des Restschuldbefreiungsverfahrens und zur Stärkung der Gläubigerrechte v. 15.07.2013, BGBl. 2013, S. 2379 enthalten. Auch die Gesetzgebungsmaterialien zu dem Gesetz zur Verbesserung der Rechtssicherheit bei Anfechtungen nach der Insolvenzordnung und nach dem Anfechtungsgesetz v. 29.03.2017, BGBl. 2017, S. 654 behandeln die Frage der Insolvenzfestigkeit der Lizenz nicht.

dennoch eine Rolle spielen. Während die Fortbestandslösung des § 108a InsO RegE 2007 an dieser Stelle keine Relevanz hat,[695] könnte zweitgenannter Regelungsvorschlag für die gesetzlich lückenhafte Ausgestaltung des Rechtsverhältnisses zwischen Lizenznehmer und neuem Markenrechtsinhaber herangezogen werden. Methodisch könnte dieser Ansatz in einem Gesetzesvorschlag zur Rechtsfolgenseite des Sukzessionsschutzes verarbeitet werden.

a. Anspruch auf Neuabschluss des Lizenzvertrags gemäß § 108a InsO RefE 2012

§ 108a InsO RefE 2012 sollte zur Anwendung kommen, wenn der Insolvenzverwalter die Erfüllung eines Lizenzvertrags gemäß § 103 InsO ablehnt, vgl. § 108a Abs. 1 InsO RefE 2012. Für diesen Fall sah § 108a Abs. 1 InsO RefE 2012 vor, dass der Lizenznehmer binnen eines Monats nach Zugang der Ablehnung vom Insolvenzverwalter oder – im Falle der Übertragung des lizenzierten Rechts durch den Insolvenzverwalter – vom Rechtsnachfolger den Neuabschluss eines Lizenzvertrages verlangen kann, „der dem Lizenznehmer zu angemessenen Bedingungen die weitere Nutzung des geschützten Rechts ermöglicht".

Ziel dieser Regelung war die Schaffung eines Interessenausgleichs im Hinblick auf die Interessen des Lizenznehmers einerseits und des Lizenzgebers andererseits:[696] Die teils enormen Investitionen des Lizenznehmers sollten geschützt und Deutschland als Wirtschafts- und Forschungsstandort bei Lizenzverträgen gesichert werden.[697] Das Interesse des Lizenzgebers als Schuldner liege darin, im

695 Zur Lückenfüllung durch eine gesetzlich angeordnete Vertragsübernahme *de lege ferenda* siehe unten § 10 I.

696 Referentenentwurf des Bundesministeriums für Justiz eines Gesetzes zur Verkürzung des Restschuldbefreiungsverfahrens, zur Stärkung der Gläubigerrechte und zur Insolvenzfestigkeit von Lizenzen vom 18.01.2012 (InsO RefE 2012), S. 33, 39, abrufbar unter: http://www.bundesgerichtshof.de/SharedDocs/Downloads/DE/Bib liothek/Gesetzesmaterialien/17_wp/Restschuldverk/refe.pdf;jsessionid=339BB4123 1DBC46801E526DFCEE598EB.1_cid294?__blob=publicationFile (zuletzt abgerufen am 17.03.2021).

697 Referentenentwurf des Bundesministeriums für Justiz eines Gesetzes zur Verkürzung des Restschuldbefreiungsverfahrens, zur Stärkung der Gläubigerrechte und zur Insolvenzfestigkeit von Lizenzen vom 18.01.2012 (InsO RefE 2012), S. 32 f., 38 ff., abrufbar unter: http://www.bundesgerichtshof.de/SharedDocs/Downloads/DE/Bib liothek/Gesetzesmaterialien/17_wp/Restschuldverk/refe.pdf;jsessionid=339BB4123 1DBC46801E526DFCEE598EB.1_cid294?__blob=publicationFile (zuletzt abgerufen am 17.03.2021).

Falle des Ausscheidens seiner Sanierung einen höchst möglichen Wert für sein geschütztes Recht zu erhalten.[698] Gleichzeitig sollte – im Gegensatz zu dem Vorschlag des RegE 2007 – auch den Interessen des Insolvenzverwalters und damit der Insolvenzmasse Rechnung getragen werden, indem das Wahlrecht gemäß § 103 InsO beibehalten würde.[699] Zum Beispiel kann sich der Insolvenzverwalter gemäß § 103 Abs. 1 InsO von dem Vertrag lösen, wenn der Lizenzvertrag ohne marktgerechte Vergütung geschlossen wurde.[700]

b. Übertragbarkeit der Regelung des § 108a Abs. 1 InsO RefE 2012 auf den Übergang eines lizenzierten Markenrechts im Rahmen der Zwangsvollstreckung?

Eine Übertragbarkeit scheitert an mehreren Aspekten.

aa. Bedenken gegen Vorschrift des § 108a InsO RefE 2012

Zunächst wirft das Regelungsmodell für sich genommen bereits viele Folgefragen auf: Es bleibt zum einen unklar, ob der Lizenznehmer trotz Abschluss des Neuvertrags Schadensersatz wegen Nichterfüllung des Altvertrags gemäß

---

698 Referentenentwurf des Bundesministeriums für Justiz eines Gesetzes zur Verkürzung des Restschuldbefreiungsverfahrens, zur Stärkung der Gläubigerrechte und zur Insolvenzfestigkeit von Lizenzen vom 18.01.2012 (InsO RefE 2012), S. 39, abrufbar unter: http://www.bundesgerichtshof.de/SharedDocs/Downloads/DE/Bibliothek/Gesetzesmaterialien/17_wp/Restschuldverk/refe.pdf;jsessionid=339BB41231DBC46801E526DFCEE598EB.1_cid294?__blob=publicationFile (zuletzt abgerufen am 17.03.2021).

699 Referentenentwurf des Bundesministeriums für Justiz eines Gesetzes zur Verkürzung des Restschuldbefreiungsverfahrens, zur Stärkung der Gläubigerrechte und zur Insolvenzfestigkeit von Lizenzen vom 18.01.2012 (InsO RefE 2012), S. 39 ff., abrufbar unter: http://www.bundesgerichtshof.de/SharedDocs/Downloads/DE/Bibliothek/Gesetzesmaterialien/17_wp/Restschuldverk/refe.pdf;jsessionid=339BB41231DBC46801E526DFCEE598EB.1_cid294?__blob=publicationFile (zuletzt abgerufen am 17.03.2021).

700 Referentenentwurf des Bundesministeriums für Justiz eines Gesetzes zur Verkürzung des Restschuldbefreiungsverfahrens, zur Stärkung der Gläubigerrechte und zur Insolvenzfestigkeit von Lizenzen vom 18.01.2012 (InsO RefE 2012), S. 30 ff., abrufbar unter: http://www.bundesgerichtshof.de/SharedDocs/Downloads/DE/Bibliothek/Gesetzesmaterialien/17_wp/Restschuldverk/refe.pdf;jsessionid=339BB41231DBC46801E526DFCEE598EB.1_cid294?__blob=publicationFile (zuletzt abgerufen am 17.03.2021).

§ 103 Abs. 3 InsO geltend machen kann.[701] Zum anderen ist der Wortlaut des § 103 Abs. 1 S. 1 InsO, der neue Vertrag sei zu „angemessenen Bedingungen" zu schließen, unbestimmt. Zudem wirft § 108 Abs. 3 InsO RefE 2012, welcher den Zeitraum zwischen Ablehnung der Erfüllung des Vertrages durch den Insolvenzverwalter und Abschluss des Neuvertrages regeln sollte, viele schwierige Rechtsfragen, beispielsweise in Bezug auf die Erschöpfung, auf.[702] Dies führt insgesamt zu der Entstehung von Rechtsunsicherheit.

bb. Verstoß gegen ratio legis *des § 30 Abs. 5 MarkenG*

Darüber hinaus würde eine dem nicht umgesetzten Regelungsmodell in § 108a InsO RefE 2012 entsprechende Lösung für den Übergang eines lizenzierten Markenrechts im Rahmen der Zwangsvollstreckung die *ratio legis* des § 30 Abs. 5 MarkenG gefährden.

Für eine Vergleichbarkeit der Interessenlage spricht zwar, dass der Lizenzgeber sowohl in der Zwangsvollstreckung als auch in der Insolvenz das Markenrecht nicht freiwillig, sondern zwangsweise verliert. Zudem liegt sowohl dem Fortbestand der Lizenz in der Insolvenz des Lizenzgebers als auch dem markenrechtlichen Sukzessionsschutz der Gedanke zugrunde, dass der Lizenznehmer zumeist einen hohen Investitionsaufwand hat, beispielsweise durch die Einrichtung von Produktionsanlagen oder durch Marketing vor Markteinführung[703], und die Wirtschaftlichkeit der Verwertung maßgeblich von der Einhaltung der vereinbarten Laufzeit abhängt.[704]

Ein solches Regelungsmodell würde jedoch gegen den Gesetzeszweck des § 30 Abs. 5 MarkenG verstoßen. § 108a RefE 2012 verweist auf das Wahlrecht des Insolvenzverwalters gemäß § 103 Abs. 1 InsO. Die Ausübung des Wahlrechts kann jedoch zu einer Existenzgefährdung des Lizenznehmers führen, welche mit der Grundsatzentscheidung des Gesetzgebers über das „Ob"[705] des Sukzessionsschutzes gemäß § 30 Abs. 5 MarkenG nicht vereinbar ist. Der markenrechtliche Sukzessionsschutz bezweckt primär den Schutz des Lizenznehmers vor einem Verlust seines Nutzungsrechts bei einem Übergang des der Lizenz zugrunde liegenden Schutzrechts.[706] Im Falle der Erfüllungsablehnung gemäß § 103 Abs. 1

---

701 *Berger*, GRUR 2013, 321, 331.

702 Zu diesen Rechtsfragen ausführlich *Berger*, GRUR 2013, 321, 331 f.

703 *McGuire*, GRUR 2012, 657, 658.

704 *McGuire*, GRUR 2012, 657, 658.

705 Die Begriffe „Ob" und „Wie" des Sukzessionsschutzes verwendend *McGuire*, Die Lizenz, S. 439.

706 Siehe dazu ausführlich oben § 6 III. und § 7 II.

InsO würde der Lizenznehmer aber das Risiko des Nichtzustandekommens des Neuvertrags aufgebürdet. Im Falle einer Klageerhebung auf Neuabschluss des Vertrags würde dieser Gefahr laufen, dass ein Gericht seine Bedingungsvorschläge für nicht angemessen hält, vgl. § 108a Abs. 1, 3 InsO RefE 2012.[707] Der Gesetzgeber hat für den Sukzessionsschutz durch die Regelung in § 30 Abs. 5 MarkenG jedoch zum Ausdruck gebracht, dass der Schutz des Lizenznehmers einen großen Stellenwert hat. Daraus ist zu schließen, dass die Lizenz unabhängig einer etwaigen nachträglichen Bewertung der Angemessenheit der Lizenzbedingungen bestehen soll. Die Gewährung des Rechts auf Abschluss eines Neuvertrags für den Fall, dass die Erfüllung des Lizenzvertrags abgelehnt wird, ist demnach nicht mit der *ratio legis* des § 30 Abs. 5 MarkenG vereinbar.

4. Fazit

Im Ergebnis ist eine Übertragbarkeit von Regelungsmodellen, welche die gesetzlich lückenhaft geregelte Lizenz betreffen, nicht gegeben:

Die Rechtsprechung des BGH zum Fortbestand der Unterlizenz bei Ausfall des Hauptlizenznehmers liefert keine gegenüber der Regelung in § 30 Abs. 5 MarkenG verbesserte Lösung. Die Übernahme der in der Literatur gefundenen Alternativlösung der Vertragsübernahme scheitert mangels Vergleichbarkeit der Interessenlage bei dem Wegfall der Hauptlizenz einerseits mit dem Übergang eines lizenzierten Markenrechts im Rahmen der Zwangsvollstreckung andererseits. Auch eine Übertragung des Ansatzes, den Unterlizenznehmer in den Vertrag zwischen Hauptlizenzgeber und Hauptlizenznehmer eintreten zu lassen, scheitert, da kein Lizenzverhältnis zwischen neuem Markenrechtsinhaber und ehemaligem Markenrechtsinhaber existiert, welches auf den Lizenznehmer nach Übergang des Markenrechts im Rahmen der Zwangsvollstreckung übergehen könnte.[708]

Auch die kürzlich in § 30 Abs. 6 MarkenG verankerte Möglichkeit zur Eintragung der Lizenz in das Register bietet keine Lösung für die Ausgestaltung der Rechtsfolgenseite des Sukzessionsschutzes. Zum einen bringt die Möglichkeit zur Eintragung keine sichere Erkenntnis über das Bestehen von Lizenzen und zum anderen liefert die Publizität der Lizenz für sich genommen – selbst bei Vorliegen einer Eintragungspflicht – keine Antwort auf die Frage der konkreten Ausgestaltung des Rechtsverhältnisses zwischen dem neuen Markeninhaber

707 *McGuire*, GRUR 2012, 657, 663.

708 Siehe oben § 9 II. 1.

und einem Lizenznehmer. Auch die aus dem Unionsmarkenrecht stammende Verknüpfung von Publizität und Drittwirkung der Lizenz hilft bei der Frage der Ausgestaltung des Sukzessionsschutzes nicht weiter. Eine solche Verknüpfung modifiziert nämlich lediglich die Frage des „Ob" des Sukzessionsschutzes und weist für sich genommen keine Berührungspunkte mit der in dieser Arbeit untersuchten Frage des „Wie"[709] auf.[710]

Schließlich führt auch die Einführung eines Anspruchs des Lizenznehmers auf Abschluss eines neuen Lizenzvertrags zu „angemessenen" Bedingungen gegen den Rechtsnachfolger nach Übergang des Schutzrechts gemäß des nicht eingeführten § 108a InsO RefE 2012 nicht weiter. Insbesondere scheitert eine Orientierung an diesem Modell an dessen Vereinbarkeit mit dem Gesetzeszweck des § 30 Abs. 5 MarkenG.[711]

709 Die Begriffe „Ob" und „Wie" des Sukzessionsschutzes benutzend *McGuire*, Die Lizenz, S. 439.

710 Siehe oben § 9 II. 2.

711 Siehe oben § 9 II. 3.

§ 10 Untersuchungsergebnisse des dritten Teils und eigener Standpunkt

Gegenstand des dritten Teils dieser Arbeit ist die Untersuchung der Rechtsfolgen des Sukzessionsschutzes, insbesondere das Rechtsverhältnis zwischen neuem Markenrechtsinhaber und Lizenznehmer nach Übergang des lizenzierten Markenrechts im Rahmen der Zwangsvollstreckung.

Auch wenn Zwangsvollstreckungsmaßnahmen in § 30 Abs. 5 i.V.m. § 27 Abs. 1 MarkenG nicht ausdrücklich erwähnt werden, ist die Vorschrift auf den Übergang des Markenrechts im Rahmen der Zwangsvollstreckung anwendbar.[712] Die Rechtsfolgenseite des Sukzessionsschutzes nach einem solchen Markenrechtsübergang ist – genau wie bei einer privatautonomen Übertragung eines lizenzierten Markenrechts durch den ursprünglichen Markeninhaber – nicht eindeutig geregelt. Daher wurde zunächst ein Blick auf den Ablauf eines Markenrechtsübergangs im Rahmen der Zwangsvollstreckung geworfen und insbesondere Besonderheiten gegenüber einer privatautonomen Rechtsübertragung durch den ursprünglichen Markeninhaber herausgearbeitet.[713] Es wurde anschließend festgestellt, dass diese Besonderheiten im aktuellen Meinungsstand zu den Rechtsfolgen des Sukzessionsschutzes kaum Berücksichtigung finden.[714] Bei einer genauen Betrachtung dieser Besonderheiten unter jeweiliger Anwendung der einzelnen zu den Rechtsfolgen des markenrechtlichen Sukzessionsschutzes vertretenen Ansichten in Literatur und Rechtsprechung ergab sich überwiegend, dass diese Besonderheiten eines Markenrechtsübergangs im Rahmen der Zwangsvollstreckung zu einer äußerst ungünstigen Rechtsposition aller Beteiligten führt.[715] Einzig die von einer im Vordringen befindlichen Literaturansicht vertretene Interpretation des Sukzessionsschutzes als gesetzlich angeordnete Vertragsübernahme verhindert eine solche ungünstige Rechtslage und bringt – wie auch bei einer privatautonomen Rechtsübertragung durch den ursprünglichen Markeninhaber – die Interessen der beteiligten Personen zu einem angemessenen Ausgleich.[716] Eine solche Interpretation kommt jedoch,

---

712 Siehe oben § 8 I.

713 Siehe oben § 8 II. 1.

714 Siehe oben § 8 II. 2.

715 Siehe oben § 8 II. 2. a., b. letzter Absatz sowie c.

716 Siehe oben § 8 II. 2. b.

wie im zweiten Teil der Arbeit herausgearbeitet, lediglich *de lege ferenda* in Betracht.[717]

Ziel dieser Arbeit ist es, eine Ausgestaltung der lückenhaften Rechtsfolgenseite des Sukzessionsschutzes zu finden, die die berechtigten Interessen aller Beteiligten zu einem bestmöglichen Ausgleich bringt. Die Rechtsfolgen des Übergangs eines Markenrechts im Rahmen der Zwangsvollstreckung finden jedoch erst seit Kurzem und nur vereinzelt Beachtung im Schrifttum. Daher war weiterer Gegenstand des dritten Teils dieser Arbeit die Untersuchung von alternativen, bisher in Bezug auf den Rechtsübergang im Rahmen der Zwangsvollstreckung noch nicht untersuchten Regelungsmodellen, die speziell auf die Belange der Lizenz oder der Zwangsvollstreckung ausgelegt sind und an denen sich eine Ergänzung der Sukzessionsschutzvorschrift *de lege ferenda* in Bezug auf die Rechtsfolgen orientieren könnte. Eine Anwendung der in Frage kommenden Regelungsmodelle scheiterte jedoch zumeist daran, dass sie entweder zu keiner Verbesserung der Rechtspositionen der Beteiligten nach Markenrechtsübergang im Rahmen der Zwangsvollstreckung führen würden oder nicht mit der *ratio legis* des § 30 Abs. 5 MarkenG vereinbar sind.[718]

Daher konzentriert sich der abschließende Teil dieser Arbeit auf einen Umsetzungsvorschlag einer gesetzlich angeordneten Vertragsübernahme *de lege ferenda* als Ergänzung der lückenhaften Regelung in § 30 Abs. 5 MarkenG (siehe unten I.). Bis zu einer solchen Umsetzung kommt derzeit als letztes Mittel die Anwendung des § 242 BGB im Einzelfall bei einer unzulässigen Rechtsausübung des Lizenznehmers in Betracht (siehe unten II.).

I. Gesetzlich angeordnete Vertragsübernahme *de lege ferenda* auch bei Übergang eines lizenzierten Markenrechts im Rahmen der Zwangsvollstreckung

Die Untersuchung dieser Arbeit hat ergeben, dass nur durch die ergänzende Einführung einer gesetzlich angeordneten Vertragsübernahme unter Aufrechterhaltung der geltenden markenrechtlichen Regelung des Sukzessionsschutzes gemäß § 30 Abs. 5 MarkenG Klarheit in Bezug auf die konkreten Rechtsfolgen des Sukzessionsschutzes, insbesondere auf das Rechtsverhältnis zwischen dem neuen Markenrechtsinhaber und dem Lizenznehmer nach Übergang eines lizenzierten Markenrechts, geschaffen werden kann.[719] Dies gilt sowohl in Bezug

717 Siehe oben § 6. III. sowie § 7.

718 Siehe dazu § 9.

719 Vgl. *Ahrens/McGuire*, Modellgesetz Geistiges Eigentum, S. 272.

auf die privatautonome Übertragung eines lizenzierten Markenrechts durch den ursprünglichen Markeninhaber als auch den Übergang eines solchen Rechts im Rahmen der Zwangsvollstreckung.

1. Entwurf zur Änderung des § 30 Abs. 5 MarkenG

§ 30 Lizenzen

(1)–(4) (unverändert)
(5) [1]Ein Rechtsübergang nach § 27 oder die Erteilung einer Lizenz nach Absatz 1 berührt nicht die Lizenzen, die Dritten vorher erteilt worden sind. [2]Im Fall des Rechtsübergangs nach § 27 tritt der neue Inhaber des Markenrechts in die Rechte und Pflichten des Lizenzgebers ein.[720]
(6) (unverändert)

2. Begründung der vorgeschlagenen Änderung

Wie zuvor bereits mehrfach ausführlich dargestellt, wird die Ausgestaltung des Sukzessionsschutzes als gesetzlich angeordnete Vertragsübernahme in der Literatur zunehmend diskutiert und befürwortet, da sie unter Wahrung der *ratio legis* des § 30 Abs. 5 MarkenG die berechtigten Interessen des neuen Markeninhabers, des Lizenznehmers sowie des ursprünglichen Markeninhabers zu einem angemessenen Ausgleich bringt:[721] Die berechtigten Interessen des Lizenznehmers, die neben dem Bestand des Nutzungsrechts auch im Erhalt des Schutzrechts zu sehen sind, werden auf diese Weise geschützt.[722] Der neue Schutzrechtsinhaber wird als Lizenzgeber verpflichtet, aber eben auch berechtigt, den Lizenzvertrag zu erfüllen.[723] Auch die Interessen des ursprünglichen Schutzrechtsinhabers werden durch eine Vertragsübernahme gewahrt.[724] Er ist nämlich grundsätzlich nur noch wegen der Verbindlichkeiten aus der Zeit vor dem Rechtsübergang des Schutzrechts haftbar.[725]

---

720 Vgl. *Ahrens/McGuire*, Modellgesetz Geistiges Eigentum, S. 269, § 112 Abs. 3 S. 2.

721 *McGuire*, Die Lizenz, S. 568 ff; *Ahrens/McGuire*, Modellgesetz Geistiges Eigentum, S. 269 ff.; *McGuire*, MittdtPatA 2013, 207, 214; *McGuire/Kunzmann*, GRUR 2014, 28, 33. Siehe dazu ausführlich oben § 5 III. 2. b. bb. (1).

722 *McGuire*, Die Lizenz, S. 441 f.

723 *McGuire*, Die Lizenz, S. 569; *McGuire/Kunzmann*, GRUR 2014, 28, 33.

724 *McGuire*, Die Lizenz, S. 445, 569.

725 *McGuire/Kunzmann*, GRUR 2014, 28, 33.

Der Ausgestaltungsvorschlag des Sukzessionsschutzes als Vertragsübernahme folgt dem Beispiel des § 566 Abs. 1 BGB, der bei einer Veräußerung von vermietetem Wohnraum den Eintritt des Erwerbs in die Rechte und Pflichten aus einem Mietverhältnis anordnet.[726] Die gesetzlich angeordnete Vertragsübernahme nach Übergang eines lizenzierten Markenrechts bewirkt, dass der Erwerber des Markenrechts anstelle des ursprünglichen Markenrechtsinhabers als Lizenzgeber in den Lizenzvertrag mit dem Lizenznehmer eintritt.[727] Dabei erfolgt eine Beschränkung auf die lizenzvertragstypischen Pflichten, um den neuen Markenrechtsinhaber vor einer Belastung über Gebühr zu schützen.[728] Im Zweifel gehen alle Pflichten des Markeninhabers, die für den Erhalt des wirtschaftlichen Wertes der Lizenz zwingend erforderlich sind, über, zum Beispiel die Pflicht zur Aufrechterhaltung und Verteidigung des Markenrechts.[729] Bei der Bestimmung der übergeleiteten Pflichten muss beachtet werden, dass nur solche Pflichten betroffen sind, die der neue Markenrechtsinhaber auch erfüllen kann.[730] Zudem muss der Lizenznehmer im Falle eines Wettbewerbsverhältnisses zwischen dem neuen Markeninhaber und dem Lizenznehmer vor einer faktischen Entwertung der Lizenz zum Vorteil des neuen Inhabers geschützt werden.[731]

Die Ausgestaltung des Sukzessionsschutzes als gesetzlich angeordnete Vertragsübernahme trägt dabei auch den Besonderheiten eines Rechtsübergangs im Rahmen der Zwangsvollstreckung Rechnung. Der neue Markeninhaber hat nach der wohl derzeit noch mehrheitlich vertretenen Ansicht keine Möglichkeit, gegen den Lizenznehmer im Falle von Verletzungen des Lizenzvertrags vorzugehen. Er kann auch nicht mit einer Mitwirkung des ursprünglichen Markenrechtsinhabers rechnen, da dieser das Markenrecht zwangsweise verloren hat und keine Vertragsbeziehung zwischen dem ursprünglichen und dem neuen Markeninhaber besteht. Anders gestaltet sich dies bei einer Ausgestaltung des Sukzessionsschutzes als gesetzlich angeordnete Vertragsübernahme: Der neue Markeninhaber würde Vertragspartei des Lizenzvertrags und könnte im Falle

---

726 Vgl. *McGuire/Kunzmann*, GRUR 2014, 28, 33. Ausführlich dazu *McGuire*, Die Lizenz. S. 573 ff. m.w.N. Vgl. auch *Ahrens/McGuire*, Modellgesetz Geistiges Eigentum, S. 273 sowie bereits *Stumpf*, MarkenR 2005, 425, 428.

727 *McGuire*, Die Lizenz, S. 568.

728 *McGuire*, Die Lizenz, S. 573 ff. Ähnlich *Marotzke*, ZGE 234, 245, der die Überleitung von lizenzvertraglichen Pflichten jedoch dogmatisch nicht begründet, vgl. dazu oben § 5 III. 2. b. dd. (2) (b).

729 *McGuire*, Die Lizenz, S. 574. Vgl. auch *Marotzke*, ZGE 234, 249.

730 *McGuire*, Die Lizenz, S. 574.

731 *McGuire*, Die Lizenz, S. 575.

von Verletzungen der lizenzvertraglichen Pflichten gegen den Lizenznehmer vorgehen. Er wäre nicht auf die freiwillige Mitwirkung des ursprünglichen Markeninhabers angewiesen. Dem Lizenznehmer würde es gegenüber dem neuen Markenrechtsinhaber nicht mehr freistehen, die lizenzvertraglichen Pflichten zu erfüllen.[732]

Einer ausdrücklichen Erwähnung eines Rechtsübergangs im Rahmen der Zwangsvollstreckung bedarf es nicht, da dieser von der Regelung des § 30 Abs. 5 i.V.m. § 27 Abs. 1 MarkenG bereits erfasst ist.[733]

Im Modellgesetz für Geistiges Eigentum schlagen *Ahrens/McGuire* eine Verknüpfung des Sukzessionsschutzes mit der Eintragung der Lizenz im Markenregister vor. Danach entfaltet die Lizenz nur dann Wirkung, wenn sie eingetragen ist, der neue Markeninhaber zum Zeitpunkt des Rechtsübergangs Kenntnis von der Lizenz hatte oder bei einem Erwerb des Markenrechts im Wege der Gesamtrechtsnachfolge.[734] Dies schütze die Interessen des Erwerbers.[735] Eine solche Verknüpfung von Sukzessionsschutz und Publizität ist jedoch abzulehnen. Der Gesetzgeber hat bei der Schaffung des § 30 Abs. 5 MarkenG nach Überlegungen zu einer Verknüpfung von Sukzessionsschutz und Eintragung der Lizenz entschieden, die Investition des Lizenznehmers unabhängig von der Publizität der Lizenz zu schützen.[736] Diese Überlegung gilt auch für die Ergänzung der Sukzessionsschutzvorschrift *de lege ferenda*. Zudem ist zwar richtig, dass der neue Markeninhaber nicht zwingend Kenntnis von bestehenden Lizenzen hat, da § 30 Abs. 6 MarkenG eine optionale Eintragung und keine Eintragungspflicht vorsieht. Dieses Risiko der Unkenntnis und deren Folgen ist bei einem Rechtsübergang im Rahmen der Zwangsvollstreckung sogar erhöht.[737] Die Folgen werden aber gerade durch einen Eintritt des neuen Markeninhabers in das Vertragsverhältnis zwischen ursprünglichem Markeninhaber und Lizenznehmer abgemildert. Der neue Markeninhaber ist dann nämlich nicht mehr nur zur Duldung der Lizenz verpflichtet, ohne gleichzeitig gegenüber dem Lizenznehmer aus dem Vertrag berechtigt zu sein.[738] Auch eine Verknüpfung der gesetzlich angeordneten Vertragsübernahme, also nicht des Sukzessionsschutzes per se, mit der

---

732 Siehe zu dem Vorstehenden ausführlich oben § 8. II. 2.

733 Siehe dazu ausführlich oben § 8 I.

734 So *Ahrens/McGuire*, Modellgesetz Geistiges Eigentum, § 112, S. 269, 273, Ziff. II. 6. sowie § 143, S. 344.

735 Vgl. *Ahrens/McGuire*, Modellgesetz Geistiges Eigentum, § 112, S. 273, Ziff. II. 6.

736 Siehe dazu oben § 6 III., § 7 II. sowie § 9 II. 2. b.

737 Siehe dazu oben § 8 II. 1. b. aa.

738 Siehe dazu oben § 8 II. 2. b. sowie 3.

Publizität der Lizenz ist abzulehnen. Ist die Lizenz nämlich nicht eingetragen und hatte der neue Markenrechtsinhaber bei Rechtsübergang keine Kenntnis von der Lizenz, würde lediglich der bisher bereits in § 30 Abs. 5 MarkenG geregelte Passus bestehen bleiben und es würde sich erneut die Frage nach den konkreten Rechtsfolgen stellen.[739]

II. Einwand der unzulässigen Rechtsausübung gemäß § 242 BGB *de lege lata* im Einzelfall

Die Untersuchung dieser Arbeit hat ergeben, dass die Lücke der Rechtsfolgenseite des markenrechtlichen Sukzessionsschutzes nach Übergang eines lizenzierten Markenrechts im Rahmen der Zwangsvollstreckung nur durch eine gesetzlich angeordnete Vertragsübernahme *de lege ferenda* gefüllt werden kann. Es wird nachfolgend untersucht, ob die mit der Anwendung des § 30 Abs. 5 MarkenG einhergehenden besonders ungünstigen Rechtsfolgen für den neuen Markenrechtsinhaber durch die Anwendung des § 242 BGB im Einzelfall als letztes Mittel bei einer unzulässigen Rechtsausübung des Lizenznehmers abgemildert werden können. § 242 BGB kann sowohl zur Lückenfüllung als auch zur Korrektur vorhandenen Rechts zur Erreichung einer sog. „Einzelfallgerechtigkeit" herangezogen werden.[740] Auch wenn ein solcher Rückgriff auf die Grundsätze von Treu und Glauben in der Genauigkeit und Rechtssicherheit hinter einer gesetzlichen Reglung zurückbleibt,[741] kann die Anwendung des § 242 BGB einen angemessenen Ausgleich eines im Einzelfall gegebenen Ungleichgewichts der berechtigten Interessen schaffen.

1. Notwendigkeit der Heranziehung

Im Falle einer privatautonomen Übertragung eines lizenzierten Markenrechts durch den ursprünglichen Markeninhaber hat der BGH in jüngster Vergangenheit die Rechte des neuen Markenrechtsinhabers gestärkt und so die nachteiligen Rechtsfolgen des Sukzessionsschutzes abgemildert. In dem der Entscheidung „Valentins" des BGH zugrunde liegenden Fall wurde nämlich dem Vertrag, mit welchem die neue Markeninhaberin das lizenzierte Markenrecht erworben hatte, durch ergänzende Vertragsauslegung eine isolierte Abtretung des außerordentlichen Kündigungsrechts entnommen.[742] Das Recht zur außerordentlichen

739 Siehe zu der Frage, ob eine obligatorische Registereintragung zu der Ausgestaltung der Rechtsfolgenseite des Sukzessionsschutzes beitragen kann auch oben § 9 II. 2.

740 Vgl. nur *Schubert*, in: MünchKomm-BGB, § 242, Rn. 22 ff.

741 Vgl. *McGuire*, Die Lizenz, S. 764.

742 BGH, Urt. v. 17.10.2019, GRUR 2020, 57, 61 (Rn. 44) – Valentins.

Kündigung des Lizenzvertrags könne isoliert durch eine Vereinbarung an den Markenerwerber abgetreten werden, wenn das Markenrecht gemäß § 27 Abs. 1 MarkenG übertragen werde und der Lizenznehmer, dem vor einer solchen Übertragung eine Lizenz erteilt worden ist, sich auf den Sukzessionsschutz berufen könne.[743] Die Frage, inwieweit einzelne Rechte und Pflichten aus einem Vertragsverhältnis übergehen, sei eine Frage der ergänzenden Auslegung.[744] In dem der Entscheidung zugrunde liegenden Fall stünden insbesondere keine schutzwürdigen Interessen des Lizenznehmers entgegen. Die neue Markeninhaberin sei an den Lizenzvertrag gebunden. Ein Lizenznehmer, der nun Rechte aus dem Lizenzvertrag verletzt, könne kein berechtigtes Interesse daran haben, der neuen Markeninhaberin, der er ja den Lizenzvertrag entgegenhalten kann, die außerordentliche Kündigung abzusprechen.[745]

Die jüngste Rechtsprechung des BGH ist zwar im Grundsatz zu begrüßen, da sie die Rechtsposition des neuen Markenrechtsinhabers stärken kann. Die festgestellte Abtretung des Kündigungsrechts durch ergänzende Auslegung des Markenkauf- und Übertragungsvertrags zwischen ehemaligem und neuem Markenrechtsinhaber bezog sich jedoch auf eine privatautonome Markenrechtsübertragung durch den ursprünglichen Markeninhaber. Sie kann jedoch nicht auf jeden Fall eines Rechtsübergangs im Rahmen der Zwangsvollstreckung übertragen lassen. Ein privatautonomer Kauf- und Übertragungsvertrag liegt beispielsweise bei einer hoheitlichen Übertragung im Rahmen der zwangsvollstreckungsrechtlichen Versteigerung durch einen Gerichtsvollzieher nämlich gerade nicht vor.[746]

Kommt der Lizenznehmer seinen Pflichten aus dem Lizenzvertrag nicht nach, kann dies aber insbesondere nach Übergang eines lizenzierten Markenrechts im Rahmen der Zwangsvollstreckung zu einer nicht zumutbaren, besonders ungünstigen Rechtsposition des neuen Markenrechtsinhabers führen. Daher wird nachfolgend die Anwendbarkeit des Einwands der unzulässigen Rechtsausübung gemäß § 242 BGB geprüft.

2. Anwendbarkeit des § 242 BGB

§ 242 BGB ist systematisch im 2. Buch des BGB mit dem Titel „Recht der Schuldverhältnisse" im Abschnitt „Inhalt der Schuldverhältnisse" unter dem Titel

---

743 BGH, Urt. v. 17.10.2019, GRUR 2020, 57 (Ls.) sowie 62 (Rn. 60) – Valentins.

744 BGH, Urt. v. 17.10.2019, GRUR 2020, 57, 63 (Rn. 61) – Valentins.

745 BGH, Urt. v. 17.10.2019, GRUR 2020, 57, 62 (Rn. 60) – Valentins. Siehe zu dem Vorstehenden auch oben § 5 III. 2. b. cc.

746 Siehe oben § 8 II. 1. a. aa.

„Verpflichtung zur Leistung“ verortet. Die Regelung ist mithin keinem konkreten Vertragstyp des BGB zugeordnet, sondern stellt eine allgemeine Regelung in Bezug auf die Schuldverhältnisse dar. Da das Markenrecht als Sonderprivatrecht neben dem Allgemeinen Privatrecht steht,[747] sind die auf dem Markenrecht basierenden Rechtsinstitute, wie die Markenlizenz, auch anhand der allgemeinen Kategorien des Zivilrechts zu messen und einzuordnen.[748] Den Grundsätzen von Treu und Glauben kommt daher im gewerblichen Rechtsschutz eine große Bedeutung zu.[749]

3. Die Beschränkung von Rechten gemäß § 242 BGB

Nach der sog. „Innentheorie“ stellen Treu und Glauben eine Inhaltsbegrenzung dar, die jeglichen Rechten, Rechtslagen sowie Rechtsnormen immanent ist.[750] Treu und Glauben setzen der an sich zulässigen Rechtsausübung im Einzelfall dann Grenzen, wenn es zu untragbaren Ergebnissen kommt, insbesondere wenn die Anwendung des Gesetzes einen bestehenden Interessenkonflikt nicht hinreichend erfasst und für einen Beteiligten zu einem unzumutbaren, unbilligen Ergebnis führt.[751]

4. Anwendung auf die Rechtsfolgenseite des markenrechtlichen Sukzessionsschutzes

Für den neuen Markenrechtsinhaber bedeutet der Einwand der unzulässigen Rechtsausübung gemäß § 242 BGB eine Kontrolle der dem Lizenznehmer gemäß § 30 Abs. 5 MarkenG gewährten Einrede der Berufung auf die Lizenz[752] nach den Maßstäben von Treu und Glauben.[753]

Der Übergang eines lizenzierten Markenrechts hat ein Dreiecksverhältnis zwischen dem Erwerber des Markenrechts, dem ursprünglichen

---

747 Vgl. *Säcker*, in: MünchKomm-BGB, Einl., Rn. 1.

748 Vgl. *McGuire*, Die Lizenz, S. 5.

749 Vgl. *Schubert*, in: MünchKomm-BGB, § 242, Rn. 102.

750 H.M., vgl. nur BGH, Urt. v. 29.04.1959, BGHZ 30, 140, 145 = NJW 1959, 2207; Beschluss v. 17.05.2017, WM 2017, 1261, 1262; BAG, Beschluss v. 15.03.2011, NJW 2011, 2684, 2686 m.w.N.; *Grüneberg*, in: Palandt, § 242, Rn. 38; *Mansel*, in: Jauernig, BGB, § 242, Rn. 33.

751 BGH, Urt. v. 10.12.2014, NJW-RR 2015, 457, 459; Urt. v. 27.04.1977, BGHZ 68, 299, 304 = NJW 1977, 1234; vgl. ausführlich *Mansel*, in: Jauernig, BGB, § 242, Rn. 33.

752 Siehe oben § 5 III. 2. b. aa. zur Einrede der Berufung auf die Lizenz.

753 Vgl. zur Kontrollfunktion des Grundsatzes von Treu und Glauben *Mansel*, in: Jauernig, BGB, § 242, Rn. 7.

Markenrechtsinhaber/Lizenzgeber sowie dem Lizenznehmer zur Folge: Dabei sieht sich der Erwerber einem Lizenznehmer gegenüber, der sein Recht zulässigerweise nutzt. Vertragsbeziehungen bestehen hingegen zwischen diesen Personen nicht. Es besteht lediglich ein Vertragsverhältnis zwischen dem Lizenznehmer und dem ursprünglichen Markeninhaber. Dieses ist von der Marke losgelöst.[754]

In dieser Sonderbeziehung zwischen dem neuen Markenrechtsinhaber und dem Lizenznehmer kann es jedoch bei einem Übergang des lizenzierten Markenrechts in der Zwangsvollstreckung zu der bereits dargestellten besonders nachteiligen Rechtsposition des neuen Markenrechtsinhabers kommen.[755] Diese nachteilige Rechtsposition kann im Einzelfall dazu führen, dass der Lizenznehmer besser als ohne den Übergang des der Lizenz zugrunde liegenden Markenrechts gestellt ist[756] und diese Lage zum Nachteil des neuen Markenrechtsinhaber ausnutzt, sodass dieser eine erhebliche Einbuße in seiner Rechtsstellung erleidet: Man stelle sich beispielsweise vor, dass ein ausschließlicher Lizenznehmer von der vertraglich geregelten Option zur Verlängerung des Lizenzvertrags Gebrauch macht und dem neuen Markenrechtsinhaber, der davon ausgeht, der Lizenzvertrag sei beendet, die Geltendmachung der Option i.V.m. dem Sukzessionsschutz entgegenhält. Der neue Markenrechtsinhaber hat keine Möglichkeit gegenüber dem Lizenznehmer, die Erfüllung der Pflicht zur Zahlung weiterer Lizenzgebühren aufgrund der Geltendmachung der Option zu überprüfen oder gegen eine Nichtzahlung vorzugehen. Dem Lizenznehmer steht es nämlich nach der überwiegend in der Literatur vertretenen Ansicht gegenüber dem neuen Markeninhaber frei, lizenzvertragliche Pflichten zu erfüllen. Er schuldet dem neuen Inhaber auch keine Auskunft, obwohl er diese unschwer erteilen könnte. Dieses widersprüchliche Verhalten des Lizenznehmers, nämlich die Marke nutzen zu wollen und sich auf den Sukzessionsschutz zu berufen, gleichzeitig aber ohne sachlichen Grund den Nachweis über die Einhaltung seiner die Lizenz betreffender Pflichten zu gewähren oder gar dieser Pflicht nicht nachzukommen, erscheint unbillig, da der neue Markeninhaber dadurch eine erhebliche

754 Siehe zu den Rechtsfolgen des Sukzessionsschutzes ausführlich oben § 5 III. 2.

755 Siehe oben § 8 II. 2. a, b. letzter Absatz sowie c.

756 Siehe *McGuire*, Die Lizenz, S. 443, mit Kritik an der Erweiterung der berechtigten Interessen des Lizenznehmers dahingehend, dass er mehr vor der vorzeitigen Beendigung des Lizenzvertrags geschützt ist als vor Erwerb des Schutzrechts durch einen Dritten.

Einbuße seines schutzwürdigen Interesses an der Marke erleiden kann, weil er die Marke aufgrund der ausschließlichen Lizenz nicht nutzen darf.[757]

In dem vorgenannten Einzelfall folgt aus der Anwendung des § 242 BGB, dass dem Lizenznehmer die Berufung auf die Lizenz i.V.m. § 30 Abs. 5 MarkenG verwehrt bleibt.

5. Fazit: § 242 BGB als Lösung für den Einzelfall

Die Anwendung des § 242 BGB kann im Einzelfall dazu führen, dass dem Lizenznehmer die Berufung auf die Lizenz i.V.m. § 30 Abs. 5 MarkenG verwehrt bleibt.

757 Ausführlich zur Fallgruppe des Verbots widersprüchlichen Verhaltens gem. § 242 BGB (*venire contra factum proprium*) bspw. *Grüneberg*, in: Palandt, § 242, Rn. 55, 59. Zum sog. individuellen Rechtsmissbrauch siehe *Mansel*, in: Jauernig, BGB, § 242, Rn. 37 ff.

Vierter Teil: Zusammenfassung

§ 11 Ergebnisse in Thesen

Die Ausgestaltung des Rechtsverhältnisses zwischen neuem Markenrechtsinhaber und einem Lizenznehmer nach dem Übergang eines lizenzierten Markenrechts im Rahmen der Zwangsvollstreckung war Gegenstand der vorliegenden Arbeit. Ausgangspunkt für diese Untersuchung war im ersten Teil der Arbeit die Nachzeichnung der rechtlichen Entwicklung des heute vom Geschäftsbetrieb unabhängigen Markenrechts und die Darstellung der Zwangsvollstreckung in ein Markenrecht.

Der zweite Teil der Arbeit wendete sich nach einem kurzen Überblick über die Entstehungsgeschichte der Markenlizenz sowie des markenrechtlichen Sukzessionsschutzes der Untersuchung der vom Gesetz nicht eindeutig geregelten Rechtsfolgenseite des Sukzessionsschutzes nach Übergang eines lizenzierten Markenrechts zu. Es folgte eine Darstellung der und Auseinandersetzung mit den zu der Rechtsfolgenseite vertretenen Ansichten in Literatur und Rechtsprechung. Die Untersuchung endete mit der Feststellung, dass die von einer im Vordringen befindlichen Literaturansicht vertretenen Interpretation des Sukzessionsschutzes als gesetzlich angeordnete Vertragsübernahme die berechtigten Interessen sowohl des neuen Markenrechtsinhabers, des Lizenznehmers als auch des ursprünglichen Markenrechtsinhabers zu einem angemessenen Ausgleich bringt. Eine solche Ausgestaltung ist allerdings lediglich *de lege ferenda* möglich.

Im dritten Teil der Arbeit wurde schließlich das Rechtsverhältnis zwischen neuem Markenrechtsinhaber und Lizenznehmer nach dem Übergang eines lizenzierten Markenrechts im Rahmen der Zwangsvollstreckung untersucht. Nach Feststellung der Anwendbarkeit des § 30 Abs. 5 MarkenG, widmete sich der Schwerpunkt der Untersuchung der Rechtsfolgenseite des Sukzessionsschutzes bei einem solchen Rechtsübergang. Dazu wurden zunächst die Besonderheiten des Rechtsübergangs im Rahmen der Zwangsvollstreckung im Gegensatz zu einer privatautonomen Übertragung eines lizenzierten Markenrechts durch den ursprünglichen Markenrechtsinhaber herausgearbeitet. In Literatur und Rechtsprechung wird der Rechtsübergang im Rahmen der Zwangsvollstreckung bis auf wenige Ausnahmen vernachlässigt. Daher wurden die Rechtsfolgen des Rechtsübergangs insbesondere für den neuen Markenrechtsinhaber und den Lizenznehmer in Anwendung der Interpretation der Rechtsfolgenseite der in Rechtsprechung und Literatur vertretenen Ansichten aufgezeigt. Da die Rechtsfolgenseite des Übergangs eines Markenrechts im Rahmen der

Zwangsvollstreckung erst kürzlich vereinzelt Beachtung in der Literatur gefunden hat, war weiterer Untersuchungsgegenstand die Frage, ob alternative, bisher in Bezug auf den Rechtsübergang im Rahmen der Zwangsvollstreckung noch nicht untersuchte Regelungsmodelle, die speziell auf die Belange der Zwangsvollstreckung oder der Lizenz ausgelegt sind, sich für die Bestimmung der Rechtsfolgenseite des Sukzessionsschutzes eignen. Da aber einzig die von einem im Vordringen befindlichen Teil der Lehre vorgeschlagene Ausgestaltung des Sukzessionsschutzes als gesetzlich angeordnete Vertragsübernahme die berechtigten Interessen aller Parteien auch bei einem Übergang des Markenrechts im Rahmen der Zwangsvollstreckung zu einem bestmöglichen Ausgleich bringt, bildete ein Gesetzesvorschlag den Abschluss dieser Arbeit.

Im Folgenden werden die zu diesen Punkten gefundenen Untersuchungsergebnisse in Thesen zusammengefasst.

I. Das Markenrecht in der Zwangsvollstreckung

1. Die Zwangsvollstreckung in ein Markenrecht ist nicht bereits seit der Einführung des gesetzlichen Schutzes der Marke Ende des 19. Jahrhunderts zulässig, sondern erst seit der Abkehr vom sog. Akzessorietätsgrundsatz und der daraus resultierenden freien Übertragbarkeit der Marke ohne Geschäftsbetrieb Ende des 20. Jahrhunderts. Gesetzlich verankert ist das Markenrecht als Gegenstand von Maßnahmen der Zwangsvollstreckung erst seit Inkrafttreten des Markengesetzes im Jahr 1995.[758]
2. Aufgrund des oftmals erheblichen Wertes einer Marke stellt die Zwangsvollstreckung in ein Markenrecht eine attraktive Verwertungsmöglichkeit für Gläubiger des Markenrechtsinhabers dar.[759]
3. Die Zwangsvollstreckung wegen einer Geldforderung in ein Markenrecht erfolgt nach den Vorschriften über die Vollstreckung in andere Vermögensrechte durch Pfändung und Verwertung, §§ 857 Abs. 1, 828 ff. ZPO.[760]
4. Die Verwertung des gepfändeten Markenrechts wird entweder durch eine Überweisung zur Einziehung oder durch sog. andere Verwertungsarten gemäß §§ 857, 844 ZPO durchgeführt. Als andere Verwertungsart des Markenrechts kommen die Versteigerung und die freihändige Veräußerung

758 Siehe oben § 2.
759 Siehe oben § 1 I.
760 Siehe oben § 3.

durch eine Privatperson oder einen Gerichtsvollzieher, die Überweisung an Zahlungs statt zu einem Schätzwert, die Überlassung des Rechts zur Ausübung an einen Dritten oder den Vollstreckungsschuldner selbst gegen Entgelt, insbesondere eine Lizenzerteilung durch das Gericht, sowie die Sequestration in Betracht.[761]

5. Von der konkreten Verwertungsart hängt die Inhaberschaft des Markenrechts ab: Die Überweisung zur Einziehung, die Überlassung des Rechts zur Ausübung an einen Dritten gegen Entgelt und die Sequestration sind nicht auf einen Inhaberwechsel gerichtet.[762] Die Versteigerung, die freihändige Veräußerung – beides entweder durch einen Gerichtsvollzieher oder eine Privatperson – sowie die Überweisung an Zahlungs statt zu einem Schätzwert führen hingegen zu einem Übergang des Rechts auf einen neuen Inhaber.[763]
6. Ausgangspunkt für die Untersuchung dieser Arbeit war die Übertragung eines lizenzierten Markenrechts im Rahmen der Zwangsvollstreckung auf den die Vollstreckung betreibenden Gläubiger oder einen Dritten. Ein solcher Übergang des Markenrechts hat eine Dreieckskonstellation zur Folge: Verbunden sind ab dem Zeitpunkt des Rechtsübergangs der neue Markenrechtsinhaber, der Lizenznehmer sowie der ehemalige Markenrechtsinhaber. Das Rechtsverhältnis zwischen dem neuen Markenrechtsinhaber und dem Lizenznehmer ist geprägt durch die Tatsache, dass ein lizenzvertragliches Verhältnis lediglich zwischen dem ursprünglichen Markenrechtsinhaber als Lizenzgeber und dem Lizenznehmer besteht. Der neue Inhaber muss aber aufgrund des Sukzessionsschutzes gemäß § 30 Abs. 5 MarkenG die Nutzung der Marke durch den Lizenznehmer dulden. Die konkreten Rechte und Pflichten zwischen dem neuen Markenrechtsinhaber und dem Lizenznehmer in Bezug auf die Lizenz legt das Gesetz jedoch nicht fest.[764]
7. Vorstehendes gilt in den folgenden Fällen auch für die Vollstreckung in Unionsmarken sowie IR-Marken. Ist die Unionsmarke zum Zeitpunkt der Maßnahme der Zwangsvollstreckung im Unionsmarkenregister auf eine natürliche oder juristische Personen mit Wohnsitz oder Niederlassung in Deutschland eingetragen, richtet sich die Zwangsvollstreckung nach deutschem Recht, Art. 19 UMV. Entsprechendes gilt auch für IR-Marken, deren Schutz sich auf Deutschland oder die EU erstreckt. Im ersten Fall ist

761 Siehe oben § 3 II. 2.
762 Siehe oben § 3 II. 3. a.
763 Siehe oben § 3 II. 3. b.
764 Siehe oben § 3 II. 3. b. bb.

deutsches Recht anzuwenden, während sich im zweiten Fall die Vollstreckung nach den für die Unionsmarke maßgeblichen Vorschriften richtet, Art. 182 i.V.m. Art. 23 UMV.[765]

II. Die fehlende Ausgestaltung der Rechtsfolgenseite des Sukzessionsschutzes gemäß § 30 Abs. 5 MarkenG

1. Die Markenlizenz und der Sukzessionsschutz im Markenrecht haben eine lange rechtliche Entwicklung hinter sich.[766] Der Streit um die Existenz des Sukzessionsschutzes des Lizenznehmers nach Übergang des Markenrechts auf einen neuen Inhaber wurde mit dessen Kodifizierung in § 30 Abs. 5 MarkenG beendet.[767]
2. § 30 Abs. 5 MarkenG regelt, dass vorher erteilte Lizenzen von einem „Rechtsübergang" nicht „berührt" werden. Was dies bedeutet, regelt das Gesetz hingegen nicht.[768] In Rechtsprechung und Literatur werden daher verschiedene Ansichten zu der konkreten Ausgestaltung der Rechtsfolgen des Sukzessionsschutzes vertreten.
   a. Während sich die jüngere Rechtsprechung des BGH und der Instanzgerichte bisher überwiegend mit dem Sukzessionsschutz im Urheber- und Patentrecht beschäftigte, hat der BGH in einer aktuelleren Entscheidung zum Markenrecht ausgeführt, der Lizenzvertrag bestehe nach Übertragung einer Marke zwischen dem ursprünglichen Rechtsinhaber/Lizenzgeber und dem Lizenznehmer fort; der neue Schutzrechtsinhaber trete nicht ohne Zustimmung des Lizenznehmers in den Lizenzvertrag ein. In einer aktuellen Entscheidung des BGH wurde jedoch im Einzelfall eine isolierte Abtretung des außerordentlichen Kündigungsrechts auf den neuen Markenrechtsinhaber durch ergänzende Vertragsauslegung anerkannt.[769]
   b. Auch nach wohl (noch) überwiegender Ansicht in der Literatur wird der Sukzessionsschutz als reiner Bestandsschutz des Nutzungsrechts des Lizenznehmers gegenüber dem neuen Markenrechtsinhaber angesehen, ohne dass dieser in den Lizenzvertrag eintritt. Dieses Ergebnis wird teilweise ergänzt, indem der Anspruch auf die Lizenzgebühr von dem

765 Siehe oben § 3 I. 1. e.
766 Siehe oben § 5 II.
767 Siehe oben § 5 III. 2.
768 Siehe oben § 5 III. 2. a.
769 Siehe oben § 5 III. 2. b. cc.

ehemaligen auf den neuen Inhaber übergeleitet wird.[770] Es fehlt jedoch eine dogmatische Begründung dafür. Überdies führt dieses Ergebnis zu einer komplizierten Rechtbeziehung zwischen ehemaligem und neuem Markenrechtsinhaber sowie Lizenznehmer, deren berechtigten Interessen zu keinem angemessenen Ausgleich gebracht werden.[771]

c. Eine im Vordringen befindliche Ansicht in der Literatur hingegen interpretiert den Sukzessionsschutz als gesetzlich angeordnete Vertragsübernahme. Eine solche Ausgestaltung würde zu einem angemessenen Ausgleich der berechtigten Interessen aller Parteien führen. Die berechtigten Interessen des Lizenznehmers am Bestand des Nutzungsrechts und Erhalt des Schutzrechts würden geschützt. Der neue Schutzrechtsinhaber wäre als Lizenzgeber verpflichtet, aber eben auch berechtigt, den Lizenzvertrag zu erfüllen. Es gingen beispielsweise Gebührenansprüche und Gestaltungsrechte auf den neuen Markenrechtsinhaber über. Auch das berechtigte Interesse des ursprünglichen Schutzrechtsinhabers würde durch eine Vertragsübernahme gewahrt. Dieser wäre nämlich grundsätzlich nur noch wegen Verbindlichkeiten aus der Zeit vor Rechtsübergang des Schutzrechts haftbar.[772]

3. Eine dahingehende Auslegung des § 30 Abs. 5 MarkenG hat jedoch ergeben, dass die Gesetzgebungsgeschichte einer Interpretation als Anordnung einer Vertragsübernahme *de lege lata* entgegensteht. Der BGH hat in seinem Urteil „Verankerungsteil" – aufgrund dessen der Gesetzgeber die sukzessionsschutzrechtlichen Vorschriften zunächst im Patentgesetz sowie Gebrauchsmustergesetz und schließlich im Markengesetz verankert hat – explizit die analoge Anwendung des § 571 Abs. 1 BGB a.F. (§ 566 Abs. 1 BGB n.F.) auf die Patentlizenz abgelehnt. Es ist davon auszugehen, dass sich der Gesetzgeber bei der Schaffung des § 30 Abs. 5 MarkenG in Kenntnis dieser grundlegenden Entscheidung „Verankerungsteil" bewusst gegen eine Ausgestaltung des Sukzessionsschutzes als gesetzlich angeordnete Vertragsübernahme entschieden hat. Diese Entscheidung darf nicht missachtet werden.[773]
4. Da eine gesetzlich angeordnete Vertragsübernahme die Rechtsposition aller Beteiligten unter Wahrung der *ratio legis* zu einem angemessenen Ausgleich bringt, kommt eine solche Lösung *de lege ferenda* als Ergänzung des § 30

770 Siehe oben § 5 III. 2. b. aa.
771 Siehe oben § 5 III. 2. b. dd. (1).
772 Siehe oben § 5 III. 2. b. bb. (1).
773 Siehe oben § 6 III. 1.

Abs. 5 MarkenG in Betracht. Durch die Verankerung einer gesetzlich angeordneten Vertragsübernahme könnte mithin das geltende Recht ergänzt und die umstrittene Rechtsfolgenseite des markenrechtlichen Sukzessionsschutzes geklärt werden.[774]

III. Das Rechtsverhältnis zwischen neuem Markenrechtsinhaber und Lizenznehmer nach Übergang eines lizenzierten Markenrechts im Rahmen der Zwangsvollstreckung

1. Treffen die Lizenzierung einer Marke und die Übertragung des lizenzierten Markenrechts im Rahmen der Zwangsvollstreckung aufeinander, stellt sich zunächst die Frage der Anwendbarkeit des § 30 Abs. 5 MarkenG. Dabei muss unterschieden werden zwischen der Pfändung und der Verwertung des Markenrechts.[775]
   a. Im Schrifttum herrscht Einigkeit darüber, dass die Lizenz von der Begründung eines Pfändungspfandrechts an dem Markenrecht nicht berührt wird. Nach einer Ansicht lässt die Pfändung die Rechtsstellung des Lizenznehmers bzw. den Fortbestand der Lizenz unberührt. Daher bestehe kein Anlass für eine Anwendung des § 30 Abs. 5 MarkenG. Die überzeugendere Gegenansicht wendet § 30 Abs. 5 MarkenG an. Die Begründung eines Pfändungspfandrechts stellt einen (teilweisen) Rechtsübergang dar und ist somit unmittelbar von § 30 Abs. 5 MarkenG erfasst.[776]
   b. Nach der Verwertung eines lizenzierten Markenrechts durch Rechtsübergang wird der Lizenznehmer nach überwiegender Ansicht gemäß § 30 Abs. 5 MarkenG geschützt. Eine solche Interpretation ist nicht nur von der offenen Formulierung des § 30 Abs. 5 i.V.m. § 27 Abs. 1 MarkenG erfasst, sondern steht auch in Einklang mit dem Normzweck des § 30 Abs. 5 MarkenG: Das Schutzbedürfnis, den Lizenznehmer vor einer Beeinträchtigung seines Rechts durch einen Inhaberwechsel zu schützen, ist auch bei einem Rechtsübergang im Rahmen der Zwangsvollstreckung gegeben.[777]
2. Aus dem Ablauf eines Rechtsübergangs im Rahmen der Zwangsvollstreckung ergeben sich in Abgrenzung zu einer privatautonomen Rechtsübertragung

---

774 Siehe oben § 7 II.
775 Siehe oben § 8 I.
776 Siehe oben § 8 I. 2.
777 Siehe oben § 8 I. 3.

durch den ursprünglichen Markenrechtsinhaber Besonderheiten in Bezug auf das Rechtsverhältnis zwischen neuem Markenrechtsinhaber und Lizenznehmer: Zum einen besteht ein hohes Risiko der Unkenntnis des neuen Markenrechtsinhabers von gegebenenfalls bestehenden Lizenzen an der Marke und eine erschwerte Realisierung eines diesbezüglich etwaig bestehenden Haftungsanspruchs.[778] Zum anderen ist der ursprüngliche Inhaber gegenüber dem neuen Inhaber regelmäßig vertraglich nicht zu einer Mitwirkung bei Verstößen des Lizenznehmers gegen Pflichten aus dem Lizenzvertrag verpflichtet.[779]

3. Diese herausgearbeiteten Besonderheiten finden in Literatur und Rechtsprechung kaum Erwähnung, da sich die Diskussion um die Rechtsfolgenseite des Sukzessionsschutzes auf eine privatautonome Rechtsübertragung durch den ursprünglichen Markenrechtsinhaber konzentriert.[780]
   a. Die Besonderheiten bei dem Übergang eines lizenzierten Markenrechts im Rahmen der Zwangsvollstreckung führen unter Anwendung der zu den Rechtsfolgen des markenrechtlichen Sukzessionsschutzes wohl (noch) mehrheitlich vertretenen Ansicht in der Literatur zu einer besonders ungünstigen Rechtsposition sowohl des neuen Markenrechtinhabers als auch des Lizenznehmers: Sowohl bei der privatautonomen Übertragung eines lizenzierten Markenrechts durch den ursprünglichen Markenrechtsinhaber als auch bei einem Rechtsübergang im Rahmen der Zwangsvollstreckung steht es dem Lizenznehmer gegenüber dem neuen Inhaber frei, die lizenzvertraglichen Pflichten zu erfüllen. Der neue Markenrechtsinhaber hingegen muss die Nutzung seiner Marke durch den Lizenznehmer dulden. Ihm stehen gegenüber dem Lizenznehmer keine Rechte aus dem Lizenzvertrag zu. Er kann weder Auskunft des Lizenznehmers bzgl. der Einhaltung der lizenzvertraglichen Pflichten verlangen, noch im Falle einer Verletzung dieser Pflichten gegen den Lizenznehmer vorgehen. Dem neuen Markeninhaber bleibt daher lediglich der Weg über den ursprünglichen Inhaber, um gegen den Lizenznehmer vorzugehen. Hier ergibt sich bei einem Rechtsübergang im Rahmen der Zwangsvollstreckung jedoch eine Besonderheit: Im Gegensatz zu einer privatautonomen Veräußerung des Markenrechts durch den ursprünglichen Markeninhaber ist im Falle der Verletzung einer lizenzvertraglichen Pflicht durch den Lizenznehmer

778 Siehe oben § 8 II. 1. b. aa.
779 Siehe oben § 8 II. 1. b. bb.
780 Siehe oben § 8 II.

nämlich keine vertragliche Pflicht des ursprünglichen Markenrechtsinhabers gegenüber dem neuen Inhaber zur Mitwirkung gegen den Lizenznehmer gegeben. Mit einer freiwilligen Mitwirkung des ursprünglichen Markenrechtsinhabers kann auch nicht gerechnet werden, da dieser sein Markenrecht zwangsweise verloren hat und der neue Inhaber nicht sein Vertragspartner ist. Vor dem Hintergrund, dass der neue Inhaber bei Erwerb der Marke einem hohen Risiko der Unkenntnis gegebenenfalls bestehender Lizenzen ausgesetzt ist, erscheint dies besonders unbillig. Diese Benachteiligung des Erwerbers kann sogar zu einem Verlust des Markenrechts führen, wenn ein ausschließlicher Lizenznehmer die Marken trotz Benutzungszwangs nicht nutzt.[781] Auch die Rechtsposition des Lizenznehmers kann sich, folgt man dieser Literaturansicht, als besonders nachteilig erweisen: Der ursprüngliche Markenrechtsinhaber, gegen den der Lizenznehmer Rechte aus dem Lizenzvertrag geltend macht, kann diese nicht erfüllen, da er nach Übergang auf den neuen Markenrechtsinhaber keinerlei Einfluss auf das Markenrecht hat. Auch hier kann aufgrund des zwangsweise erfolgten Entzugs des Markenrechts nicht mit einer einvernehmlichen Lösung zwischen den drei beteiligten Personen gerechnet werden.[782]

b. Zu begrüßen ist grundsätzlich zwar die jüngste Rechtsprechung des BGH, nach welcher im Einzelfall das außerordentliche Kündigungsrecht des ehemaligen Markenrechtsinhabers durch eine dem Markenkauf- und Übertragungsvertrag im Wege der ergänzenden Vertragsauslegung entnommene Abtretung isoliert auf den neuen Markenrechtsinhaber übergehen kann. Dies kann nämlich die Rechtsposition des neuen Markenrechtsinhabers im Einzelfall stärken. Zweifelhaft ist jedoch, ob sich die vom BGH festgestellte Abtretung des Kündigungsrechts durch ergänzende Auslegung des Markenkauf- und Übertragungsvertrags zwischen ehemaligem und neuem Markenrechtsinhaber auf eine Markenrechtsübertragung im Rahmen der Zwangsvollstreckung übertragen lässt. Ein privatautonomer Kauf- und Übertragungsvertrag liegt bei einer hoheitlichen Übertragung im Rahmen der Zwangsvollstreckung nämlich gerade nicht vor.[783]

781 Siehe oben § 8 II. 2. a. aa. (2).
782 Siehe oben § 8 II. 2. a. bb.
783 Siehe oben § 8 II. 2. c.

c. Die von einer im Vordringen befindlichen Ansicht in der Literatur vertretene Interpretation des Sukzessionsschutzes als gesetzlich angeordnete Vertragsübernahme hingegen würde eine solche ungünstige Lage verhindern und die berechtigten Interessen der beteiligten Personen zu einem angemessenen Ausgleich bringen.[784] Wie schon im zweiten Teil der Arbeit herausgearbeitet, ist eine Interpretation des Sukzessionsschutzes als gesetzlich angeordnete Vertragsübernahme jedoch *de lege lata* nicht möglich und kommt daher nur *de lege ferenda* in Betracht.[785]

4. Alternative, bisher in Bezug auf den Rechtsübergang im Rahmen der Zwangsvollstreckung noch nicht untersuchte Regelungsmodelle, die speziell auf die Belange der Lizenz oder der Zwangsvollstreckung ausgelegt sind, kommen als Orientierung für die Regelung der Rechtsfolgenseite des markenrechtlichen Sukzessionsschutzes nicht in Betracht:[786]
   a. Eine Orientierung an ausgewählten Regelungen aus dem Gesetz über die Zwangsversteigerung und die Zwangsverwaltung, welche das Rechtsverhältnis der beteiligten Personen bei Übergang eines Grundstücks, welches mit einer Miete, einem Nießbrauch, einer Hypothek oder einer Vormerkung belastet ist, scheidet aus. Überwiegend scheitert eine solche Orientierung daran, dass die Regelungsmodelle lediglich die Frage des „Ob"[787] des Fortbestandes des Nutzungsrechts entgegen dem Gesetzeszweck des § 30 Abs. 5 MarkenG modifizieren würden und mithin keinen Beitrag zur vorliegend untersuchten Frage der Ausgestaltung des Sukzessionsschutzes leisten oder weil deren Rechtsfolgen nicht zur Systematik des markenrechtlichen Sukzessionsschutzes passen.[788]
   b. Auch ausgewählte Regelungsmodelle, welche die gesetzlich lückenhaft geregelte Lizenz betreffen, eignen sich nicht als Orientierung: Lösungsvorschläge zum gesetzlich nicht geregelten Schicksal der Unterlizenz bei Ausfall des Hauptlizenznehmers und zum Bestand der Lizenz bei Insolvenz des Lizenzgebers scheitern bei genauerer Untersuchung entweder mangels Vergleichbarkeit des Sachverhalts oder der Interessen der beteiligten Parteien[789] oder aufgrund einer Gefährdung des bei Schaffung des

---

784 Siehe oben § 8 II. 2. b.

785 Siehe oben § 8 II. 3.

786 Siehe oben § 9.

787 Die Begriffe „Ob" und „Wie" des Sukzessionsschutzes verwendend *McGuire*, Die Lizenz, S. 439.

788 Siehe oben § 9 I.

789 Siehe oben § 9 II. 1.

§ 30 Abs. 5 MarkenG durch den Gesetzgeber festgelegten Gesetzeszweckes.[790] Auch eine Verknüpfung von Sukzessionsschutzes und Publizität hilft bei der Frage nach der konkreten Ausgestaltung der Rechtsfolgen des Sukzessionsschutzes nicht weiter.[791]

5. Einzig eine Ergänzung des markenrechtlichen Sukzessionsschutzes gemäß § 30 Abs. 5 MarkenG um eine gesetzlich angeordnete Vertragsübernahme *de lege ferenda* führt zu einem angemessenen Ausgleich der berechtigten Interessen aller beteiligten Personen – sowohl bei einer privatautonomen Rechtsübertragung durch den ursprünglichen Markenrechtsinhaber als auch einem Rechtsübergangen im Rahmen der Zwangsvollstreckung.[792]
6. *De lege lata* kann dem Lizenznehmer eine Berufung auf die Lizenz gegenüber dem neuen Markenrechtsinhaber nach Übergang eines lizenzierten Markenrechts im Rahmen der Zwangsvollstreckung nur im Einzelfall über eine Anwendung des § 242 BGB verwehrt bleiben.[793]

---

790 Siehe oben § 9 II. 3.
791 Siehe oben § 9 II. 2.
792 Siehe oben § 10 I.
793 Siehe oben § 10 II.

Literaturverzeichnis

Ahrens, Hans-Jürgen/McGuire, Mary-Rose: Modellgesetz für Geistiges Eigentum – Normtext und Begründung, München 2012.

Anders, Monika/Gehle, Burkhard (Hrsg.): Zivilprozessordnung mit GVG und anderen Nebengesetzen, 79. Auflage, München 2021 (zit.: *Bearbeiter*, in: Baumbach/Lauterbach/Hartmann/Anders/Gehle).

Bartenbach, Britta: Negative Lizenz, MittdtPatA 2002, 503–521.

Bartenbach, Kurt: Patentlizenz- und Know-how-Vertrag, 7. Auflage, Köln 2013.

Baumbach, Adolf/Hefermehl, Wolfgang: Warenzeichenrecht und Internationales Wettbewerbs- und Zeichenrecht, 12. Auflage, München 1985.

Baumbach/Lauterbach/Hartmann/Anders/Gehle: Siehe *Anders, Monika/Gehle, Burkhard*.

Baur, Fritz/Stürner, Rolf/Bruns, Alexander: Zwangsvollstreckungsrecht, 13. Auflage, Heidelberg 2006.

Beck'sche Online-Formulare Vertrag: Siehe *Krauß, Hans-Frieder/Weise, Stefan*.

Beck'scher Online-Kommentar BGB: Siehe *Hau, Wolfgang/Poseck, Roman*.

Beck'scher Online-Kommentar InsO: Siehe *Fridgen, Alexander/Geiwitz, Arndt/Göpfert, Burkard*.

Beck'scher Online-Kommentar MarkenR: Siehe *Kur, Annette/v. Bomhard, Verena/Albrecht, Friedrich*.

Beck'scher Online-Kommentar StGB: Siehe *v. Heintschel-Heinegg*.

Beck'scher Online-Kommentar ZPO: Siehe *Vorwerk, Volkert/Wolf, Christian*.

Benkard, Georg: Patentgesetz, Gebrauchsmustergesetz, Patentkostengesetz, 11. Auflage, München 2015 (zit.: *Bearbeiter*, in: Benkard).

Berger, Christian: Lizenzen in der Insolvenz des Lizenzgebers, GRUR 2013, 321–336.

Blank, Hubert (Hrsg.): Schmidt-Futterer, Mietrecht, Kommentar, 14. Auflage, München 2019 (zit.: *Bearbeiter*, in: Schmidt-Futterer BGB).

Böttcher, Roland: ZVG, Gesetz über die Zwangsversteigerung und Zwangsverwaltung, Kommentar, 6. Auflage, München 2016.

Bork, Reinhard/Roth, Herbert (Hrsg.): Kommentar zur Zivilprozessordnung, Band 8, §§ 802a–915h, 23. Auflage, Tübingen 2017, (zit.: *Bearbeiter*, in: Stein/Jonas).

Brämer, Antje: Die Sicherungsabtretung von Markenrechten, Tübingen 2005.

Brox, Hans/Walker, Wolf-Dietrich: *Zwangsvollstreckungsrecht*, 11. Auflage, München 2018.

Bühling, Jochen: Die Markenlizenz und ihre vertragliche Gestaltung, Köln 1999.

ders.: Die Markenlizenz im Rechtsverkehr, GRUR 1998, 196–200.

Busse, Rudolf: Pfändung des Warenzeichens, MuW 1927/1928, 8–10.

Busse, Rudolf/Starck, Joachim: Warenzeichengesetz nebst Pariser Verbandsübereinkunft und Madrider Abkommen, Kommentar, 6. Auflage, Berlin/New York 1990.

Bussmann, Kurt: Freie Übertragbarkeit der Marke, GRUR 1949, 170–180.

ders.: Zwangsmaßnahmen gegenüber Unternehmenskennzeichen, in: Ipsen, Hans Peter (Hrsg.), Festschrift für Leo Raape zu seinem siebzigsten Geburtstag, Hamburg 1948, S. 131–148 (zit.: *Bussmann*, in: FS Raape).

Cepl, Philipp: Erlöschen der Hauptlizenz führt in der Regel nicht zum Erlöschen der Unterlizenz, GRUR-Prax 2012, 393–394.

Dammler, Markus/Mellulis, Klaus-Jürgen: Störung in der patentrechtlichen Lizenzkette – Folgen für die Unterlizenz im Patentrecht, GRUR 2013, 781–789.

Ekey, Friedrich L./Bender, Achim/Fuchs-Wissemann, Georg (Hrsg.): Heidelberger Kommentar zum Markenrecht: MarkenG, UMV und Markenrecht ausgewählter ausländischer Staaten, 4. Auflage, Heidelberg 2020 (zit.: *Bearbeiter*, in: HK-MarkenR).

Emmert, Reinhold: Die Stellung der Markenlizenz im deutschen Privatrecht, Würzburg 2001, Internetpublikation.

Engels, Stephan: Die Rechtsnatur der Markenlizenz unter Geltung des Markengesetzes 1995, Köln 1999.

Erman, BGB: Siehe *Westermann, Harm Peter/Grunewald, Barbara/Maier-Reimer, Georg*.

Fammler, Michael: Der Markenlizenzvertrag, 2. Auflage, München 2007.

ders.: Die Gemeinschaftsmarke als Kreditsicherheit, WRP 2006, 534–540.

Fezer, Karl-Heinz: Markenrecht, Kommentar zum Markengesetz, zur Pariser Verbandsübereinkunft und zum Madrider Markenabkommen, 4. Auflage, München 2009.

ders.: Lizenzrechte in der Insolvenz des Lizenzgebers – Zur Insolvenzfestigkeit der Markenlizenz –, WRP 2004, 793–809.

Forkel, Hans: Gebundene Rechtsübertragungen, Ein Beitrag zu den Verfügungsgeschäften über Patent, Muster-, Urheber- und Persönlichkeitsrechte, Köln u.a. 1977.

Fridgen, Alexander/Geiwitz, Arndt/Göpfert, Burkard (Hrsg.): Beck'scher Online-Kommentar InsO mit COVInsAG, InsVV und EuInsVO und Spezialthemen, 22. Edition, München 2021 (zit.: *Bearbeiter*, in: BeckOK-InsO).

v. Gamm, Otto-Friedrich: Die Warenzeichenlizenz, WRP 1960, 299–301.

Gottzmann, Sandra: Sukzessionsschutz im Gewerblichen Rechtsschutz und Urheberrecht, Köln u.a. 2008.

Hacker, Franz (Hrsg.): Markengesetz, Kommentar, 13. Auflage, Köln 2021 (zit.: *Bearbeiter*, in: Ströbele/Hacker/Thiering).

Haedicke, Maximilian: Dingliche Wirkungen und Insolvenzfestigkeit von Patentlizenzen in der Lizenzkette, ZGE 2011, 377–402.

Hasselblatt, Gordian N. (Hrsg.): Münchener Anwalts Handbuch – Gewerblicher Rechtsschutz, 5. Auflage, München 2017 (zit.: *Bearbeiter*, in: Hasselblatt, MAH GewRS).

Hau, Wolfgang/Poseck, Roman (Hrsg.): Beck'scher Online-Kommentar BGB, 57. Edition, München 2021 (zit.: *Bearbeiter*, in: BeckOK-BGB).

Heidelberger Kommentar MarkenR: Siehe *Ekey, Friedrich L./Bender, Achim/Fuchs-Wissemann, Georg.*

v. Heintschel-Heinegg, Bernd (Hrsg.): Beck'scher Online-Kommentar StGB, 49. Edition, München 2021 (zit.: *Bearbeiter*, in: BeckOK-StGB).

Hintzen, Udo: Musteranträge für Pfändung und Überweisung, 11. Auflage, Köln 2020 (zit.: *Bearbeiter*, in: Hintzen).

Hubmann, Heinrich: Die Zwangsvollstreckung in Persönlichkeits- und Immaterialgüterrechte, in: Nipperdey, Hans Carl (Hrsg.), Das Deutsche Privatrecht in der Mitte des 20. Jahrhunderts, Festschrift für Heinrich Lehmann zum 80. Geburtstag, Berlin u.a. 1956, S. 812–836 (zit.: *Hubmann*, in: FS Lehmann).

Ingerl, Reinhard/Rohnke, Christian: Markengesetz, 3. Auflage, München 2010.

dies.: Die Umsetzung der Markenrechts-Richtlinie durch das deutsche Markengesetz, NJW 1994, 1247–1255.

Jauernig: Siehe *Stürner, Rolf.*

Karl, Christian/Mellulis, Klaus-Jürgen: Grenzen des Sukzessionsschutzes bei patentrechtlichen Unterlizenzen, GRUR 2016, 755–763.

Kellenter, Wolfgang: Schutzrechtslizenzen in der Insolvenz des Lizenzgebers, in: Keller, Erhard et al. (Hrsg.), Festschrift für Winfrid Tilmann zum 65. Geburtstag, Köln 2003, S. 807–825 (zit.: *Kellenter*, in: FS Tilmann).

Kent, Paul: Das Reichsgesetz zum Schutz der Waarenbezeichnungen vom 12. Mai 1894. Unter Berücksichtigung in- und ausländischer Literatur und Rechtsprechung sowie der Praxis des Patentamts, Berlin 1897.

Kindl, Johann/Meller-Hannich, Caroline (Hrsg.): Gesamtes Recht der Zwangsvollstreckung, 4. Auflage, Baden-Baden 2021 (zit.: *Bearbeiter*, in: Kindl/Meller-Hannich).

Kirchhof, Hans-Peter: Lizenznehmer als Widerspruchsberechtigter nach §§ 771 ZPO, in: Gerhardt, Walter (Hrsg.), Festschrift für Franz Merz zum 65. Geburtstag am 3. Februar 1992, Köln 1992, S. 283–302 (zit.: *Kirchhof*, in: FS Merz).

Knobloch, Karsten: Abwehransprüche für den Nehmer einer einfachen Patenzlizenz?, Köln 2006.

Kohler, Josef: Warenzeichenrecht, Mannheim u.a. 1910.

ders.: Das Recht des Markenschutzes mit Berücksichtigung ausländischer Gesetzgebung und mit besonderer Rücksicht auf die englische, anglo-amerikanische, französische, belgische und italienische Jurisprudenz, Würzburg 1884.

Koós, Clemens: Lizenzvereinbarungen in der Insolvenz: Möglichkeiten einer insolvenzfesten Gestaltung von Lizenzen nach der jüngsten BGH-Rechtsprechung, MMR 2017, 13–15.

Krauß, Hans-Frieder/Weise, Stefan (Hrsg.): Beck'sche Online-Formulare Vertrag, 55. Edition, München 2021.

Krieger, Ulrich: Die gemeinschaftliche Benutzung von Warenzeichen durch mehrere Unternehmen nach deutschem Recht, in: Friedrich-Karl Beier, Erwin Deutsch, Wolfgang Fikeentscher (Hrsg.), Die Warenzeichenlizenz: Rechtsvergleichende Untersuchung über die gemeinschaftliche Benutzung von Warenzeichen, Prof. Eugen Ulmer zum 60. Geburtstag gewidmet, 2. Auflage, München u.a. 1966, S. 3–80 (zit.: *Krieger*, in: FS Ulmer).

Kunz-Hallstein, Hans Peter: Die absolute Bindung der Marke an den Geschäftsbetrieb und ihre Aufhebung durch das Erstreckungsgesetz, GRUR 1993, 439–449.

Kur, Annette/v.Bomhard, Verena/Albrecht, Friedrich (Hrsg.): Beck'scher Online-Kommentar Markenrecht, 24. Edition, München 2021 (zit.: *Bearbeiter*, in: BeckOK-MarkenR).

Lange, Paul: Marken- und Kennzeichenrecht, Handbuch zum deutschen und europäischen Recht, 2. Auflage, München 2012.

ders.: Internationales Handbuch des Marken- und Kennzeichenrechts, München 2009.

Larenz, Klaus: Methodenlehre der Rechtswissenschaft, 6. Auflage, Berlin u.a. 1991.

Lindner-Figura, Jan/Oprée, Frank/Stellmann, Frank (Hrsg.): Geschäftsraummiete, 4. Auflage, München 2017 (zit.: *Bearbeiter*, in: Lindner-Figura/Oprée/Stellmann, Geschäftsraummiete).

Loewenheim, Ulrich: Markenlizenz und Franchising (Q 116): Bericht für die Deutsche Landesgruppe, GRUR Int 1994, 156–159.

Lwowski, Hans-Jürgen/Hoes, Volker: Markenrechte in der Kreditpraxis, WM 1999, 771–779.

Mach, Christian: Der Eintritt des Grundstückserwerbers in bestehende Miet- und Pachtverhältnisse, RNotZ 2017, 621–644.

Marotzke, Wolfgang: Sukzessionsschutz für Lizenzen im Immaterialgüterrecht – dargestellt am Beispiel der Patentlizenz, ZGE 2010, 233–272.

Maume, Philipp: Geistiges Eigentum in der Unternehmensfinanzierung, NZG 2017, 249–254.

McGuire, Mary-Rose: Die Patentlizenz im System des BGB, MittdtPatA 2013, 207–215.

dies.: Lizenzen in der Insolvenz: Ein neuer Anlauf zu einer überfälligen Reform, GRUR 2012, 657–664.

dies.: Die Lizenz: Eine Einordnung in die Systemzusammenhänge des BGB und des Zivilprozessrechts, Tübingen 2012.

McGuire, Mary-Rose/Kunzmann, Jens: Sukzessionsschutz und Fortbestand der Unterlizenz nach „M2Trade" und „Take Five" – ein Lösungsvorschlag, GRUR 2014, 28–35.

Meyer-van Raay, Oliver: Der Fortbestand der Unterlizenz bei Erlöschen der Hauptlizenz: Auswirkungen der BGH-Entscheidungen Take Five und M2Trade auf die Gestaltung von Lizenzverträgen, NJW 2012, 3691–3694.

Münchener Kommentar zum Bürgerlichen Gesetzbuch: Siehe *Säcker, Franz Jürgen/Rixecker, Roland/Oetker, Hartmut/Limperg, Bettina.*

Münchener Kommentar zur Insolvenzordnung: Siehe *Stürner, Rolf/Eidenmüller, Horst/Schoppmeyer, Heinrich.*

Münchener Kommentar zur Zivilprozessordnung: Siehe *Rauscher, Thomas/Krüger, Wolfgang.*

Musielak, Hans-Joachim/Voit, Wolfgang (Hrsg.): Zivilprozessordnung mit Gerichtsverfassungsgesetz, Kommentar, 17. Auflage, München 2020 (zit.: *Bearbeiter*, in: Musielak/Voit).

Pahlow, Louis: Kommt jetzt die Vertragseintrittslösung im Lizenzrecht? Schutzrechtsnachfolge und Sukzessionsschutz nach der neuesten Rechtsprechung des BGH, GRUR 2021, 24–30.

ders.: Anmerkung zu BGH, Urteil vom 17.10.2019 – I ZR 34/18 – Valentins, GRUR 2020, 63–65.

ders.: Die einfache Patentlizenz nach der neueren Rechtsprechung des BGH, MittdtPatA 2012, 249–255.

ders.: Lizenz und Lizenzvertrag im Recht des Geistigen Eigentums, Tübingen 2006.

Palandt, Otto: Bürgerliches Gesetzbuch, Kommentar, 80. Auflage, München 2021 (zit.: *Bearbeiter*, in: Palandt).

Plaß, Gunda: Die Rechtsstellung des Markenlizenznehmers nach § 30 III und IV MarkenG, GRUR 2002, 1029–1036.

Rauscher, Thomas/Krüger, Wolfgang: Münchener Kommentar zur Zivilprozessordnung mit Gerichtsverfassungsgesetz und Nebengesetzen, Band 2: § 355–945b ZPO, 6. Auflage, München 2020 (zit.: *Bearbeiter*, in MünchKomm-ZPO).

Reimer, Eduard: Wettbewerbs- und Warenzeichenrecht,

1. Band, Warenzeichen und Ausstattung, 4. Auflage, Köln u.a. 1966 (zit.: *Reimer*, Wettbewerbs- und Warenzeichenrecht, 4. Auflage).

3. Auflage, Köln 1954 (zit.: Wettbewerbs- und Warenzeichenrecht, 3. Auflage).

ders.: Für die Einführung der freien Übertragbarkeit der Marke im internationalen und im deutschen Warenzeichenrecht, GRUR 1949, 181–189.

ders.: Zur Frage der freien Verfügbarkeit (Übertragbarkeit und Lizenzfähigkeit) der Marke, Bericht für die Deutsche Landesgruppe der internationalen Vereinigung für gewerblichen Rechtsschutz, GRUR 1931, 11–32.

Repenn, Wolfgang: Pfändung und Verwertung von Warenzeichen, NJW 1994, 175–176.

Repenn, Wolfgang/Spitz, Volker: Die Pfändung und Verwertung von Warenzeichen, WRP 1993, 737–740.

Repenn, Wolfgang/Weidenhiller, Gabriele: Markenbewertung und Markenverwertung, Kauf und Verkauf, Pfändung und Sicherungsübereignung von Marken, Markenlizenz, Bilanzierung von Markenwerten, Markenwert-Tabelle, 2. Auflage, München 2005.

Röttger, Martin: Ist die Änderung des Artikels 6 quater der P.V.Ü. wünschenswert?, GRUR 1949, 390–392.

Säcker, Franz Jürgen/Rixecker, Roland/Oetker, Hartmut/Limperg, Bettina (Hrsg.): Münchener Kommentar zum Bürgerlichen Gesetzbuch

Band 1: §§ 1–240 BGB, AllgPersönlR, ProstG, AGG, 8. Auflage, München 2018

Band 2: §§ 241–310 BGB, 8. Auflage, München 2019

Band 3: §§ 311–432 BGB, 8. Auflage, München 2019

Band 5: §§ 535–630h BGB, BetrKV, HeizkostenV, WärmeLV, EFZG, TzBfG, KSchG, MiLoG, 8. Auflage, München 2020

Band 8: §§ 854–1296 BGB, WEG, ErbbauRG, 8. Auflage, München 2020

(zit.: *Bearbeiter*, in: MünchKomm-BGB).

Schanda, Reinhard: Die Wirkung der Markenlizenz gegenüber Dritten – Eine Untersuchung zum österreichischen und deutschen Recht, GRUR Int 1994, 275–288.

Schmidt-Futterer BGB: Siehe *Blank, Hubert*.

v. Schultz, Detlef (Hrsg.): Kommentar zum Markenrecht, 3. Auflage, Frankfurt am Main 2012 (zit.: *Bearbeiter*, in: von Schultz).

Seligsohn, Arnold: Gesetz zum Schutz der Warenbezeichnungen, 2. Auflage, Berlin 1905.

Semrau-Brandt, Jana: Zur isolierten Abtretbarkeit des Rechts zur außerordentlichen Kündigung eines Lizenzvertrags („Valentins"), EWiR 2020, 381–382.

Sosnitza, Olaf: Gedanken zur Rechtsnatur der ausschließlichen Lizenz, in: Ansgar Ohly u.a. (Hrsg.), Perspektive des Geistigen Eigentums und Wettbewerbsrechts, Festschrift für Gerhard Schricker, München 2005, S. 183–196 (zit.: *Sosnitza*, in: FS Schricker).

Spindler, Gerald/Schuster, Fabian (Hrsg.): Recht der elektronischen Medien, Kommentar, 4. Auflage, München 2019 (zit.: *Bearbeiter*, in: Spindler/Schuster).

Starck, Joachim: Marken und sonstige Kennzeichenrechte als verkehrsfähige Wirtschaftsgüter – Anmerkung zum neuen Markenrecht, WRP 1994, 698–703.

v.Staudinger, Julius: Kommentar zum Bürgerlichen Gesetzbuch mit Einführungsgesetz und Nebengesetzen, Buch 1 – Allgemeiner Teil, §§ 139–163 (Allgemeiner Teil 4b), Neubearbeitung 2020, Berlin 2020 (zit.: *Bearbeiter*, in: Staudinger).

Steinert, Karl-Friedrich/Theede, Kai-Uwe/Knop, Jens/Schrader, Siegfried: Zwangsvollstreckung in das bewegliche Vermögen, Handbuch der Rechtspraxis, Band 1b, 9. Auflage, München 2013.

Stein/Jonas: Siehe *Bork, Reinhard/Roth, Herbert*.

Stöber, Kurt/Rellermeyer, Klaus: Forderungspfändung, Zwangsvollstreckung in Forderungen und andere Vermögensrechte, 17. Auflage, Bielefeld 2020.

Ströbele/Hacker/Thiering: Siehe *Hacker, Franz*.

Stürner, Rolf (Hrsg.): Bürgerliches Gesetzbuch mit ROM-I-VO, Rom-II-VO, Rom-III-VO, EG-UnthVO/HUntProt und EuErbVO, Kommentar, 18. Auflage, 2021 (zit.: *Bearbeiter*, in: Jauernig).

Stürner, Rolf/Eidenmüller, Horst/Schoppmeyer, Heinrich (Hrsg.): Münchener Kommentar zur Insolvenzordnung, Band 2: §§ 80–216 InsO, 4. Auflage, München 2019 (zit.: *Bearbeiter*, in: MünchKomm-InsO).

Stumpf, Karin: Die Eintragung von Lizenzen im Markenregister, MarkenR 2005, 425–429.

Tochtermann, Lea: Sukzessionsschutz im Recht des Geistigen Eigentums, Tübingen 2018.

van der Werth, Albert: Zur Frage der Übertragbarkeit von Warenzeichen, GRUR 1949, 320–321.

Völp, Fromut: Vermarktung bekannter Marken durch Lizenzen, GRUR 1985, 843–850.

Volkmer, Jochen: Das Markenrecht im Zwangsvollstreckungsverfahren, Berlin 1999.

Vorwerk, Volkert/Wolf, Christian (Hrsg.): Beck'scher Online-Kommentar ZPO, 39. Edition, München 2020 (zit.: *Bearbeiter*, in: BeckOK-ZPO).

Westerholt, Margot Gräfin v./Joppich, Brigitte: Insolvenz des Lizenznehmers bei Film- und Fernsehlizenzen, ZUM 2003, 262–269.

Westermann, Harm Peter/Grunewald, Barbara/Maier-Reimer, Georg (Hrsg.): Bürgerliches Gesetzbuch, Handkommentar mit AGG EGBGB, ErbbauRG, LPartG, ProdHaftG, VBVG, VersAusglG, WEG und ausgewählten Rechtsquellen des IPR, Band 1, 16. Auflage, Köln 2020 (zit.: *Bearbeiter*, in: Erman, BGB).

Woeste, Cordula: Immaterialgüterrechte als Kreditsicherheit im deutschen und US-amerikanischen Recht, Osnabrück 2002.

Zimmermann, Julia Bettina: Immaterialgüterrechte und ihre Zwangsvollstreckung, St. Augustin 1998.

Zöller, Richard: Zivilprozessordnung mit FamFG (§§ 1–185, 200–270) und Gerichtsverfassungsgesetz, den Einführungsgesetzen, mit Internationalem Zivilprozessrecht, EuGVVO und weiteren EU-Verordnungen, Kostenanmerkungen, Kommentar, 33. Auflage, Köln 2020 (zit.: *Bearbeiter*, in: Zöller).

www.ingramcontent.com/pod-product-compliance
Ingram Content Group UK Ltd.
Pitfield, Milton Keynes, MK11 3LW, UK
UKHW021939290926
8980IPUK00016B/1702

9 783631 899724